Das Mittelalter

Das Mittelalter

Kirche, Krone und Kreuzzüge

KOMET

Vorwort

Spuren des Mittelalters sind auch heute noch überall zu finden. Kaiserpfalzen, Ritterburgen und Wehranlagen haben die Zeiten überdauert, in den Städten ragen romanische und gotische Kirchen auf und es gibt jahrhundertealte bürgerliche Wohnhäuser und Verwaltungsgebäude. In den Stadtgrundrissen ist vielfach die mittelalterliche Anlage noch zu erkennen. Vieles, was heute unser Leben prägt, ist im Mittelalter entstanden – die kommunale Selbstverwaltung, Parlamente, der Nationalstaat. Selbst die europäische Einigung ist schon vorgebildet im Reich Karls des Großen. Und auch politische Probleme der Gegenwart haben ihre Wurzeln nicht selten im Mittelalter, denken wir an die Kreuzzüge, die, obwohl 900 Jahre her, nach wie vor die Verständigung zwischen dem Islam und der westlichen Welt erschweren.

Natürlich kann es trotz gutgemeinter Versuche, wie sie etwa auf Mittelalter-Festivals unternommen werden, nicht gelingen, das Lebensgefühl von damals wieder herzustellen. Dafür ist uns diese Epoche denn doch zu weit entrückt, mit ihrem Eingebundensein der Menschen in feste Gemeinschaften von der Familie bis zu den Standesverbänden, dem weitgehenden Fehlen aller zivilisatorischen Annehmlichkeiten, der Härte des Lebens, da Krankheit und Tod allgegenwärtig waren, dem unmittelbaren Nebeneinander von glühender Leidenschaftlichkeit und kindlicher Fantasie, und dem christlichen Glauben, der alles überwölbte.

Die ersten Definitionen vom Mittelalter gaben die Humanisten im 15. Jahrhundert. Für sie galt der gesamte Zeitraum zwischen dem Untergang des Weströmischen Reiches und ihrer eigenen glorreichen Epoche, da die Antike wiedergeboren wurde, als ein finsteres und trauriges Kapitel der Menschheitsgeschichte, das man am besten ganz vergaß. Völlig anders sahen es die Romantiker um die Wende vom 18. zum 19. Jahrhundert. Sie träumten sich hinein in die Zeit der Burgfräulein und Minnesänger und feierten das Mittelalter als Höhe und Mitte des Geschichtsverlaufs, nach der es eigentlich nur noch bergab gegangen sei.

Immerhin setzte in der Romantik auch die wissenschaftliche Erforschung des Mittelalters ein, historische Gesellschaften wurden gegründet, die aus den Archiven die alten Urkunden und Chroniken ans Licht brachten und neu zugänglich machten. Und allmählich gewannen die Umrisse des Mittelalters Gestalt; man verständigte sich im 19. und 20. Jahrhundert auf folgende allgemeine Kennzeichen: Synthese von Römischem, Christlichem und Germanischem; hierarchisch gegliederte, ständische Gesellschaftsordnung; Konzeption universaler Gewalten (Kaiser, Papst); Europa als Rahmen. Bei der Festlegung des Zeitraumes bürgerte es sich ein, ungefähr dem Vorbild der Humanisten zu folgen, d.h. das Mittelalter mit dem Ende des Weströmischen Reiches 476 beginnen zu lassen, das 15. Jahrhundert aber noch fast vollständig dazuzuschlagen. Zäsur ist hier die Entdeckung Amerikas 1492 durch Kolumbus und Vasco da Gamas Fahrt nach Indien 1497/98, womit Europas Ausgreifen in die Welt begann.

Von der „Farbigkeit und Intensität" des Lebens im Mittelalter spricht der große niederländische Historiker Johan Huizinga (1872–1945). Die Themenpalette unseres Buches versucht möglichst viel davon wiederzugeben.

Die Torhalle der ehemaligen Benediktinerabtei zu Lorsch wird der karolingischen Zeit zugerechnet. Sie wurde vermutlich im 9. Jahrhundert unter Ludwig dem Deutschen (um 805–876) erbaut und ist der einzig verbliebene oberirdisch sichtbare Teil der Klosteranlage.

Bild nächste Doppelseite:
Die Kirche San Vitale in Ravenna. Die Stadt, ursprünglich an der Adria gelegen, war u.a. Residenz der Ostgotenkönige Odoaker und Theoderich.

Frühes Mittelalter

Ab 375 begannen die Völker zu wandern. Die Grenzen des Römischen Reiches brachen zusammen und mit ihnen ein ganzes Weltreich. Neue Reiche wurden gegründet und die Kirche und der Papst drängten auf mehr weltliche Macht – das Mittelalter begann.

Um das Erbe Roms

Als das Weströmische Reich dem Ansturm germanischer Stämme unterlag, ergab sich die Frage, wie sich die barbarischen Eroberer der vorgefundenen Kultur gegenüber verhalten würden. Als Zerstörer oder als Lernende, die das antike Erbe weiterführen würden?

Zwei Jahrhunderte lang, von 375 bis 568, stand Europa im Zeichen der Völkerwanderung. Das Vordringen der Hunnen im Gebiet des heutigen Südrussland brachte eine ungeheure Wellenbewegung in Gang. Die Grenzsicherungen des Römischen Reiches brachen zusammen. Germanische Stämme ließen sich nach Wanderungen über hunderte oder tausende Kilometer auf römischem Boden nieder und gründeten eigene Staaten.
In dieser Zeit bestand das Römische Reich aus zwei Teilen. Die Trennung war 395 erfolgt, es gab seitdem einen Kaiser im Osten, in Konstantinopel, und einen im Westen, in Rom bzw. in Ravenna, wohin die Residenz 402 verlegt wurde. Ostrom überstand die Völkerwanderung, in diesem Reichsteil gingen römisches Recht und Verwaltung, griechische Traditionen und das Christentum eine dauerhafte Verbindung ein. Das Kaisertum in Konstantinopel erlag erst 1453 dem Ansturm der Türken. Westrom dagegen zerfiel schon tausend Jahre früher. 476 setzte der Germanenfürst Odoaker in Ravenna den letzten Kaiser ab.

West- gegen Ostkirche

Gemäß seinem Urauftrag, das Reich Gottes auf Erden vorzubereiten, hatte sich das Christentum im Westen mehr und mehr vom Schicksal des Reiches abgelöst. Zur Zeit der ersten Eroberung Roms durch die Germanen (410 durch den Westgoten Alarich) schrieb der Bischof von Hippo Regius, Augustinus, sein Werk vom Gottesstaat (De civitate Dei). Darin heißt es: „Was macht es uns aus, unter welcher Herrschaft der Mensch lebt, der doch sterben muss, wenn ihn nur die Machthaber nicht zu Gottlosigkeit und Unrecht nötigen.“ Von der Ostkirche setzte sich die im Westen deutlich ab. Als das Konzil von Chalkedon 451 die Bischöfe von Rom und Konstantinopel für gleichberechtigt erklären wollte, protestierte Papst Leo der Große, der den alleinigen Führungsanspruch Roms verkündete. Unter Papst Gregor dem Großen (590–604) aber begann die Westkirche, den Grundstein für die Entstehung des Kirchenstaates zu legen, einer weltlichen Machtbasis des Papstes auf italienischem Boden. So wurden der Westkirche Wege offengehalten und Mittel bereitgestellt, um in eine neue abendländische Epoche der Weltgeschichte aktiv und mitgestaltend einzugreifen.

Germanen als Staatengründer

In den von Germanen gegründeten Reichen blieben die römischen Einrichtungen weitgehend intakt. Dennoch konnten sich die Eroberer, als dünne Herrenschicht, nicht dauernd halten. So gingen die Gründungen der Westgoten in Spanien, der Wandalen in Nordafrika, der Ostgoten und Langobarden in Italien wieder verloren. Nur das Reich der Franken in Belgien und Nordfrankreich hatte Bestand. Das lag daran, dass ihnen die Verschmelzung mit den ansässigen Völkern besser gelang und dass sie, anders als die übrigen Stämme, das Christentum nicht in der arianischen Richtung annahmen, sondern in der athanasianischen, die vom Papst in Rom repräsentiert wurde. Das Bündnis mit der katholischen Kirche sicherte die Zukunft.

Unter dem bedeutenden König Chlodwig begann die Erweiterung des fränkischen Gaukönigtums zu einer umfassenden Herrschaft über Germanen und Gallier. Brutal beseitigte er die konkurrierenden Stammesfürsten. 486 machte sich Chlodwig durch seinen Sieg über den römischen Befehlshaber Syagrius zum Herrn in Nordfrankreich und beendete damit endgültig die römische Herrschaft in Gallien. 496 wurden die Alemannen unterworfen, 507 die Westgoten aus Südfrankreich verdrängt. Damit waren die Grundlagen für das fränkische Universalreich gelegt.

Nach dem Ansturm der germanischen Stämme, war der frühere Glanz Roms verloren. „Ruinen mit dem blinden Belisarius als Bettler“ (um 1730). Gemälde von Paolo Pannini (1691/92–1765) aus dem Musée Calvet in Avignon.

Die Franken entwickelten einen neuen Kriegertyp, den schwer bewaffneten, gepanzerten Reiter, einen Berufskrieger. Als Lohn für seinen Dienst erhielt er Grund und Boden. Den ließ er von anderen bewirtschaften und lebte von den Erträgen, die diese ihm ablieferten. So war er ständig frei für Militäreinsätze. Rittertum und Lehnswesen haben hier ihren Ursprung.

Bedrohung durch die Araber

Das im Frankenreich ursprünglich dominierende Geschlecht der Merowinger sank im 7. Jahrhundert zu einer Schattendynastie ab. Die wahre Macht übten die sogenannten Hausmeier, d.h. Adlige, die dem König bei der Verwaltung des Reiches hatten helfen sollen. Das Geschlecht der Karolinger wurde hier führend. Einer von ihnen, Karl Martell („der Hammer"), besiegte 732 bei Tours und Poitiers die aus Spanien vorgedrungenen Araber – eine der Entscheidungsschlachten der Weltgeschichte. Die Muslime hatten im 7. Jahrhundert große Teile des Oströmischen Reiches unter ihre Herrschaft gebracht, die grüne Fahne des Propheten wehte über Syrien, Palästina, Ägypten, über Nordafrika und über der Iberischen Halbinsel.

War das Christentum seinem Grundstreben nach eine unpolitische Lehre, so fielen im Islam politische und religiöse Idee und Aufgabe in eins. Das zeigte sich in der Behandlung der Unterworfenen. Mohammeds Nachfolger verlangten keineswegs sofort den Glaubenswechsel, es genügte ihnen, politische Herrschaft auszuüben, einheimische Religionen durften weiterbestehen. Doch durch den Sieg des fränkischen Heeres, dem vergleichbare Erfolge der Byzantiner bei der Verteidigung Konstantinopels folgten, war die Expansion der Muslime gestoppt, und bald sollte ein christliches Rollback einsetzen.

Kaiserkrönung in Rom

Der Karolinger Pippin III. setzte 751 den letzten Merowinger Childerich III. ab und ließ sich mit Unterstützung des Papstes zum König erheben. Kirche und Königtum gingen ein regelrechtes Bündnis ein. Pippin versprach dem Papst Landbesitz in Italien (woraus der Kirchenstaat entstand), der Papst verlieh dem fränkischen König die religiöse Weihe und ernannte ihn zum Schutzherren Roms. Damit begründeten beide ihre gemeinsame Herrschaft über die christliche Welt, eine Vorstellung, die die nächsten Jahrhunderte bestimmen sollte. Unter Pippins Sohn Karl dem Großen wurde sie Wirklichkeit. Zu Weihnachten des Jahres 800 setzte Papst Leo III. in Rom dem Frankenkönig die Kaiserkrone auf.

Seinen Zeitgenossen galt Karl als der ideale Herrscher. Obwohl sein Reich, das sich von der Bretagne bis Ungarn, von Norddeutschland bis Mittelitalien erstreckte, ihn nicht lange überdauerte, blieb Karl im Gedächtnis der Völker als „Vater Europas" erhalten. Äußerlich von reckenhafter Gestalt, in Jagd und Kampf geschult, war er als Staatsmann zäh und energisch, mit dem Sinn für den richtigen Zeitpunkt. Ausgeprägtes Rechtsgefühl und Frömmigkeit verbanden sich mit beständigem Lerneifer, indem er auch auf Ratgeber hörte und immer bereit war, zu neuern und zu verbessern. Er sah sich als Erzieher seines Volkes, er förderte Wissenschaft und Künste und leitete eine Bildungsreform ein, deren Ziele lauteten: Irrtümer korrigieren, Überflüssiges tilgen, das Rechte hervorbringen.

Die Quellen vermitteln ein harmonisches Bild des Herrschers, sie präsentieren ihn als lebensfrohen, den Freuden des Daseins aufgeschlossenen, der Frauenliebe zugewandten Menschen. Doch fehlten auch Züge von Grausamkeit nicht in Karls Persönlichkeitsumriss: Die Sachsen bezwang er mit brutaler Härte, mit Massenhinrichtungen und Deportationen.

Karl der Große, 24 Zentimeter hohe Reiterstatuette aus dem Metzer Domschatz (heute im Louvre), entstanden Mitte des 9. Jahrhunderts. Der große Herrscher trägt in der Linken eine Kugel, nach römischer Tradition Zeichen seines Machtanspruchs über den Erdkreis. ▶

Germanische Staatsgründungen auf römischem Boden (4.–8. Jh.)

Den Römern waren die Germanen immer unheimlich. Sie fürchteten den Kampfesmut der Völker aus dem Norden jenseits der Alpen. Aber sie bewunderten sie auch wegen ihres Familiensinnes und der Reinheit ihrer Sitten.

Die Grenze zwischen dem Römischen Reich und Germanien war zwar militärisch gesichert, aber auch durchlässig, für Kaufleute zum Beispiel, die ihre Waren im Norden an den Mann (und an die Frau) brachten. Erzeugnisse aus der verfeinerten Kultur des Mittelmeerraumes fanden so ihren Weg ins wenig entwickelte Land. Germanen verdingten sich als Söldner im römischen Heer. Denn Kriegführen, das wusste schon

▲ Der Holzschnitt aus dem 19. Jahrhundert zeigt den Rücktritt des letzten römischen Kaisers Romulus Augustus vor dem Germanenfürst Odoaker.

„Wandalen nach der Plünderung von Rom 455", Holzschnitt nach einer Zeichnung von H. Leutemann aus dem 19. Jahrhundert. ▶

der römische Schriftsteller Tacitus, war eine Beschäftigung, die bei den Germanen hoch im Kurs stand, „gilt es doch bei ihnen als schlapp und unwürdig, sich im Schweiße seines Angesichts das mühsam zu erarbeiten, was man im blutigen Kampfe erringen kann."

Reichsteilung

Rom hatte schon verschiedentlich einzelnen germanischen Stämmen erlaubt, sich in seinem Herrschaftsgebiet anzusiedeln. Daraus wurde, angestoßen durch das

„Germanen auf der Wanderung",
Holzschnitt aus dem 19. Jahrhundert

Vordringen der Hunnen in Osteuropa Ende des 4. Jahrhunderts, eine Massenbewegung, die Völkerwanderung. In dieser Zeit bestand das Römische Reich aus zwei Teilen. Die Trennung war 395 erfolgt, es gab seitdem einen Kaiser im Osten, in Konstantinopel, und einen im Westen, in Rom bzw. in Ravenna, wohin die Residenz 402 verlegt wurde. Ostrom überstand die Völkerwanderung, der Westen aber wurde überflutet. 410 wurde Rom von den Westgoten geplündert, 455 von den Wandalen. Die großen Grundbesitzer verweigerten die Steuerzahlung, die Währung verfiel, Räuberbanden zogen umher. 476 setzte der Germanenfürst Odoaker in Ravenna den letzten Kaiser ab, einen siebzehnjährigen Jüngling namens Romulus. Die Zeitgenossen nannten ihn höhnisch „Augustulus", der kleine Augustus, um anzudeuten, wie weit das Reich seit den Tagen des großen Augustus heruntergekommen war.

Germanische Stämme ließen sich nach Wanderungen über hunderte oder gar tausende Kilometer auf römischem Boden nieder und gründeten eigene Staaten: die Westgoten in Südfrankreich und Spanien, die Wandalen in Nordafrika, die Ostgoten und die Langobarden in Italien, die Franken in Belgien und Nordfrankreich. Die germanischen Staaten in der Fremde sollten aber nicht lange halten. Bis auf das der Franken gingen sie bald wieder unter, zuerst (534) das Reich der Wandalen, zuletzt (774) das der Langobarden. Die Ursache hierfür ist vor allem darin zu sehen, dass die Einwanderer als „Herrenschicht" im Land isoliert blieben und es vermieden, sich mit der ansässigen Bevölkerung gemein zu machen.

Ostgotenkönig Theoderich

Seine Herrschaft begann mit einem Mord: Theoderich, König der Ostgoten (* um 456, † 526), brachte 493 seinen Onkel Odoaker um und trat an dessen Stelle als Herr über Italien. Es gelang ihm seine Herrschaft über große Teile des ehemaligen Weströmischen Reiches auszudehnen und auch die Anerkennung der Kaiser in Ostrom zu gewinnen. Wirtschaftlich und kulturell bedeutete seine Regierung eine Blütezeit für Italien, doch blieben Gegensätze, die nicht zu überbrücken waren: Seine Goten traten nicht nur als Herren auf, sie bekannten sich nach Meinung der einheimischen Bevölkerung zum verkehrten Glauben, gehörten sie doch wie viele christianisierte Germanenstämme der arianischen Richtung an, die von den Päpsten in Rom als Abweichler bekämpft wurde. Die Nachwelt verlieh Theoderich dennoch den Titel „Der Große“, die Sage feiert ihn als „Dietrich von Bern“ (Bern = Verona).

◀ Theoderich der Große lässt sich von den Römern beschenken. Undatierter Farbdruck nach Gouache von Franz Xaver Jung-Ilsenheim (1883–1963)

Das Mausoleum des Theoderich in Ravenna. Der Ostgotenkönig, der sein Reich auf römischem Boden errichtete, wollte nach den Worten des Historikers Ferdinand Gregorovius „zugleich wie ein nordischer Held und ein römischer Cäsar begraben sein“. ▶

Das Reich der Franken (5./6. Jh.)

Von den Reichen, die germanische Stämme während der Völkerwanderungszeit gründeten, blieb eines dauerhaft bestehen, das der Franken. Das lag daran, dass sie mehr als alle anderen von den Römern lernten und deren Errungenschaften übernahmen. In den römischen Quellen sind die Franken erstmals im 3. Jahrhundert bezeugt: als ein Volksstamm, der zwischen Weser und Niederrhein lebt. Im Lauf der nächsten beiden Jahrhunderte dehnten sie ihr Gebiet in verschiedene Richtungen immer weiter aus, ins heutige Hessen hinein, zur Rheinmündung, nach Belgien und Frankreich. Sie besetzten damit Provinzen des Römischen Reiches, doch sie zerstörten dessen Einrichtungen nicht. Vielmehr durchdrangen sich die beiden Kulturen, die vorgefundene römische und die eigene der Franken.

Das Konzil von Nicäa, dem heutigen Iznik (Türkei), auf einem Fresko aus der Vatikanischen Bibliothek.

Der heilige Remigius tauft den Frankenkönig Chlodwig, Darstellung auf einem Wandteppich des 16. Jahrhunderts. Durch das Bündnis mit der Kirche vermochte Chlodwig seine Herrschaft in der ehemaligen römischen Provinz Gallien zu befestigen.

Annahme des Christenglaubens

Von besonderer Bedeutung war, dass die Franken ihren alten Götterglauben aufgaben und Christen wurden. Nun taten das die anderen Germanenstämme auf römischem Boden auch, aber sie hatten sich für die Richtung des Bischofs Arius entschieden, die eine Gottähnlichkeit Jesu annahm und seit dem Konzil von Nicäa (324/325) als Ketzerei galt. Die Franken dagegen folgten der Kirche in Rom, die sich für die Lehre des Bischofs Athanasius von der Gottgleichheit Jesu entschieden hatte, und diese Lehre war es, der die Zukunft gehörte.

Frankenkönig Chlodwig ging voran. Um 500 ließ er sich taufen und befahl seinem Volk, es ihm gleich zu tun. Angeblich war ein Erlebnis in der Schlacht von 496 gegen die Alemannen der Auslöser: Die drohende Niederlage vor Augen, gelobte Chlodwig den Übertritt zum Christentum – und schon wendete sich das Kriegsglück zu seinen Gunsten. Das Bündnis mit der römischen Kirche förderte die Konsolidierung der fränkischen Herrschaft. Die Kirche besaß nicht nur die Macht über die Seelen, sie war auch straff organisiert, eine Trägerin der Zivilisation. So nahm sie vielfältige Aufgaben wahr, die ehemals der römische Staat geleistet hatte, etwa im Bereich der Sozialpolitik. Und das konnten die Franken jetzt für sich nutzen.

Der Eroberer als Missionar

Mit Chlodwig begann der Aufstieg des Frankenreiches zur Großmacht – ein blutiger Aufstieg, ließ er doch zahlreiche seiner Rivalen umbringen. Bei den Merowingern, dem Herrscherhaus, aus dem er stammte, gehörten Verschwörung und Mord allerdings zum Alltag. Und Kriege gegen die Nachbarn vergrößerten das Herrschaftsgebiet. Sein abweichendes Glaubensbekenntnis erlaubte Chlodwig dabei, die Eroberungsfeldzüge gegen andere Germanenstämme wie z. B. die Westgoten oder die Burgunder als missionarische Unternehmen auszugeben: Der Frankenkönig kam, den rechten Glauben mit der Waffe durchzusetzen.

Der Holzschnitt aus dem 19. Jahrhundert zeigt Chlodwig I. während er in der Schlacht von Zülpich zu Gott betet. Das Kriegsglück wendet sich zu seinen Gunsten und als Folge lässt sich der Frankenkönig taufen und befiehlt seinem Volk, es ihm gleich zu tun.

Der fränkische König Chilperich I. und seine zweite Gemahlin Fredegunde, Holzstich aus dem 19. Jahrhundert.

Der Streit der Königinnen

Im Nibelungenlied kommt durch den Rangstreit zweier Königinnen, Brunhild und Krimhild, eine tödliche Mechanik in Gang, die zahllose Männer das Leben kostet. Dem Dichter des 13. Jahrhunderts mag dabei eine blutige Episode aus der Geschichte der Merowinger-Dynastie vorgeschwebt haben: Der Kampf der Königinnen Fredegunde († 597) und Brunhilde († 613). Fredegunde, eine ehemalige Stallmagd, hatte Brunhildes Schwester Galswind ermorden lassen, um deren Nachfolge als Gattin König Chilperichs I. antreten zu können. Das löste einen vierzig Jahre dauernden Blutrachekrieg innerhalb des Frankenreichs aus. An dessen Ende stand die Hinrichtung Brunhildes. Fredegundes Sohn Chlothar II. ließ die Feindin seiner Mutter an vier Hengste binden und zu Tode schleifen.

Klostergründungen (seit dem 6. Jh.)

„Das Kloster hat im Leben der Kirche des Frühmittelalters auf allen Gebieten eine beherrschende Rolle gespielt“ schreibt der Historiker Michel Parisse. Man könnte hinzufügen: Nicht nur im Leben der Kirche. Das Wirken der Klöster reichte weiter, bis in wesentliche Bereiche der mittelalterlichen Gesellschaft hinein.

Klöster waren Vorreiter in der Agrikultur, hier wurden rationelle Methoden der Landwirtschaft erprobt, Mönche lehrten die Bauern neue Techniken des Ackerbaus und leiteten das Kolonisationswerk in neu gewonnenen Gebieten. Zudem waren die Klöster Stätten der Bildung, Forschung, Erziehung und Kunstausübung; Klosterwerkstätten schufen unvergängliche Kunstwerke. Die Klosterbibliotheken bewahrten die wissenschaftlichen und kulturellen Leistungen früherer Epochen, in ihren Skriptorien wurden die alten Texte immer wieder abgeschrieben. Da es kein staatliches

Die Benediktinerabtei Maria Laach wurde zwischen 1096 und 1216 erbaut. Zu der mittelalterlichen Klosteranlage gehören heute noch verschiedene Handwerksbetriebe sowie ein landwirtschaftliches Anwesen.

Der heilige Benedikt von Nursia, Gründer des Benediktinerordens, auf einem Fresko des österreichischen Malers Wolfgang Andreas Heindl (1693–1757). Das Fresko befindet sich in der Klosterkirche St. Mauritius der Benediktinerabtei Niederaltaich. ▶

SIC STEMVS AD
PSALLENDVM
VT MENS
NOSTRA
CONCORDET
VOCI NOSTRÆ
REG: C.XIX:

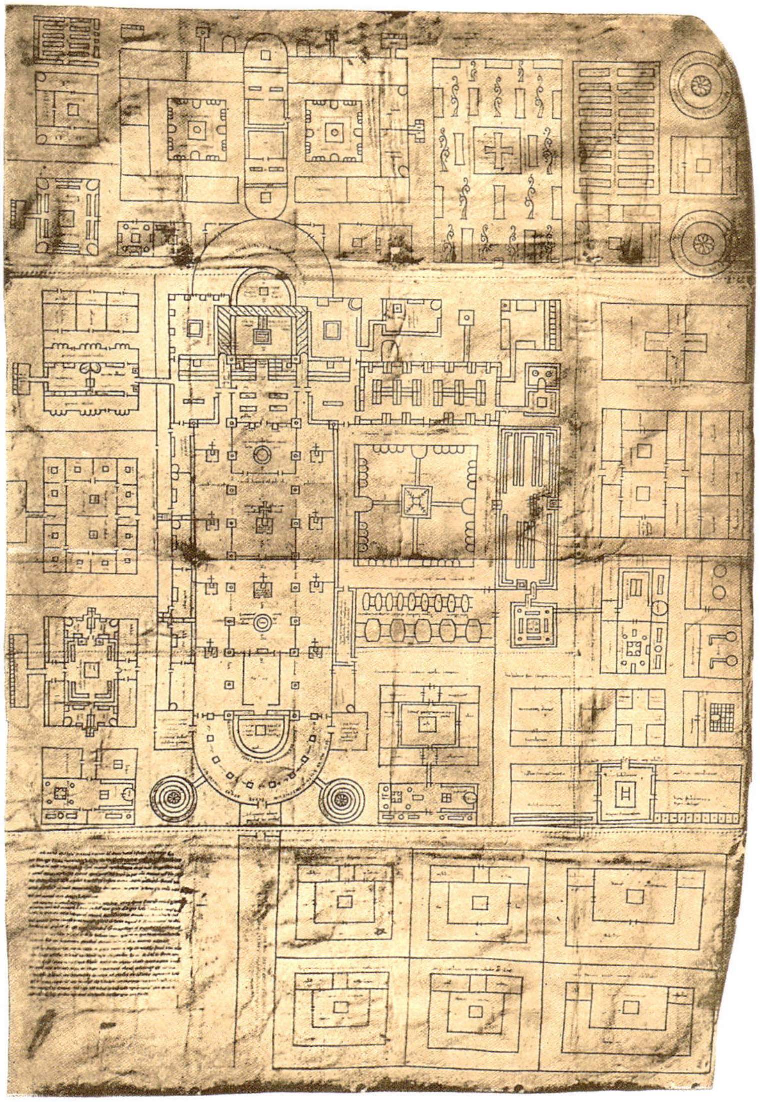

Der um 820 auf Pergament gezeichnete Bauplan des Klosters von St. Gallen. Die schematisierte Darstellung lässt Haupt- und Nebengebäude erkennen, die dem Leben einer großen Benediktinergemeinschaft dienten.

Schulwesen gab, waren die Klosterschulen die einzigen Institutionen, die Bildung und Wissen vermittelten.

Verpflichtung zu praktischem Handeln

Vom 6. bis zum 11. Jahrhundert war das Benediktinerkloster der vorherrschende Klostertyp. Die Gründung des heiligen Benedikt von Nursia (um 480–547) hatte dem ursprünglich allein auf Weltflucht und Kontemplation ausgerichteten Klosterwesen das Element aktiver Tätigkeit beigegeben, das benediktinische „ora et labora“ (bete und arbeite) bedeutete neben einem gottgeweihten Leben auch eine Verpflichtung zu praktischem Handeln in der Welt.

Der berühmte St. Gallener Klosterplan von 820 zeigt ein Modellkloster der Karolingerzeit. Kern ist die sogenannte Klausur, der Bereich, der, von der übrigen Anlage abgeschirmt, allein dem religiösen Leben der Mönche vorbehalten ist: Kirche, Kreuzgang, Schlafraum, Esssaal und Versammlungsraum. Um diesen zentralen Bereich herum gruppieren sich die Wirtschafts- und Verwaltungsgebäude mit Werkstätten, Ställen, Gasträumen, dazu Mühle, Brauerei, Obsthaine und Gemüsegärten. Klöster dieser Größenordnung konnten Hunderten von Menschen Unterkunft und Arbeitsmöglichkeit bieten, sie waren weitgehend autark. Durch Grundbesitz, der ihnen geschenkt wurde, waren sie zugleich Zentrum einer größeren Wirtschaftseinheit.

Ordensregeln

Den Mönchen seines Klosters Monte Cassino schrieb der heilige Benedikt unter anderem vor: „Vor allem Gott den Herrn lieben aus ganzem Herzen, aus ganzer Seele und mit aller Kraft. Sich selbst verleugnen, um Christus nachzufolgen. Den Leib züchtigen, der Sinnenlust nicht nachgeben, das Fasten lieben, Arme erquicken, Nackte bekleiden, Kranke besuchen, Tote begraben, in der Trübsal zu Hilfe eilen, Trauernde trösten. Mit dem Treiben der Welt brechen. Die Werkstätte aber, in der wir fleißig mit allen diesen Werkzeugen arbeiten sollen, ist die Abgeschlossenheit des Klosters und das ständige Beharren in der Gemeinschaft. Gehorsam ohne Zögern ist der vorzüglichste Grad der Demut.“

Das Kloster von St. Gallen heute. Der Stiftsbezirk St. Gallen wurde von der UNESCO in die Liste des Weltkulturerbes aufgenommen.

Karl der Große förderte die Klöster, wie es seine Vorgänger auch schon getan hatten. Für seine Bildungsreform waren sie unerlässlich. Darüber hinaus aber machte er sie zu Instrumenten seiner Expansionspolitik. An den Zuwendungen, die er austeilte, und den Gründungen, die er anregte, ist das deutlich abzulesen. Die meisten Mittel flossen in die „unsicheren" Gebiete, etwa nach Hessen und Thüringen, ins Sachsenland, nach Aquitanien, in die spanische Mark und in die Lombardei. Von den Klöstern dort erwartete er verstärkte Missionstätigkeit und Hilfe bei der Sicherung von Nachschubwegen, der Unterbringung und Beköstigung seines Heeres.

Nach dem Zweiten Weltkrieg blieb nur ein Trümmerhaufen von der alten Abtei der Benediktiner auf dem Montecassino, gegründet um 529 von Benedikt von Nursia. Beim Wiederaufbau bemühte man sich um Anknüpfung an die einstigen Pläne (mittlerer Kreuzgang mit der Statue der heiligen Scholastica). ▶

Das oströmische Kaisertum (5./6. Jh.)

Während das Weströmische Reich im 5. Jahrhundert den Kriegszügen der Völkerwanderung zum Opfer fiel und Rom geplündert wurde, blieb der Ostteil, Byzanz, vom Ansturm der „Barbaren“ verschont. Das römische Kaisertum in seiner spätantiken Form des bürokratischen Zwangsstaates konnte sich behaupten und unter Justinian (527–565) weit in den Westen ausgreifen.

Justinian war von seinem Onkel und Vorgänger Justin geschickt als Nachfolger aufgebaut worden. Und so gab es keinen Widerstand, als er 527 den Thron bestieg. Schwerer hatte es dagegen seine Gattin Theodora, die von der „guten Gesellschaft“ lange geschnitten worden war, weil sie eine Vergangenheit als Zirkusprinzessin und Schönheitstänzerin hatte. Theodora zeigte jedoch

Sogenanntes Barberini-Diptychon aus Konstantinopel. Die mittlere Figur wird als Justinian I. oder Anastasios I. gedeutet. Elfenbein, Anfang 6. Jahrhundert. Paris, Musee de Louvre

◀ Aussicht von Pera auf Konstantinopel, Gemälde von Amadeo Preziosi aus dem 19. Jahrhundert.

ungeahnte Energie und Tatkraft, als Justinians Kaisertum 532 im sogenannten Nika-Aufstand in eine schwere Krise geriet (es ging um Steuererhöhungen, die das Volk erbitterten). Ihr Gatte war schon drauf und dran, mitsamt dem Hofstaat die Hauptstadt Konstantinopel zu verlassen. Theodora jedoch bewog ihn und den Kronrat in einer flammenden Rede, dazubleiben und sich dem Aufruhr zu stellen. Rasch herbeigeholte germanische Söldnertruppen schlugen dann auch den Aufstand nieder.

Hochfliegende Pläne

Von da an regierte Theodora mit, Beamte legten ihren Amtseid auf Kaiser und Kaiserin ab, und als Justinian 543 als Opfer einer Pestepidemie monatelang krank lag, führte Theodora die Geschäfte allein, als hätte sie ihr Lebtag nichts anderes getan. 548 starb sie, ihr Gatte überlebte sie noch 17 Jahre.

Justinian war ein Büchermensch und kannte sich im Aktenwesen aus. Gleichzeitig verfolgte er aber auch hochfliegende Pläne: Er wollte das römische Weltreich in seiner alten Größe und Ausdehnung wieder aufrichten. 534 vernichtete sein Feldherr Belisar das Wandalenreich in Nordafrika. 552 erlag das Reich der Ostgoten in Italien dem Angriff eines oströmischen Heeres unter Narses. 568 ging jedoch Italien an die Langobarden verloren.

Mit zwei kulturellen Hauptleistungen ging Justinian in die Geschichte ein. Die eine war die Aufzeichnung des römischen Rechts (533–542), die andere der Bau der Hagia Sophia in Konstantinopel (537 vollendet), einer Kuppelkirche von ungeheuren Ausmaßen. Schon auf die Zeitgenossen übte der vielfältig leuchtende Baukörper die größte Wirkung aus. Der Hofdichter Paulus schrieb: „Wer einen Fuß in diesen heiligen Schrein setzt, möchte ewig in ihm leben, und Freudentränen quellen aus seinen Augen."

In der Kirche San Vitale in Ravenna sind die Porträts des Kaiserpaars erhalten. Sie finden sich auf Mosaiken, die in der Apsis einander gegenübergestellt sind. Hoheitsvoll heben sich die alterslosen Gesichter vom Goldgrund ab. Die Kaiserbilder entstanden 545–547, also noch zu beider Lebzeiten. Die Majestäten standen allerdings nicht Modell, in Italien sind sie nie gewesen.

Mosaikporträts des Kaiserpaars Justinian und Theodora in der Kirche San Vitale in Ravenna. Die Hafenstadt, damals noch direkt an der Adria gelegen, war bis ins 8. Jahrhundert Hauptstützpunkt der byzantinischen Macht in Italien.

„Kaiser Justinian als Gesetzgeber“, Gemälde von Giovanni Domenico von 1751. Der Rechtsgelehrte Trebonianus überreicht Kaiser Justinian die Gesetzessammlung „Corpus iuris“, die er in dessen Auftrag zusammengestellt hat.

Corpus iuris

Die Sammlung des römischen Rechts, die Kaiser Justinian veranlasste, das „Corpus iuris civilis“, besteht aus vier Teilen: den „Institutionen“, einem Lehrbuch auf der Grundlage des klassischen Juristen Gajus; den „Digesten“ oder „Pandekten“, kurzgefassten Auszügen aus den Werken von ca. 40 juristischen Schriftstellern; dem „Codex Justinianus“, einer Sammlung kaiserlicher Gesetze; den „Novellen“, Gesetzen aus der Regierungszeit Justinians. In der Kodifikation Justinians blieb das präzise römische Recht in seinen wesentlichen Teilen erhalten. Seine grundsätzlichen Normen haben die abendländische Rechtsentwicklung maßgeblich beeinflusst.

Die Hagia Sophia in Istanbul gilt als letztes großes Bauwerk der Spätantike. Als Kuppelbasilika gebaut, war sie die Hauptkirche des Byzantinischen Reiches, wurde nach der Eroberung durch die Osmanen zur Hauptmoschee umfunktioniert und beherbergt heute ein Museum. ▶

Der Bischof von Rom

Im frühen Christentum war an eine zentrale Organisation der Kirche noch nicht gedacht worden. Die Gemeinden wählten sich ihre Bischöfe, und die übten ihre Ämter aus, ohne irgendwem über ihnen verantwortlich zu sein.

Schon am Ende des 2. Jahrhunderts jedoch gab es Anzeichen dafür, dass der Bischof von Rom eine Sonderstellung beanspruchte. Er war der Nachfolger des Apostels Petrus, dem Christus aufgetragen hatte, seine Kirche zu gründen. Petrus war in Rom als Märtyrer gestorben, über seinem Grab am Vatikanshügel wurde die Peterskirche erbaut. Dazu kam, dass Rom ja nicht irgendeine Stadt war, sondern Haupt eines Weltreiches. Ein geistlicher Oberhirte, der in Rom residierte, hatte an der Autorität des römischen Imperiums teil.

„Christus übergibt Petrus die Schlüssel" (1481/52). Das Fresko von Perugino (eigtl.: Pietro Vannucci, 1448–1523) in der Sixtinischen Kapelle zeigt den Auftrag Christi an Petrus, die Geburtsstunde des Papsttums.

Der heilige Petrus übergibt Leo III. den Priestermantel und Karl dem Großen die Fahne von Rom. Farblithographie des 19. Jahrhunderts, nach dem um 800 ausgeführten Mosaik im Lateranpalast in Rom.

Primat des Papstes

Der Bischof von Rom, bald „papa", Papst, genannt, wurde immer öfter angerufen, um theologische Streitigkeiten zu schlichten. Die Gemeinden im westlichen Mittelmeerraum erkannten ihn als Appellationsinstanz und schließlich als Oberhaupt der Kirche an. Dieser „Primat" des Papstes war Mitte des 5. Jahrhunderts voll ausgebildet. Als das Weströmische Reich in den Wirren der Völkerwanderungszeit zusammenbrach, wuchsen dem Papsttum staatliche Funktionen, wie Armenfürsorge und Schutz vor Invasoren, zu. So vermochte Leo I. der Große 452 den Hunnenkönig Attila von der Eroberung Italiens abzuhalten und 455 dem Wandalenkönig

Blick am 19.04.2005 in die Sixtinische Kapelle im Vatikan, in der sich die 115 Kardinäle im Konklave für den deutschen Kardinal Ratzinger als neuem Papst entscheiden. Seit 1059 ist die Wahl des Papstes dem Heiligen Kardinalskollegium vorbehalten.

Geiserich bei der Besetzung Roms eine milde Behandlung der Bevölkerung abzuringen. Die Stellung des Papstes in der Christenheit konnte das nur befestigen.

Bei der Papstwahl wurde im Laufe der Jahrhunderte das ursprüngliche Stimmrecht des Volkes von Rom zur bloßen Akklamation abgeschwächt. Christliche Kaiser und germanische Herrscher nahmen Einfluss, vor allem aber mischte sich der römische und mittelitalienische Adel ein. Das Papsttum wurde in politische Parteikämpfe hineingezogen. Im 9. und 10. Jahrhundert, der „dunklen Zeit" des Papsttums, kam es vor, dass die Stellvertreter Christi ins Gefängnis geworfen oder ermordet wurden oder dass man ihnen gar nach dem Tod noch den Prozess machte, wie es bei der sogenannten Leichensynode 897 geschah.

Maßgeblich beteiligt an der Regierung der Kirche waren die Kardinäle, die leitenden Kleriker an den römischen Hauptpfarrkirchen. Sie vereinten sich mit den Regionaldiakonen und Bischöfen aus der Umgebung Roms zum Heiligen Kardinalskollegium, dem seit 1059 allein das Recht der Papstwahl zustand.

Die „Päpstin Johanna"

Im Jahr 855 soll ein Johannes Angelicus den Papstthron bestiegen haben, der in Wirklichkeit eine Frau, Johanna aus Mainz, war: In Männerkleidung geht sie mit ihrem Geliebten nach Athen und studiert dort mit glänzenden Resultaten. Sie kommt nach Rom und hält Vorlesungen, die viel Zulauf haben. Wegen ihrer Gelehrsamkeit und ihrer scheinbar untadeligen Lebensführung wird sie zum Papst gewählt. Die Katastrophe tritt bei einer Prozession ein. Während sie durch eine enge Straße zwischen Sankt Peter und dem Lateran reitet, kommt sie mit einem Kind nieder. Mutter und Kind überleben die Geburt nicht, die Päpstin wird anschließend an Ort und Stelle begraben. Prozessionen machen seit jener Zeit einen großen Bogen um diese Straße. Die Fabel galt lange Zeit selbst in der Kirche als historische Realität. Erst im 16. Jahrhundert begann kritische Forschung die Legende zu demontieren (sie wurde als Umformung einer alten Lokalsage erkannt) – ohne allerdings verhindern zu können, dass sich bis heute immer neue Geschichten um die Frau auf dem Stuhl Petri ranken.

Die Legende der Frau auf dem Stuhl Petri, die noch dazu ein Kind gebar, musste lange Zeit als Beweis für die sittliche Verderbtheit Roms herhalten. Die Päpstin Johanna bringt, während einer Prozession in den Straßen Roms, ein Kind zur Welt. Holzschnitt von Bourdet (ca. 1840). ▶

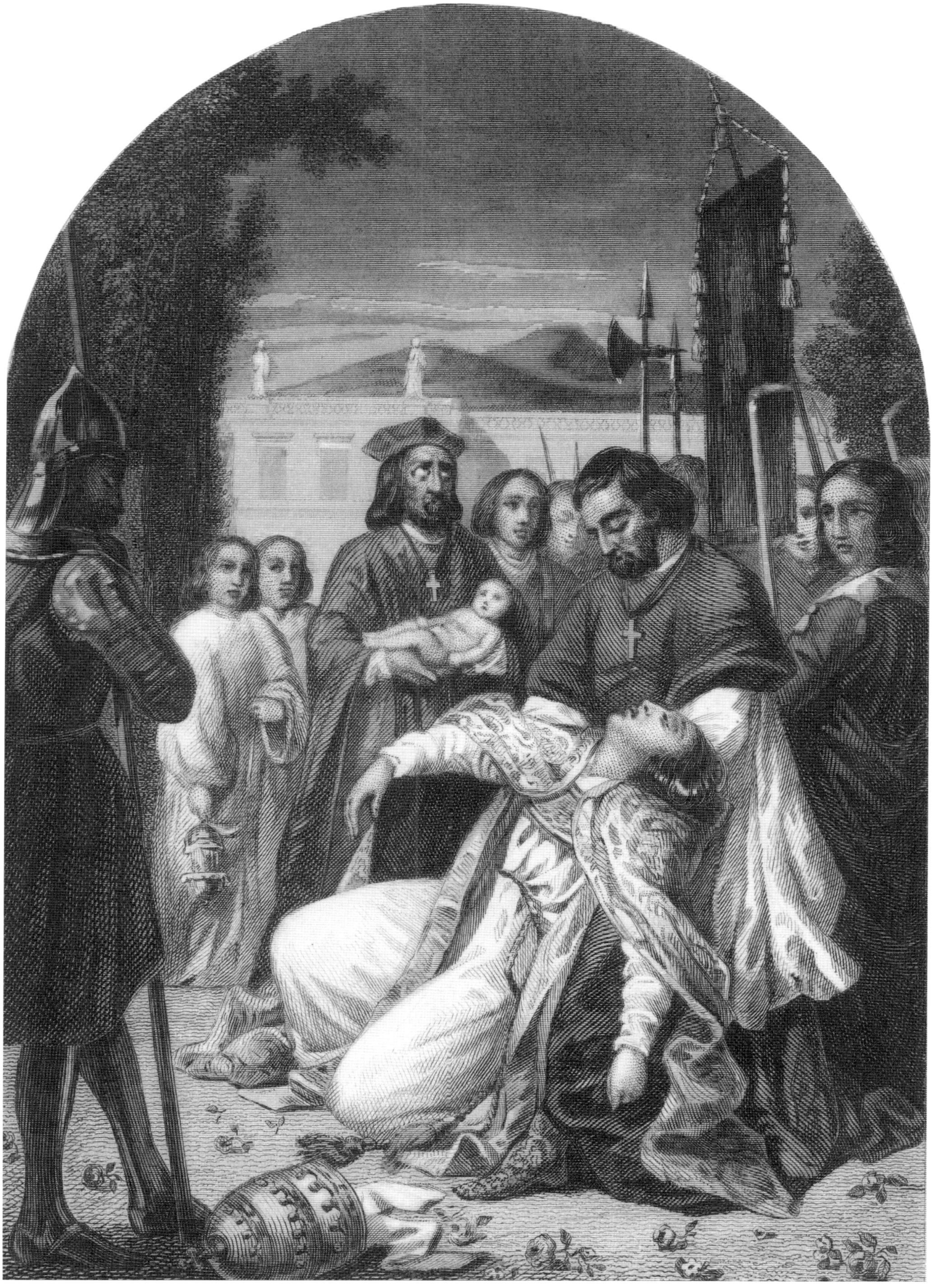

Die Angelsachsen (5.–11. Jh.)

Fast vier Jahrhunderte gehörten große Teile des heutigen England als Provinz „Britannia“ zum römischen Weltreich. Die keltische Bevölkerung, Briten genannt, blieb weitgehend ihren alten Sitten treu, das Christentum hielt nur unter den römischen Beamten und Militärs Einzug. Seit Anfang des 5. Jahrhunderts ließ sich die römische Herrschaft nicht länger aufrecht erhalten. Die Autorität ging an lokale, mehr oder weniger romanisierte, teils auch rein britische Fürsten über, die sich für ihre Kriege germanischer Söldner bedienten.

Der mit vergoldeten und verzinnten Bronzeauflagen versehene eiserne Helm ist das Prunkstück des Bootgrabes von Sutton Hoo (Suffolk). Der dort bestattete angelsächsische Krieger ist vermutlich nach 625 gestorben.

Hengist und Horsa

Die von den Briten engagierten Söldner machten sich bald von ihren Auftraggebern unabhängig. Sie blieben im Land und begründeten unter ihren Führern Hengist und Horsa eigene Herrschaftsgebiete.

Aus ihrer Heimat bekamen sie starken Zuzug. Auf großen Ruderbooten überwanden die Einwanderer die See. Germanen hießen in Britannien allgemein „saxones“, Sachsen, und unter den Seefahrern waren auch Sachsen aus Norddeutschland, genauso aber auch Jüten von der Nordseeküste, Friesen aus dem Gebiet der heutigen Niederlande und Angeln, deren Wohnsitze nördlich der Elbe zur Ostsee hin lagen.

Der Name „Angeln“ setzte sich im Lauf der Jahrhunderte durch, im Landschaftsnamen „East Anglia“ ist er heute noch erhalten, und „englisch“ ist als Sprachbezeichnung davon abgeleitet. Religiöse Vorstellungen und materielle Kultur der angelsächsischen Eroberer sind am besten in den Ausgrabungsfunden von Sutton Hoo (Suffolk) dokumentiert.

Die neuen Herren verdrängten die keltische Urbevölkerung bis an die Ränder der Britischen Insel, nach Wales und Schottland. Mit der römischen Zivilisation konnten sie wenig anfangen, sie ließen sie verfallen. Insgesamt errichteten sie sieben Teilkönigreiche, unter denen sich das zentral gelegene Mercia im 8. Jahrhundert zur führenden Macht erhob. Im 9. Jahrhundert

„Ankunft der Angelsachsen in Britannien“. Die Federlithographie mit Tonplatte (1863) von Johann Nepomuk Geiger (1805–1880) illustriert die Einladung Hengist und Horsas durch König Vortigern im Jahre 449. ▶

wurde die angelsächsische Herrschaft durch Einfälle der Wikinger erschüttert. Erst König Alfred der Große von Wessex (871–899) vermochte die Nordmänner zu besiegen und das Gebiet, in dem sie sich festgesetzt hatten, den „Danelag" (= Gebiet, in dem dänisches Recht gilt), vertraglich zu umgrenzen. Unter Alfreds Sohn Eduard begann die Rückeroberung des Danelag, die 918 weitgehend abgeschlossen war. König Ethelstan von Wessex (924–939) konnte sich dann als Herrscher über ganz England betrachten, wenn auch Wahl und Krönung eines gesamtenglischen Königs zum ersten Mal 955 verwirklicht wurden.

Iro-schottische Mission

Das Christentum war von den angelsächsischen Invasoren, die im 5. Jahrhundert nach England kamen, erst einmal aus dem Land gedrängt worden, die germanischen Einwanderer hingen dem alten Götterglauben an. Doch das Christentum kehrte zurück. In Irland hatte es eine Heimstatt gefunden. 563 gründete der heilige Columban ein Kloster auf der Insel Iona. Von hier gingen erste Versuche zur Bekehrung der Angelsachsen im südlichen England aus, die dann von Rom aus durch die Entsendung des Abtes Augustin nachhaltige Unterstützung bekamen. Augustin erhielt 597 vom König Ethelbert von Kent eine römische Kirchenruine in Canterbury geschenkt. Canterbury, dessen erster Erzbischof Augustin wurde, stieg in der Folge zum kirchlichen Zentrum Englands auf. Eine zweite Missionswelle vom irischen Mönchszentrum Iona aus setzte im nächsten Jahrhundert ein. Der Mönch Aedan gründete 634 das Kloster Lindisfarne auf einer Insel vor der Küste von Northumbrien. In zwanzigjähriger Missionsarbeit gewann er die Angelsachsen Nordenglands für das Christentum.

▲ Statue Alfreds des Großen bei Winchester. Die Vereinigung der angelsächsischen Königreiche machten ihn zu einem der bedeutendsten Männer in der englischen Geschichte.

◄ Das Kloster Lindisfarne (634 gegründet) auf einer Insel vor der Küste Northumbriens.

Entstehung des Islam (6./7. Jh.)

Als Mohammed (eigentlich Abul Kasim Muhammad Ibn Abdallah) aus Mekka um die Wende des 6./7. Jahrhunderts als Religionsstifter zu wirken begann, waren die semitischen Araber in eine Vielzahl kleiner, untereinander verfeindeter Stämme aufgespalten. Nur in einigen Städten, wie etwa in Mekka und Medina, hatten sich Formen einer höheren Kultur entwickelt. Dort lebte neben jüdischen und christlichen Gemeinschaften eine arabische Bürger- und Kaufmannschaft, die durch den Handel mit den innerarabischen Nomadenstämmen zu Reichtum gekommen war.

Himmelfahrt des Propheten Mohammed, voran schwebt der Erzengel Gabriel. Die Miniatur, in der das Gesicht des Propheten nach muslimischem Brauch nicht dargestellt ist, stammt aus einem Manuskript der Khamza-Dichtung des Nizami (16. Jh.).

Allah, alleiniger Schöpfer der Welt

Mohammed, geboren um 570, hatte bis zur Mitte seiner Mannesjahre als Mitglied einer Kaufmannsgilde gewirkt und gelebt. Erst durch visionäre Erlebnisse wurde er auf den Weg des Prophetentums getrieben. In seiner Lehre, die nach seinem Tod (632) im Koran festgelegt wurde, verkündete er die Weltschöpfung allein durch Allah, der im kommenden Jüngsten Gericht Welt und Menschen wieder in seinen Schoß zurücknehmen werde, und forderte den „Islam", den Eintritt in den Stand des Heils, die Gottergebenheit.

In Mekka, das stark durch hellenistisch-jüdische, „aufklärerische" Einflüsse geprägt war, fand Mohammed zunächst keine Basis für seine Lehre, eher sogar Feindschaft und Ablehnung. 622 floh er mit wenigen Anhängern nach Medina, wo er größeren Erfolg hatte und schließlich auch die politische Gemeinschaft prägen und beherrschen konnte.

Fatalistische Einstellung zum Leben

Wahrheitsliebe und Zuverlässigkeit, Achtung vor Nachbarn und Verwandten, Verzicht auf Blutrache und Gewalttat waren die auch gesellschaftlich und politisch revolutionären Ideale der neuen Religion. Menschliches Schicksal galt als vorbestimmt durch den Willen

„Pilgerkarawane auf dem Weg nach Mekka" (1237). Miniatur von Yahya ibn Mahmud al-Wasiti.

Gottes, doch war diese fatalistische Einstellung zum Leben nicht zu verwechseln mit Taten- und Hoffnungslosigkeit.

Der Kultus wurde vom Propheten streng geregelt. Fünf tägliche Gebete zu genau festgesetzten Zeiten wurden verlangt. Die Lehre forderte von ihren Anhängern Mildtätigkeit gegen Arme, regelmäßiges Fasten und eine jährliche – oder doch in gewissen Abständen regelmäßige – Pilgerfahrt zur Kaaba, dem alten arabischen Heiligtum in Mekka, das Mohammed zum Mittelpunkt seiner Religion erhob. Die höchste Stufe religiöser Hingabe sah der Prophet aber in der Teilnahme an einem Kriegszug, der die Herrschaft des Islam über die übrige Welt ausbreiten helfe.

Schiiten und Sunniten

Schon früh kam es im Islam zu Richtungskämpfen und Spaltungen, vor allem wegen unterschiedlicher Auffassungen über die Leitung der Glaubensgemeinschaft. Die Glaubens- und Sittenlehre, das Ritual und die gottesdienstliche Ordnung des Islam gründen sich auf die Offenbarungen Allahs, für die meisten Muslime auch durch die Überlieferung und das Gewohnheitsrecht, die Sunna, die die Koranbestimmungen ergänzt. Doch erkennen nur die Sunniten die später niedergeschriebene Sunna als Religionsquelle neben dem Koran an. Geistliche Oberhäupter waren die Nachfolger des ersten Kalifen und Schwiegervaters von Mohammed, Abu Bekr († 634). Für die zweite große Konfession des Islam, die Schiiten, besitzt allein der Koran kanonische Geltung. Ihr gilt als legitimer Nachfolger des Propheten nur Mohammeds 661 in Kufa (Irak) ermordeter Adoptiv- und Schwiegersohn Ali. Daneben bildeten sich zahlreiche regionale Sekten, die Elemente vorislamischer Religionen bewahren, wie die Ghulat, oder besonders puritanisch und konservativ eingestellt sind, wie die Wahhabiten.

Die Kaaba gilt als erstes Gotteshaus des Islam und befindet sich im Innenhof der großen Moschee in Mekka, Saudi-Arabien. Im Pilgermonat Dhu versammeln sich hier Tag für Tag die Pilger in großen Mengen zum Gebet. ▶

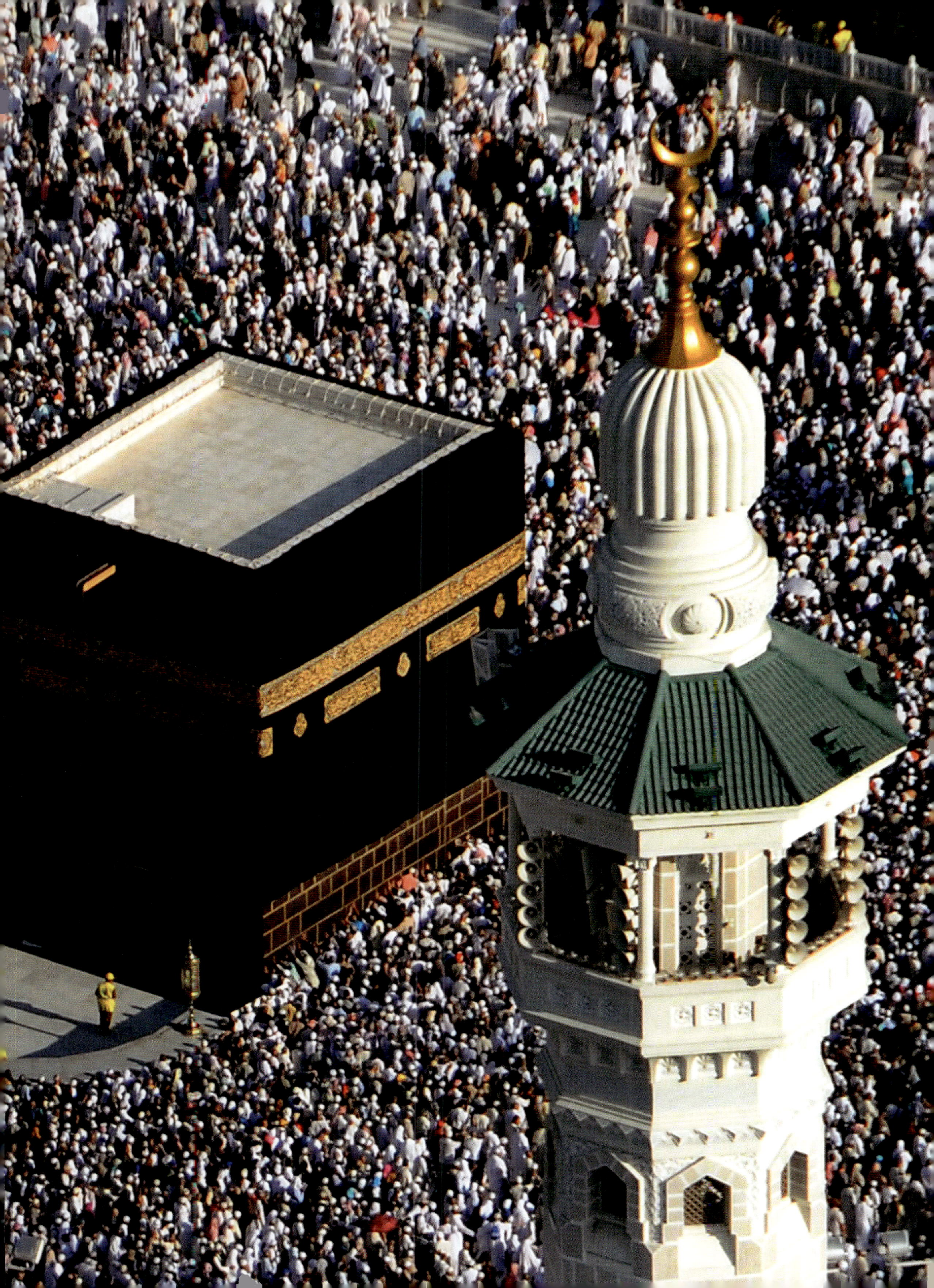

Größte Ausdehnung der islamischen Herrschaft (7.–14. Jh.)

Zunächst nur eine örtliche religiöse Gemeinde in Mekka, die sich in Erwartung des Weltgerichts gebildet hatte, wich der Islam wegen der Verfolgung durch die Heiden nach Medina aus, wo die religiöse Ordnung und ein Staatswesen unter Mohammeds Führung begründet wurden. Der Kampf gegen das heidnische Mekka war der erste Religions- und Missionskrieg; er wurde auf ganz Arabien, dann auf die Mittelmeerwelt übertragen. Mohammeds Nachfolger, die Kalifen, waren geistliche Führer und weltliche Herrscher; unter der Dynastie der Omaijaden (661–750) begründeten sie das islamisch-arabische Weltreich.

Der politische Gegensatz der schiitischen Perser gegen das Arabertum führte zu Bürgerkriegen und zum Aufstieg der Abbasiden-Dynastie (750–1258), unter deren Regiment die islamische Kultur ausgebildet und das Recht kodifiziert wurde. Die Ausbreitung des Islam erfolgte in großen Unterwerfungsfeldzügen. Um 1350 umfasste das islamische Herrschaftsgebiet Nordindien, Afghanistan, Südrussland bis zum Aral-See, Persien, ganz Vorderasien mit Kleinasien und Arabien, Ägypten bis zum Sudan, Nordafrika und in Südspanien das Reich von Granada. Im Einflussgebiet des Islam bestand eine kulturelle Einheit, die in bedeutenden wis-

In der Dynastie der Abbasiden empfängt Kalif Harun al Raschid, geistiges Oberhaupt des Islam seit 786, den Gesandten von Karl dem Großen. Gemälde von Julius Köckert (1827–1918)

senschaftlichen Leistungen in der Philosophie, Geographie, Medizin und Dichtkunst, in einer einheitlichen Schrift und in weitgehend einheitlicher Lebensweise und Heiligenverehrung Ausdruck fand. Das Abendland lernte viel von den Muslimen, bei den Kulturkontakten, war der Islam der gebende, der Westen der empfangende Teil. Über das arabisch besetzte Spanien gelangten die geistigen Schätze der antiken Welt wenigstens in Bruchstücken ins christliche Europa. In Sizilien und Süditalien begegneten sich Christen und Muslime seit dem 9. Jahrhundert

Kulturkontakte

Die Kreuzzüge sorgten für eine Zunahme der Kontakte. Sie beschleunigten den Prozess durch den Ausbau der Verkehrsverbindungen und schufen durch das jahrhundertelange Zusammenleben im Heiligen Land die Voraussetzungen dafür, dass es auch in Dingen des Alltags, zu Lernprozessen auf christlicher Seite kam. Kulturpflanzen, Gewürze, Kleiderstoffe, Kosmetika wurden eingeführt. Nautische Geräte wurden verbessert, von den Arabern lernten die christlichen Seefahrer die Kunst der astronomischen Ortsbestimmung. Die Rechenkunst machte einen großen Schritt vorwärts durch die Einführung der arabischen Ziffern. Die medizinischen Methoden des Orients, bereits in Unteritalien an der Schule von Salerno gelehrt, wurden nun auch in anderen Regionen Europas verbreitet.

Der Felsendom auf dem Tempelberg in Jerusalem, ein Hauptheiligtum des Islam, wurde an der Stelle errichtet, wo nach der Überlieferung der auch von den Muslimen verehrte Erzvater Abraham die Opferung seines Sohnes Isaak vorbereitete.

Dschihad

Der Islam war seit Anbeginn auf Expansion, auch mit unfriedlichen Mitteln, ausgerichtet. Jeder Muslim stand in der Pflicht, zum Dschihad (wörtlich „Bemühung", von christlicher Seite als „heiliger Krieg" übersetzt) beizutragen. Damit war nicht Zwangsbekehrung, noch gar Ausrottung der Andersgläubigen gemeint, sondern nur Ausdehnung der arabischen Staats- und Gesellschaftsordnung. In der Ära der Kreuzzüge (1095–1291) führten die Muslime ihren Abwehrkampf gegen die christlichen Ritter des öfteren als Dschihad, die Aufrufe dazu blieben aber zuweilen ohne rechten Widerhall. Allerdings kam mit der Zeit angesichts der Intoleranz, die die Muslime bei den militanten Christen erlebten, ein schärferer Zug in die islamische Propaganda. Aufforderungen, wie „keinen der Ungläubigen dem Schwert zu entziehen", fanden damals durchaus Gehör.

Arabische Herrschaft in Spanien (711 bis Ende 15. Jh.)

In der Zeit der Völkerwanderung waren die Westgoten, von Südrussland kommend, über Griechenland und Italien bis an die französische Atlantikküste gelangt. Dort, in der römischen Provinz Aquitanien, errichteten sie nach 418 als Bundesgenossen der Römer ein Reich mit der Hauptstadt Tolosa (Toulouse), das bald auch die Iberische Halbinsel umfasste. Als die Franken unter Chlodwig von Norden her vorrückten und das Heer der Westgoten 507 bei Vouillé besiegten, gaben diese Tolosa und mit ihr – bis auf geringe Reste an der Mittelmeerküste – die Herrschaft über Süd- und Westfrankreich auf. Die Westgotenkönige verlegten ihre Residenz nach Toledo in Spanien.

Wie die meisten Germanenstämme hatten sich die Westgoten zur arianischen Richtung des Christentums bekehren lassen, was sie in Gegensatz zur ansässigen hispano-romanischen Bevölkerung brachte. Diese hing der Glaubensrichtung an, die vom Papst repräsentiert wurde. Die Spaltung wurde im Westgotenreich erst 589 durch den Beschluss einer Kirchenversammlung in Toledo aufgehoben, die den römisch-katholischen Glauben als allein verbindlich erklärte. In den 654 von König Reccesvinth erlassenen Reichsgesetzen („Leges Visigothorum") wurden gotischer und romanischer Bevölkerungsteil gleich gestellt.

Islamische Kunst in Spanien, Truhe von Kalif Hischam II. (966–1013) aus dem 10. Jahrhundert.

Landung bei Gibraltar

In der zweiten Hälfte des 7. Jahrhunderts versank das westgotische Königtum in blutige Thronwirren. Das nutzten die muslimischen Eroberer, die in ihren Feldzügen inzwischen bis ins heutige Marokko vorgedrungen waren. 711 setzte eine Streitmacht aus Arabern und nordafrikanischen Berbern nach Gibraltar über. Bei Jerez de la Frontera kam es noch im selben Jahr zur Entscheidungsschlacht. Die Westgoten unterlagen, ihr König Roderich fiel. Innerhalb weniger Jahre unterwarfen die Muslime fast ganz Spanien. Lediglich im Norden, im asturischen Bergland vermochten sich christliche Kleinreiche gegen die Araber zu behaupten. Die arabische Herrschaft über Spanien, das die Eroberer al-Andalus nannten, brachte dem Land eine Zeit wirtschaftlicher und kultureller Blüte. Die Städte wurden zu bedeutenden Umschlagplätzen für die Erzeugnisse arabischer Handwerkskunst. Lederbearbeitung, Textilproduktion und Waffenherstellung waren die wichtigsten Gewerbe.

Die neuen Herren verzichteten darauf, ihren Glauben mit Gewalt durchzusetzen, ein großer Teil der Bevölkerung konnte so bei seinem christlichen Bekenntnis bleiben. „Mozaraber" war die Bezeichnung für die unter der arabischen Herrschaft lebenden spanischen Christen. Al-Andalus wirkte als Vermittler orientali-

Wie ein Wald wirken die Säulen, die die Decke der großen Moschee („La Mezquita") von Córdoba tragen. Mit dem Bau des Gotteshauses wurde 785/786 begonnen, 75 Jahre nach der erfolgreichen Invasion der Muslime in Spanien.

schen Kulturgutes, nicht nur arabische Naturwissenschaften, Philosophie und Dichtung wurden hier gepflegt und dem christlichen Abendland weitergegeben, auch gewichtige Teile des antiken Erbes, etwa die Werke des Aristoteles, gelangten auf dem Umweg über das arabisch besetzte Spanien zurück nach Europa.

Der Säulenwald von Córdoba

Die Omaijaden-Dynastie, die als erste im arabischen Spanien herrschte (756–1031), hinterließ in ihrer Residenzstadt Córdoba am Guadalquivir ein Bauwerk, das die hohe Kultur der muslimischen Eroberer dokumentiert. Die „Mezquita" (spanisch für „Moschee") umschließt einen Vorhof und einen aus 19 Langschiffen bestehenden Betsaal. 856 Säulen und doppelstöckige Hufeisenbogen aus rot-weißem Marmor tragen dessen Decke. Verschwenderisch sind Bauelemente aus Jaspis und Granit verteilt, dazu Mosaiken und fein ziselierte Reliefornamente. Als Córdoba 1236 im Zuge der Reconquista an König Ferdinand III. von Kastilien fiel, wurde die Mezquita in ein christliches Gotteshaus umgewandelt. 1984 erhob die UNESCO sie in den Rang eines Weltkulturerbes.

Blick im Abendlicht auf die Moschee-Kathedrale von Córdoba. Das Gotteshaus ist das größte Moscheegebäude auf europäischem Boden und einer der größten Sakralbauten der Erde. ▶

COALSA

Merowinger und Karolinger (7./8. Jh.)

Ursprünglich Vorsteher des Hausgesindes und somit in die Sphäre der Unfreiheit gehörig, nahm der Hausmeier („maior domus") in frühfränkischer Zeit einen rasanten Aufstieg. An den Höfen der Merowinger hatten König und Königin, Königssohn und Königstochter je ihren eigenen Majordomus. Mit den Reichsteilungen nach dem Tod Chlodwigs I. (511) wuchs die Bedeutung dieses Amtes, ein Hausmeier trat an die Spitze des jeweiligen Reichsteiles, er dirigierte die Verwaltung und führte die königliche Gefolgschaft an. Nach 600 schwand die Bindung an den Hof, Besetzung der Hausmeierstellen wurde Sache des Adels, die Hausmeier wurden zu Königsmachern.

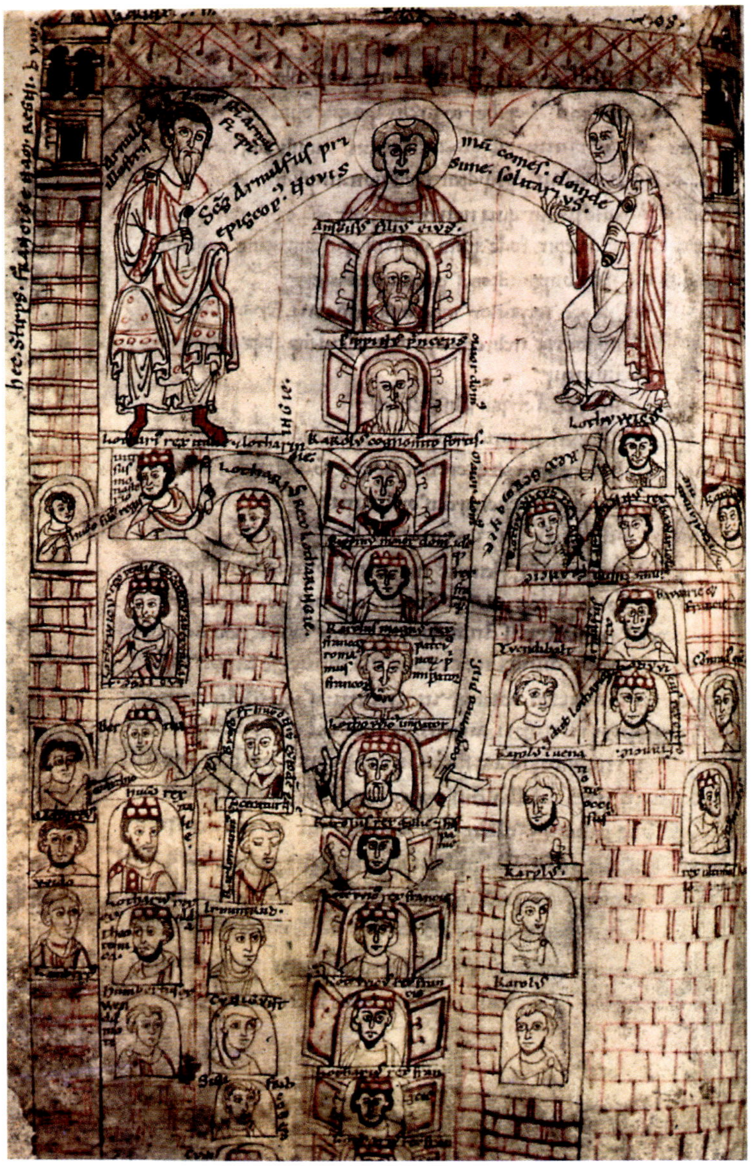

Der erste, auf den diese Beschreibung zutraf, war der Hausmeier des Reichsteils Austrien, Pippin I. (623–640). Gemeinsam mit Bischof Arnulf von Metz, dem Stammvater der Arnulfinger, verhalf er 613 König Chlothar II. zur Herrschaft. Pippins Großneffe, der Arnulfinger Pippin II. (687–714), gewann durch den Sieg in der Schlacht bei Tertry (687) die Vorherrschaft im Fränkischen Reich. Unter ihm wurde das Hausmeieramt erblich. Eine neue Dynastie war gegründet, die Weltgeschichte machen sollte. Nach ihrem bedeutendsten Mitglied, Karl dem Großen, wurde sie später Karolinger genannt. Da Pippins Söhne Drogo und Grimoald II. vor ihm starben, folgte Pippins unehelicher Sohn Karl Martell (714–741) in der Herrschaft.

Sieg über die Araber

Karl Martell, durch den Sieg über die Araber bei Tours und Poitiers (732) legendär, erkannte zwar formal das Königtum der Merowinger an, regierte aber schon so, als ob es sie nicht gäbe. Nach dem Tod König Theuderichs IV. (737) verzichtete er überhaupt auf die Einsetzung eines neuen Monarchen. Wie ein legitimer Herr-

Der Stammbaum der Karolinger in einer Chronik aus dem 12. Jahrhundert. Ursprünglich als Hausmeier mit regionalen Verwaltungsaufgaben betraut, entwickelte sich mit wachsenden Einfluss und zunehmender Machtfülle eine Dynastie von Königen.

Die Schlacht von Tours und Poitiers in einem Historiengemälde des 19. Jahrhunderts (Carl von Steuben, 1837). Der Sieg des fränkischen Hausmeiers Karl Martell über Abd ar-Rachman, den Statthalter des Kalifen in Spanien, verhinderte das weitere Ausgreifen der Muslime nach Europa.

scher teilte er das Reich unter seine Söhne Karlmann und Pippin III. auf. Da Karlmann 747 ins Kloster ging, konnte Pippin III. allein regieren. Er tat den letzten Schritt über die Schwelle, die die karolingischen Hausmeier noch vom Königtum trennte. 751 schickte er den Merowinger Childerich III. ins Kloster und ließ sich von den Franken zum König wählen. Zuvor hatte er sich der Zustimmung des Papstes Zacharias (741–752) versichert. An ihn hatte Pippin die rhetorische Frage gerichtet, ob es gut sei, wenn Könige keine Macht hätten. Und der Papst hatte geantwortet, König solle sein, wer die Macht hätte – und das war nach Lage der Dinge nur Pippin. Krönung und Salbung des früheren Hausmeiers vollzog dann Papst Stephan II. im Jahr 754.

Der letzte Merowinger

Als Popanz und lächerliche Figur schildert ihn der fränkische Chronist Einhard in seiner um 830 verfassten Lebensbeschreibung Karls des Großen: Der letzte

Merowingerkönig Childerich III. hat absolut nichts zu tun und zu befehlen, er sitzt im Schmuck seines wallenden Haupthaares und seines Rauschebartes auf dem Thron oder lässt sich in einem Ochsenkarren durch die Lande kutschieren; kein Wunder, dass ihn der Hausmeier Pippin III. 751 absetzt, scheren lässt und ins Kloster steckt. Den Fußtritt, der ihm hier nachträglich versetzt wird, hat er eigentlich nicht verdient. Die langen Haare waren das Zeichen des freien Mannes bei den Germanen, die Merowingerkönige kultivierten nur einen alten Brauch. Das Ochsengespann war gleichfalls ein Relikt aus heidnischen Tagen. Pippin aber wusste, dass den Merowingern immer noch ein beträchtlicher Nimbus anhing. Das „Heil", die sakrale Kraft des ger-

manischen Königtums, fand sich in ihnen besonders ausgeprägt. So wagte er die Absetzung des letzten Merowingers auch erst, als er durch sein Bündnis mit dem Papsttum eine moralische Autorität für sich gewonnen hatte, die mit Krönung und Salbung das fehlende Geblütsrecht ersetzen konnte.

▲ „Pippin III. wird von Bonifazius zum König gesalbt" (751). Kupferstich nach Johann Michael Mettenleiter aus dem Jahre 1823 (spätere Kolorierung).

Der Holzschnitt aus dem 19. Jahrhundert zeigt die Absetzung des letzten Merowingerkönigs Childerich III. und die Wahl Pippin III. zum König in Soissons im Jahre 751.

Der fränkische Panzerreiter (seit 1. Hälfte 8. Jh.)

Unter den Karolingern tauchte ein neuer Kriegertyp auf: der schwerbewaffnete, gepanzerte Reiter. In dem ständig sich vergrößernden Fränkischen Reich wurden die Räume militärischer Einsätze immer weiter. Zu Pferd gelangte man rascher auf den Kriegsschauplatz als im Fußmarsch, und Stärke und Geschwindigkeit des Pferdes ließen sich auch im Kampf nutzen. So hatte ein Lanzenstoß, den ein Reiter tat, durch die Energie des mit ihm verbundenen Pferdes eine ganz andere Durchschlagskraft, als wenn er von einem Mann zu Fuß ausgeführt wurde. Voraussetzung war natürlich, dass er sich fest auf dem Rücken seines Tieres hielt; aber das war seit der Einführung des Steigbügels möglich.

Der Holzschnitt aus dem 19. Jahrhundert zeigt Ritter im Kampf. Der fränkische Panzerreiter stellte einen neuen Kriegertyp dar.

Nicht jeder konnte sich die nötige Bewaffnung und Ausrüstung leisten, und um voll einsetzbar zu sein, musste der Reiter sich ständig in Übung halten. Es bedurfte daher bestimmter sozialer Voraussetzungen, dass ein solch hochgerüsteter Kriegertyp entstehen konnte. Diese fanden sich im Lehenswesen: Nur wer ausreichend Grundbesitz hatte (den er von anderen bewirtschaften lassen konnte), kam für ein Berufskriegertum in Frage.

Fränkische Panzerreiter sollen bereits die Schlacht von Tours und Poitiers gegen die Araber (732) entschieden haben. Die Anordnung Pippins III. von 755, die jährliche Heeresversammlung nicht mehr im März, sondern im Mai abzuhalten (wenn für die Pferde genug Weidemöglichkeiten vorhanden sind), belegt die Bedeutung der Kriegführung zu Pferde, ebenso die Umstellung des Tributes, den die Sachsen zu leisten hatten: Seit 758 bestand er nicht mehr in Rindern, sondern in Pferden. Und im gleichen Sinn sind Verordnungen Karls des Großen zu interpretieren, die sich mit der Pferdezucht auf den Königsgütern beschäftigen.

Überfälle und Plünderungszüge

Der Panzerreiter war mit Lanze, Schwert sowie Pfeil und Bogen ausgerüstet, er schützte sich mit Schild und Helm und der Brünne, einem Panzerhemd aus Stoff oder Leder, auf das Metall- oder Hornplatten in Schuppenform aufgenäht waren. Ein Masseneinsatz kam wohl kaum vor, man wird sich die Reiterheere der Karolinger nur als Gruppen von einem Dutzend oder wenigen hundert Mann vorzustellen haben, die sich entsprechend der damaligen Kriegführung hauptsäch-

Mit der Einführung des Steigbügels, hier zu sehen auf einer Miniatur des 15. Jahrhunderts, war eine wichtige Voraussetzung geschaffen, um das Pferd und seinen Reiter zu einer Kampfmaschine zu machen.

lich auf Überfälle und Plünderungszüge verstanden. Dass eine Reiterattacke aber auch schief gehen konnte, wenn sie auf einen disziplinierten Gegner traf, zeigt sich in einem zeitgenössischen Bericht von der Schlacht am Süntel 782: Ohne sich ein genaues Bild über die Lage zu machen, stürmen die Franken los, „so schnell als jeden sein Ross tragen mochte", und werden von den Sachsen, die in Schlachtreihe aufmarschiert sind, umringt und bis auf den letzten Mann niedergehauen.

Waffen

Waffen waren teuer. Eine fränkische Quelle von 794 nennt als Preise für ein Schwert mit Scheide 7 Solidi, für einen Helm 6 Solidi, für eine Brünne 12 Solidi, für eine Lanze und einen Schild 6 Solidi. Zum Vergleich: Eine Milchkuh war 1–3 Solidi wert. Die vollständige Ausstattung eines Kriegers kostete also so viel wie eine Rinderherde von zwei Dutzend Tieren.

Die Waffenherstellung wurde in der Regel vom lokalen Handwerk besorgt, Schmiede gehörten zur Belegschaft der Krondomänen, auch in den Klöstern wurden Waffen angefertigt. In bestimmten Gegenden nahm die Waffenproduktion schon den Charakter eines Gewerbes an. Fränkische Schwerter waren wichtige Exportartikel, die Klingen eines Schmiedes namens Ulfberht etwa gelangten bis nach Norwegen, Irland und Dalmatien.

Christliche Mission (6.–8. Jh.)

Um 500 nahmen die Franken den christlichen Glauben an. In den nächsten drei Jahrhunderten folgten ihnen die übrigen Germanenstämme Mitteleuropas, was der christlichen Mission zu danken war. Die Gewöhnung an die neue Religion war aber oft nur äußerlich, heidnische Sitten und Gebräuche lebten zähe fort. Für die fränkischen Herrscher, besonders die Karolinger, deren Reich zahlreiche verschiedene Ethnien überspannte, wurde das Christentum zur wichtigsten Klammer, um die Einbindung der unterworfenen Völker in ihre Herrschaft zu bewerkstelligen. Daher förderten sie die Mission und unterstützten den Aufbau einer Kirchenorganisation. Am gründlichsten tat das Karl der Große in Sachsen.

Missionsarbeit leisteten in dieser Epoche fast ausschließlich Mönche aus „Übersee", das heißt aus Irland und England. Die Iren kamen als erste. Beginnend mit Columban dem Jüngeren (um 530–615), etablierten sie vom späten 6. bis zur Mitte des 8. Jahrhunderts in Burgund, im Alpenraum und in Oberitalien eine reiche Klosterkultur, die sich vor allem der Pflege geistiger und künstlerischer Gottesarbeit widmete. Die Angelsachsen, die vom späten 7. bis zum späten 9. Jahrhundert auf dem Kontinent wirkten, betrieben die Mission hauptsächlich „vor Ort", unter den heidnischen oder nur halb und halb bekehrten Germanen im fränkischen Machtbereich.

Der „gerechte Krieg"

Gemäß dem universalen Anspruch des Christentums, das sich als Weltreligion für alle auffasste und neben sich allenfalls noch das Judentum duldete, spielte schon früh die Frage der Gewalt eine Rolle in der Mission. Kirchenvater Augustinus hatte gelehrt, dass gegen Abweichler in den eigenen Reihen („Ketzer") Waffen gebraucht werden dürften. Papst Gregor der Große formulierte um die Wende des 6./7. Jahrhunderts eine Doktrin vom Einsatz kriegerischer Mittel. Danach konnte es notwendig sein, eine heidnische Obrigkeit

„Papst Gregor I. der Große beim Studium". Gemälde von Jacopino de Bavosi aus dem 14. Jahrhundert. Das Werk befindet sich in der Pinacoteca Nazionale in Bologna.

Bonifatius fällt die Donarseiche bei Geismar. Die auch als Schulwandbild verbreitete Farblithographie entstand um 1900. Ihre Grundlage ist das Fresko in der Münchener Bonifatiusbasilika von Heinrich Maria von Hess, 1834/44.

mit Gewalt zu beseitigen, wenn diese sich der friedlichen Missionsarbeit in den Weg stellte. Das war dann „bellum iustum“, der gerechte Krieg, den ein Christenmensch guten Gewissens führen durfte. Weiter ausgestaltet, wurde diese Lehre dann zum ideologischen Unterbau der Kreuzzugbewegung. Gewisse Züge davon finden sich bereits im Krieg, den Karl der Große gegen das Reitervolk der Awaren in Ungarn führte. Er wurde als Bestrafung der „allzu großen und unerträglichen Übeltat, die die Awaren gegen die heilige Kirche und das christliche Volk begangen hatten“, ausgegeben, und mit Buß- und Fastenübungen bereitete sich das fränkische Heer auf den Feldzug gegen die Feinde des Christentums vor.

Bonifatius, Apostel der Deutschen

Die Historienmalerei des 19. Jahrhunderts präsentiert ihn gern mit der Axt in der Hand: Im Jahr 723 fällte Bonifatius die Donarseiche bei Geismar, ein heidnisches Heiligtum. Vier Jahre zuvor hatte er von Papst Gregor II. (715–731) den Missionsauftrag für die hessisch-thüringischen Grenzlande des Frankenreiches erhalten.

Der aus England stammende Benediktiner gründete die Klöster Amöneburg, Ohrdruf, Fritzlar, Tauberbischofsheim, Kitzingen, Ochsenfurt und vor allem Fulda. In Regensburg, Freising, Salzburg und Passau richtete er neue Diözesen ein. Nach dem Tod Karl Martells (741) konnte er mit Förderung durch Pippin III. und dessen Bruder Karlmann die Bistümer Würzburg, Büraburg (bei Fritzlar) und Erfurt aufbauen. 738/39 von Papst Gregor III. zum „legatus Germanicus“ ernannt, wurde Bonifatius 746 Erzbischof von Mainz. Der „Apostel der Deutschen“, wie ihn spätere Generationen nannten, fand auf einer Missionsreise zu den Friesen den Märtyrertod. Er wurde in der Krypta des Fuldaer Domes bestattet.

Bilderstreit in Byzanz (8./9. Jh.)

Im Jahr 726 ordnete der byzantinische Kaiser Leon III. (717–741) die Entfernung aller Bildwerke aus den Kirchen an und eröffnete damit einen Streit, der die Ostkirche mehr als ein Jahrhundert beschäftigen sollte. Den Anstoß gab angeblich ein verheerendes Erdbeben in der südlichen Ägäis, das von den Zeitgenossen als Gottesgericht gegen den „Götzendienst" in den Kirchen gedeutet wurde. Den tieferen theologischen Hintergrund bildete eine verschiedene Schriftauslegung, besonders des alttestamentlichen Bilderverbots. Auch das Verhältnis zu den anderen monotheistischen Religionen, mit denen es die byzantinische Kirche zu tun hatte, spielte eine Rolle: Als ein Haupthindernis bei der Bekehrung von Juden und Moslems war erkannt worden, dass diese sich anders als die Christen kein Bild von Gott zu machen wünschten. Außerdem wollte das Kaisertum den Einfluss der Mönche zurückdrängen, die mit Bilderhandel und -verehrung Geschäfte machten, und bekam durch den Bilderstreit ein Mittel in die Hand, Klosterschätze und -ländereien zu beschlagnahmen.

Die spätmittelalterliche Buchillustration (aus einer Handschrift des „Speculum historiale" von Vinzenz von Beauvais) beschreibt den Bildersturm im Byzanz des 8. Jahrhunderts: Figuren der Jungfrau Maria und Jesu Christi am Kreuz wandern ins Feuer.

Zerstörung frommer Bildwerke

Leons Sohn Konstantin V. (741–775) setzte 754 durch, dass Anfertigung, Besitz und Verehrung von frommen Bildwerken verfolgt wurde. Es kam zur Zerstörung der meisten frühbyzantinischen Mosaiken, Fresken und Tafelbilder. Die Kirchen wurden stattdessen mit Pflanzen, Tieren, weltlichen Szenen oder abstrakten Symbolen ausgemalt. Das 7. ökumenische Konzil von Nicäa vollzog jedoch 787 eine Kehrtwende zugunsten der Bilderfreunde, die 843 bestätigt wurde. Bilderanbetung, die von der Identifikation von Bild und Heiligem ausging, war danach wieder in vollem Umfang erlaubt.

Im Westen nahm man an dem Streit wenig Anteil, Bilderverehrung war hier schließlich allgemeine und unwidersprochene Praxis. Päpste wie Gregor III., Zacharias und Hadrian I. verurteilten die Bilderfeinde (Ikonoklasten); aus Byzanz verjagte Bilderverehrer (Ikonodulen) wurden in Rom freundschaftlich und gastlich aufgenommen. Erst unter Karl dem Großen trat eine Änderung ein. Der Frankenkönig nahm den Konzilsbeschluss von Nicäa zum Anlass, Byzanz gegenüber die religiöse Selbständigkeit des Westens zu demonstrieren. Er ließ um 790 seine Hoftheologen ein

„Karlstadt und die Bilderstürmer" (1880). Das Gemälde von Willem Linnig d. J. (1842–1890) zeigt den Bildersturm in der Wittenberger Stadtkirche am 6. Februar 1522 unter der Führung von Karlstadt.

Gutachten ausarbeiten, in dem die Heiligkeit der Bilder grundsätzlich geleugnet und jede Verehrung oder Anbetung verurteilt wurde; nur als Illustration sollten sie geduldet sein.

Bilderstürmer

Kunstwerke können bedeutende emotionale Wirkung entfalten. Im Bild scheint das Dargestellte magisch anwesend zu sein: Das Abbild eines Herrschers *ist* der Herrscher. Mit der Zerstörung seines Bildes trifft man ihn selbst. Der Sturz von Denkmalen war daher zu allen Zeiten beliebt. Siegreiche politische Bewegungen löschen damit die Erinnerung an die besiegten Gegner aus. Auch im Christentum stand die Frage nach der Bedeutung des Bildes lange nach dem byzantinischen Bilderstreit noch auf der Tagesordnung. Im 15. Jahrhundert eiferten die böhmischen Hussiten genauso gegen die Bilder wie der Florentiner Bußprediger Savonarola. Zu Bilderstürmen kam es in der Reformationszeit. 1522 rief Luthers Parteigänger Karlstadt in Wittenberg zur „Abtuung der Bilder" auf, worauf Kunstwerke von den Wänden gerissen und zerstört wurden. Ähnlich verfuhren die Wiedertäufer, als sie 1534/35 in Münster in Westfalen an der Macht waren. Den Reformatoren Zwingli und Calvin galt das Bild als ideologische Waffe des von ihnen bekämpften Katholizismus. In der Schweiz, in Frankreich und vor allem in den Niederlanden wurde der Bildersturm daher im 16. Jahrhundert zur Massenerscheinung.

Karl der Große (768–814)

Bereits bei den Zeitgenossen hieß er „der Große“. Der Frankenkönig Karl aus dem Geschlecht der Karolinger galt der damaligen Zeit als Beispiel eines idealen Herrschers. Äußerlich von reckenhafter Gestalt, in Jagd und Kampf geschult, war er als Staatsmann zäh und energisch. Ausgeprägtes Rechtsgefühl und Frömmigkeit verbanden sich mit beständigem Lerneifer; der Herrscher hörte auf seine Ratgeber und war immer bereit zu neuern und zu verbessern. „In Ordnung bringen, was in Ordnung gebracht werden muss“, nach diesem Motto ging Karl an die erste große Bildungsreform des Abendlandes. Während Karls Regierungszeit gewann das Frankenreich territorial gewaltig hinzu. Es reichte schließlich vom Ebro bis zur Elbe, von der Bretagne bis nach Ungarn und von Holstein bis nach Mittelitalien. Bereits Vormacht im christlichen Abendland, gewann es nun weltgeschichtliche Bedeutung. Aber auch dunkle Flecken gehören zum Bild des Monarchen: Im Kampf gegen die Sachsen ließ er sich zu Massenhinrichtungen und Deportationen hinreißen.

Zeitgenössische Bildnisse Karls des Großen sind nicht überliefert. Die Nachwelt behalf sich mit idealisierten Monumentalbildern wie dieser Karlsbüste aus der Schatzkammer des Aachener Domes, gefertigt nach 1349.

Deutscher oder Franzose?

War Karl der Große ein Deutscher? Das war er nicht. War er ein Franzose? Das war er auch nicht, obwohl er im heutigen Frankreich gerne als solcher gesehen wird und man „Charlemagne“ ohne weiteres als Schöpfer des französischen Staates feiert. Karl war Franke, das bedeutete damals nichts weiter als Angehöriger eines bestimmten germanischen Volksstammes. Aber wenn man so will, war er Europäer. Er wollte das Römische Reich wiederherstellen, das in der Völkerwanderungszeit untergegangen war, und wenn vielleicht auch nicht das ganze ehemalige Weltreich, so doch wenigstens den westlichen, „europäischen“ Teil.

Kaiserkrönung in Rom

So wurde die Kaiserkrönung in Rom am Weihnachtstag des Jahres 800 zum Höhepunkt in der Lebensgeschichte Karls des Großen. Das Volk begrüßte ihn als Nachfolger der römischen Kaiser, Gesandte aus Jerusalem brachten die Schlüssel zur heiligen Stadt, womit er als Schirmherr der heiligen Stätten des Christentums anerkannt war, und Papst Leo III. setzte ihm während

Karl der Große, Römischer Kaiser und König der Franken, hier dargestellt im Krönungsornat und mit Reichsinsignien, auf einem Fenster im Dom von Straßburg (Glasmalerei, um 1200).

Blick auf das Aachener Münster am Domplatz. Die Domkirche (erbaut 792–805 von Udo von Metz) mit der Pfalzkapelle Karls des Großen war bis 1531 Krönungskirche der deutschen Kaiser. Der Dom wurde 1978 von der Unesco als Kulturdenkmal in die Liste des Welterbes aufgenommen. ▶

des Gottesdienstes die Krone auf. Das letztere war wohl nicht abgesprochen – wenn überhaupt, hätte sich Karl selbst krönen wollen –, und es sollte die schwerwiegendsten Folgen haben: Die Päpste beriefen sich nämlich fortan darauf, dass der Kaiser seine Macht von ihnen empfange.

Das karolingische Oktagon im Zentrum des Aachener Doms. Die Pfalzkapelle wurde im 8. Jahrhundert unter Karl dem Großen errichtet, in späterer Zeit kamen mehrere Anbauten hinzu. Sie besteht aus einem hohen achteckigen Klostergewölbe, um den ein 16-seitiger, mit Kreuzgratgewölben versehender Umgang läuft. ▶

Karl und die Frauen

„Er war der Frauenliebe sehr bedürftig", heißt es vielsagend in Gustav Freytags „Bildern aus der deutschen Vergangenheit" über Karl den Großen. Nach einer sogenannten Friedelehe (ohne den Segen der Kirche) und vier Ehen, von denen nur zwei (die mit der Alemannin Hildegard und die mit Liutgard, gleichfalls einer Alemannin) glücklich zu nennen waren, hielt er sich nach dem Tod der letzten Ehefrau (800) nur noch an seine Konkubinen und dachte auch nicht daran, die Verhältnisse zu verheimlichen. Die Beischläferinnen, mindestens vier, waren Teil der Hofgesellschaft, ihre Kinder wurden gemeinsam mit denen der regulären Ehefrauen aufgezogen. Die Gruppe der Frauen um Karl wurde noch vergrößert durch seine Töchter, „die ungemein schön waren und von ihm aufs zärtlichste geliebt wurden", wie der Kaiserbiograf Einhard erzählt. Der Chronist fügt ein wunderliches Faktum hinzu: Karl ließ seine Töchter nicht weg. Er behauptete, ohne ihre Gesellschaft nicht leben zu können. Wenn ihm Heiratsprojekte vorgeschlagen wurden, hintertrieb er sie eher als dass er sie förderte.

Höhepunkt einer Lebensgeschichte: Karl der Große wird am 25.12.800 in Rom von Papst Leo III. zum Kaiser gekrönt.

MINI TOTAM QUI CONSTRUIT AULAM EFFECTUSQUE PIIS DAT STUDIIS HOMINUM QUORUM PERPETUI DECORIS STRUC

Karolingische Renaissance (8./9. Jh.)

Die Bemühungen Karls des Großen und seines Hofes um die Erneuerung der Bildung werden als Karolingische Renaissance bezeichnet. Karl vollzog dadurch die Einordnung der Franken auch bildungsmäßig in die übergreifende Gemeinsamkeit der lateinischen Christenheit. Voraussetzung war die Übernahme der Schrift und der lateinischen Sprache. Ein unermesslicher Bildungsschatz erschloss sich, der aber nur mühevoll anzueignen war.

Die Ziele der Reform sind in der von Karl vermutlich 789 erlassenen „Admonitio generalis“ (Allgemeine Ermahnung) niedergelegt: Irrtümer korrigieren, Überflüssiges tilgen, das Rechte hervorbringen. Nicht auf die Wiederbelebung des Alten also kam es an, sondern darauf, das Rechte, Richtige wiederherzustellen. Verfehlt wäre es, anzunehmen, dass es um eine Volksbildung im heutigen Sinne gegangen wäre. Dazu fehlten alle Möglichkeiten. Vorerst war nur die Geistlichkeit der Adressat der Bildungsbemühungen.

782 übernahm der auf den britischen Inseln geborene Universalgelehrte Alkuin die Leitung der Hofschule Karls des Großen in Aachen. Auf diesem Widmungsbild überreicht er zusammen mit seinem Schüler Hrabanus Maurus (links) dessen Werk an Otgar von Mainz.

Alkuin als Freund und Berater

Bald nach seinem ersten Italienzug (773/774) begann Karl Gelehrte aus ganz Europa an seinen Hof zu ziehen. Als Alkuin 781 dazustieß, bekam das Werk Konturen. Der Angelsachse war erster Berater Karls in allen Fragen der Wissenschaft und Bildung, er organisierte den Kreis der Reformer zugleich als Freundschaftsbund, den er „Akademie“ nannte. Eine Hofbibliothek kam zustande, die alle erreichbaren geistlichen und weltlichen Bücher sammelte. Die Hofschule, die Karl gründete, wurde zentrale Bildungsstätte des Reiches. Alkuin trat nicht nur als Verfasser berühmter Lehrbücher hervor, ebenso machte er sich – mit anderen – verdient um die kritische Redaktion überlieferter Texte und eine Revision der Bibelübersetzung. Als Leistungen der Bildungsreform können gelten: Reinigung und Durchsetzung der Schrift, Verbesserung der lateinischen Sprache, Sammlung und Pflege der Tradition, wozu die Werke der Kirchenväter wie die der antiken Autoren zählten.

Nach dem Willen Karls hätte die heimische Überlieferung in gleicher Weise gesichert werden sollen, doch blieb etwa die Erarbeitung einer deutschen Grammatik und die Sammlung germanischer Heldenlieder in ersten Ansätzen stecken und wurde bereits von Karls Nachfolger Ludwig dem Frommen (814–840) bewusst fallengelassen.

Der Anfang des Johannes-Evangeliums im Lorscher Evangeliar, einem Werk aus der Hofschule Karls des Großen, um 810. Zur Bildungsreform des Kaisers gehörte die Einrichtung und großzügige Förderung von Schreibschulen.

Zur Bildungsreform, die Karl einleitete, gehörte auch die Gründung von Anstalten zur Lehrerbildung. Ziel war die Gewinnung von qualifiziertem Personal für den Kirchen- und Staatsdienst. Gelehrt wurde hauptsächlich Lesen, Schreiben und Rechnen, dazu kam die Bibelkunde und der Teil der „freien Künste", der „Trivium" genannt wurde: Grammatik, Rhetorik, Dialektik. Das von den Karolingern geschaffene Bildungswesen überdauerte auch die Zeiten ihres Niedergangs im 9. und 10. Jahrhundert. Hier waren es vor allem die Klosterschulen, die dank ihrer Bibliotheken und Skriptorien erfolgreiche Arbeit leisteten.

Eine neue Schrift

Mit der Auflösung des Römischen Reiches war auch die gemeinsame Schrifttradition untergegangen, regional unterschiedliche Schriften hatten begonnen sich auszubreiten, wobei im alltäglichen Gebrauch der Kanzleien und Skriptorien allmählich die Kursive in den Vordergrund trat. Aus ihr entwickelte sich in der Zeit Karls des Großen die karolingische Minuskel, eine Schrift mit Kleinbuchstaben (Minuskeln) und Ober- und Unterlängen, die auf dem Prinzip des buchstabierenden Schreibens beruhte und mit deutlich erkennbaren Einzelbuchstaben arbeitete. Sie setzte sich als leicht lesbare Einheitsschrift in fast ganz West- und Mitteleuropa durch und wurde zur Grundlage der heute gebräuchlichen Antiqua-Schrift.

Verkehr

Zu Römerzeiten hatte es einen einheitlichen Wirtschaftsraum gegeben, der von Spanien bis in den Nahen Osten, von Britannien bis Nordafrika gereicht hatte. Über Mittel- und Schwarzes Meer hatten Seeverbindungen existiert, die großen Ströme und Flüsse waren als Transportwege genutzt worden, und ein sorgfältig unterhaltenes Straßennetz hatte die Festlandsgebiete erschlossen.

Die germanischen Staaten, die sich auf dem Gebiet des ehemaligen Römischen Reiches bildeten, nutzten wohl, was sie an römischen Verkehrseinrichtungen vorfanden, aber immer in eingeschränktem Maß. Ihnen fehlten die administrativen und technischen Fertigkeiten, die für den Bau von Kunststraßen erforderlich sind. Die Folge war, dass die Römerstraßen verfielen und zu schlichten Wegen wurden, auf denen man zwar noch vorankam, aber nicht mehr mit der Geschwindigkeit und dem Komfort, den sie früher geboten hatten. Außerhalb der römischen Provinzen, etwa in der „Germania magna" nördlich der Donau, waren die Verbindungen noch schlechter.

Die Ebstorfer Weltkarte, die größte und bedeutendste Karte des Mittelalters, entstanden um 1283, wurde um 1830 im Kloster Ebstorf bei Uelzen entdeckt. Sie zeigt die damals bekannte Welt ohne Rücksicht auf tatsächliche Entfernungen, gruppiert um den Mittelpunkt Jerusalem.

Neue Fernhandelswege

Am ehesten blieben die Verkehrsverbindungen in Italien intakt, das Städtewesen verfiel hier nicht ganz so stark wie in anderen Provinzen, und Seestädte wie Venedig hielten die Verbindung ins östliche und südliche Mittelmeer aufrecht. Im Frankenreich verlagerte sich der wirtschaftliche Schwerpunkt seit dem 7. Jahrhundert vom Südwesten und der mittelmeerischen Küstenregion nach Nordwesten ins Gebiet von Rhein, Maas und Schelde. Dadurch wurden neue Fernhandelswege geschaffen, zum Beispiel von Italien über die Alpenpässe und den Rhein bis nach England und in die skandinavischen Länder oder aus dem Ostseeraum bis an Nieder- und Mittelrhein. Wo es keine Städte gab, entstanden Märkte, auf denen Agrarprodukte gegen Handwerkserzeugnisse oder Fernhandelswaren getauscht wurden.

Handels- und Militärtransporte wurden vielfach auf dem Wasserwege abgewickelt. Die Flusssysteme Mittel- und Westeuropas erlaubten ein Vorankommen mit Booten, unter Benutzung von Treidelanlagen konnte das auch gegen die Strömung geschehen. Da und dort gab es bereits regelmäßigen Verkehr von Lastkähnen. Landbrücken zwischen schiffbaren Flüssen konnten auf Schleifstrecken überwunden werden. Bereits in der Zeit Karls des Großen kam es aber auch zu ersten Ansätzen staatlichen Straßenbaues. Für den Sachsenkrieg wurden „Militärrollbahnen“ nach Westfalen hinein gelegt, am bekanntesten ist der Hellweg zwischen Duisburg und Höxter/Corvey.

Die Fossa Carolina

Im Herbst 793 begannen auf Anordnung Karls des Großen in der Nähe der heutigen Stadt Weißenburg (Bayern) die Bauarbeiten an einem Kanal, der die nur 2 km breite Wasserscheide zwischen den Flüssen Altmühl und Rednitz/Schwäbische Rezat überwinden und damit eine Verbindung zwischen den Flusssystemen von Donau und Main herstellen sollte. Nach dem Zeugnis der Reichsannalen war eine große Menge Menschen, wohl mehrere tausend, den ganzen Herbst über an der Fossa Carolina, dem Karlsgraben, beschäftigt. Das Projekt musste aber wegen anhaltenden Regens „und da das sumpfige Erdreich schon von Natur zu viel Nässe hatte“, schließlich aufgegeben werden. Wie viel Erde die Arbeiter auch aus dem Graben hinausschaufelten, über Nacht rutschte alles wieder an seine alte Stelle zurück, und nichts fand „Halt und Bestand“, berichten die Annalen. Spuren des angefangenen Kanals sind noch heute beim Dorf Graben südlich von Weißenburg zu besichtigen.

In der Nähe von Weißenburg in Mittelfranken sind noch heute die Anfänge des Karlsgrabens zu sehen.

Raubzüge der Wikinger (8.-11. Jh.)

„Normannen auf dem Kriegszug" (um 1960). Farbdruck nach unbez. Original, Schulwandbild aus dem Westfälischen Schulmuseum in Dortmund. ▼

▲ Die „Havhingsten" (Seehengst), der 30 Meter lange Nachbau eines Wikingerschiffes, läuft in den Hafen von Roskilde/Dänemark ein. Boote dieses schlanken Typs, Renner genannt, benutzten die Nordmänner für ihre Plünderungszüge, bei denen es auf Geschwindigkeit ankam.

„Klar tat meine Mutter kund:
Kaufen sollte man mir
Ein Schiff und starke Riemen; in See
Zu stechen mit den Wikingern.
Am Steven sollte ich aufrecht stehen,
Steuern ein prächtiges Schiff ..."

So heißt es in der altisländischen Egil-Saga. Zahlreiche Gründe sind für den Aufbruch der Wikinger genannt worden: Landnot, Überbevölkerung, Klimaverschlechterungen, das Erbrecht, das nur den Erstgeborenen berücksichtigte, politischer Druck durch die Reichseinigungspolitik der skandinavischen Könige, die Schwäche ihrer Nachbarn, die zum Angriff einlud, oder auch einfach Abenteuerlust und das Hochgefühl einer auf Bewährungsproben brennenden Jugend.

Segeln über große Distanzen

Einigkeit herrscht aber in einem Punkt: Ohne das Schiff wäre aus alledem nichts geworden, die Wikingerzüge waren in erster Linie Seefahrten. Ihre historische Hauptleistung vollbrachten die Nordmänner bereits vor der eigentlichen Wikingerzeit: Indem sie ein seetüchtiges Segelfahrzeug entwickelten, mit dem sich große Distanzen bewältigen ließen. Das Wikingerschiff, in Klinkerbauweise auf einem durchgehenden Kiel errichtet, mit hochgezogenem Steven an Bug und Heck, Rahsegel, seitlich angebrachter Steuereinrichtung und paarweise angeordneten Riemen, wurde mit der Meeresdünung fertig, und dank seines geringen Tiefgangs konnte man auch Flüsse damit befahren. Selbst ein Transport über Land, etwa über eine Wasserscheide, war möglich: Man legte dem Schiff Rundhölzer als Rollen unter und schob es vorwärts.

Es begann mit dem Überfall auf das Kloster von Lindisfarne in Northumbrien am 8. Juni 793. Er wurde zum Fanal. Wenig später suchten die Nordleute erstmals das Frankenreich heim. Es ging ihnen zunächst um Plünderung. Das taktische Konzept hieß „strand-

„Wikinger im Beiboot", Historienbild nach einem Gemälde von Oscar Wergeland aus dem 19. Jahrhundert.

Originalgetreu nachgebildet sind die Häuser in der Wikingersiedlung Haithabu in der Nähe von Schleswig. Wissenschaftler des archäologischen Landesmuseums haben mittlerweile sieben Häuser nach Funden aus einer Siedlung, die zwischen dem 9. und 11. Jahrhundert hier stand, rekonstruiert.

högg“ (Strandhieb): Überraschende Landung in der Nähe eines Klosters oder einer Siedlung, in der Reichtümer zu vermuten waren, Überwältigung der Bewohner, Zusammenraffen der Wertgegenstände und danach rascher Abzug.

Stützpunkte für den Handel

Mit der Zeit gingen die Plünderer dazu über, sich feste Standquartiere an den Flussmündungen oder auf vorgelagerten Inseln zu schaffen, teilweise lagen diese sogar schon weit im Binnenland. Diese Quartiere dienten zunächst für Überwinterungen, es entwickelten sich daraus jedoch Basen für die Einrichtung einer festen Herrschaft, so etwa in Irland, England und der Normandie. An anderen Orten, vor allem in der Ostsee bis hinein ins heutige Russland, gründeten sie Stützpunkte, von denen aus Handelsverbindungen über weite Teile der damals bekannten Welt geknüpft wurden.

Wikingersiedlung Haithabu

Mehrere Grabungskampagnen seit 1900 brachten die Reste einer Handelsmetropole am Ufer der Schlei zu Tage: Haithabu bei Schleswig zeigt die Wikinger als Händler und Handwerker. In der mit einem halbrunden Wall zur Landseite geschützten Siedlung gab es Gewerbe jeder Art, sogar Spezialbetriebe für Goldschmiedekunst, Feinmetallarbeiten, Textil- und Glasherstellung. Ankommende Seeschiffe wurden an Landungsbrücken entladen. Über die Flüsse Treene und Eider konnten Waren zur Nordsee befördert werden. Landstraßen führten nördlich nach Jütland und südlich ins Fränkische Reich. Verlandung des Schleiarms, in dem Haithabu liegt, und Verwüstungen durch die Slawen ließen die Stadt im 11. Jahrhundert verfallen. Gras wuchs über die Trümmer – für die Archäologen ein Glück.

Der Vertrag von Verdun (843)

Die Lithographie (um 1860), nach einer Zeichnung von Eugene Lejeune (1818–1894), stellt die Herrscher dreier Generationen aus der Dynastie der Karolinger dar: König Pippin III. und seine Frau Bertha, Kaiser Karl der Große neben seiner Gattin Hildegard, Kaiser Ludwig I., genannt der Fromme, mit seiner Gemahlin Judith. ▼

▲ Mit einem in zwei Sprachen abgelegten Schwur, den „Straßburger Eiden", bekräftigen Ludwig der Deutsche und sein Bruder Karl 842 ihr Bündnis gegen den abwesenden Bruder Lothar. Holzstich, um 1880.

Als seinen Nachfolger hatte Karl der Große seinen jüngsten Sohn Ludwig, genannt der Fromme, bestimmt. In Ludwigs Regierungszeit (814–840) blieb das fränkische Riesenreich noch intakt, unter seinen Nachkommen zerfiel es. Es waren dies die drei Söhne Ludwigs aus erster Ehe, Lothar I. (795–855), Pippin (um 803–838) und Ludwig der Deutsche (um 805–876), sowie der Sohn aus zweiter Ehe, Karl der Kahle (823–877). Teils gegen den Vater, teils untereinander führten sie Krieg, bis mit dem Tod Pippins (838), des Vaters Ludwig (840) und der Niederlage Lothars in der Schlacht von Fontenoy (841) die Verhältnisse reif für eine vertragliche Klärung waren.

„Die Unterzeichnung des Vertrags von Verdun" (843). Holzstich nach einer Zeichnung von Carl Häberlin (1823–1911). Kaiser Lothar I. teilt das Karolingerreich mit seinen Brüdern Ludwig dem Deutschen und Karl dem Kahlen.

Drei gleich große Portionen

Im Herbst 842 kamen die Unterhändler zusammen. Anfang August 843 wurde dann zwischen den Brüdern eine Aufteilung des Reiches in Form eines Freundschaftsbundes beschlossen. Lothar, als der Älteste, erhielt Italien, die Provence und den Mittelstreifen des Karlsreiches bis hinauf nach Friesland, Karl der Kahle bekam das Gebiet westlich von Schelde, Maas, Rhone und Saône, die Länder östlich von Rhein und Aare fielen an Ludwig den Deutschen. Prinzip war die Erzielung möglichst gleich großer Portionen für jeden der drei Brüder, auf geographische, ethnische, sprachliche oder kirchliche Gegebenheiten wurde wenig Rücksicht genommen. Von Bedeutung war, dass der Adel an den Verhandlungen mitwirkte.

Auch wenn der Vertrag von Verdun die Reichseinheit nicht auflösen wollte, lief er doch praktisch darauf hinaus. Im Westen wie im Osten etablierten sich relativ stabile Reiche; das in der Mitte zwischen ihnen liegende, nach Lothar benannte „Lotharingien“ dagegen war weiteren Teilungen unterworfen (Meerssen 870, Ribémont 880). Für kurze Zeit (885–887) vermochte Karl III. der Dicke das Reich noch einmal zu einen. Danach trennte es sich endgültig in ein Westfränkisches Reich (das künftige Frankreich) und ein Ostfränkisches Reich (das künftige Deutschland) sowie Burgund und Italien auf.

Ende der Karolinger

Das Herrschergeschlecht regierte, in mehrere Linien aufgeteilt, im Ostfränkischen Reich noch bis 911 und im Westfränkischen Reich bis 987. Der letzte Karolinger, Herzog Otto von Niederlothringen, starb im Jahr 1012. Als Dynastie wurden die Karolinger zum Inbegriff einer Königsfamilie.

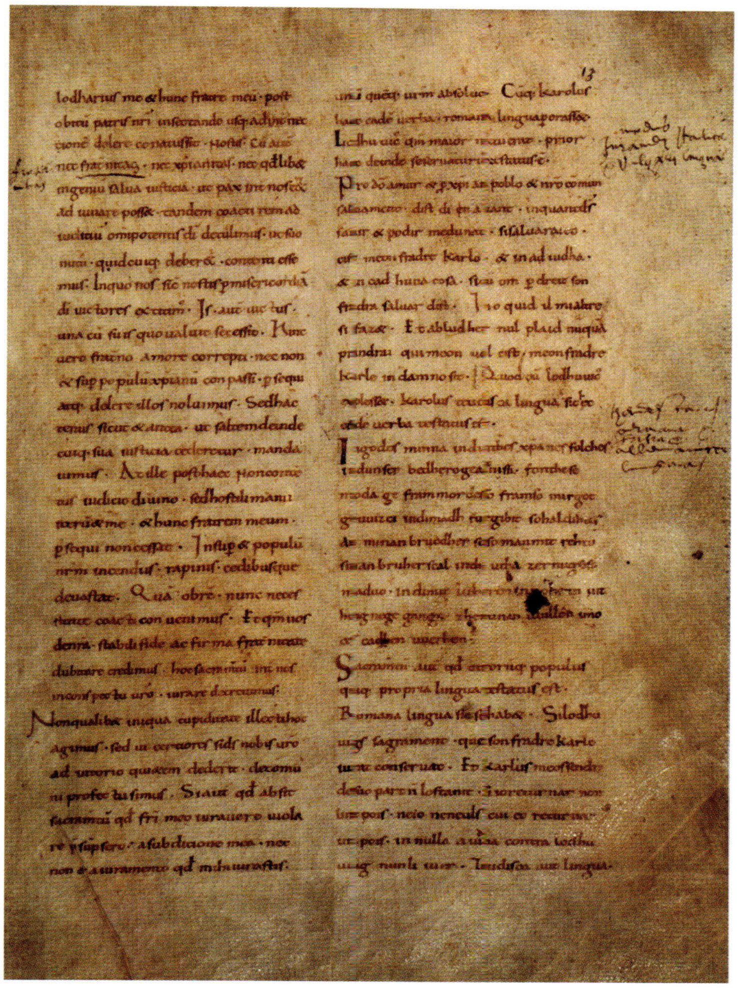

Der Text der Straßburger Eide, festgehalten vom fränkischen Geschichtsschreiber Nithard im vierten Band seiner Chronik „Historiarum libri quattuor“.

Zwei Sprachen

Beim Vordringen der Franken in die früher von den Römern verwalteten Gebiete Galliens hatte eine Vermischung der fränkischen Sprache mit dem Vulgärlatein der Einheimischen stattgefunden. Ergebnis war die romanische Volkssprache, aus der sich später das Französische entwickelte. Rechtsrheinisch sprach man aber nach wie vor in germanischen Dialekten, aus deren schriftlicher Fixierung sich dann das Althochdeutsche entwickelte. Wie weit das Romanische und die östlich des Rheins übliche Sprache (sie wurde von den Gelehrten bald „lingua Teudisca“ genannt, was lediglich Sprache des Volkes bedeutete) auseinander lagen, zeigen die „Straßburger Eide“ von 842: Karls Enkel, der Ostfranke Ludwig der Deutsche und der Westfranke Karl der Kahle, leisten den Eid, der ihr Bündnis bekräftigte, jeder in der Sprache des Gegenübers, um sich dessen Heer verständlich zu machen. Der Beginn der Eidesformel („Aus Liebe zu Gott und zu des christlichen Volkes und unser beider Heil“) lautet in der romanischen Fassung: „Pro Deo amur et pro Christian poblo et nostro commun salvament“, in der „deutschen“: „In Godes minna ind in thes Christianes folches ind unser bedhero gealtnissi“.

Die Engelsburg in Rom: Ursprünglich als Mausoleum für Kaiser Hadrian und einige seiner Nachfolger genutzt, wurde sie später unter päpstlicher Herrschaft zur Festung umgebaut. ▶

Hohes Mittelalter I

Die Festigung des Reiches nach innen und außen war die Grundlage für einen dauerhaften Bestand. Um ihre Stellung zu sichern, suchten die Herrscher Verbündete und fanden sie mit der Kirche.

Kirche und Staat

Wer soll höchste Autorität in der Welt sein, der Kaiser oder der Papst, weltliche oder geistliche Macht? Aus vertrauensvollem Miteinander wurde im Hochmittelalter ein erbitterter Streit um die Rangordnung.

Das Universalreich Karls des Großen zerfiel unter den Nachfolgern. Aus dem westlichen Teil wurde Frankreich, aus dem östlichen das Deutsche Reich, das bald Anspruch darauf erhob, als Nachfolger und Repräsentant des alten römischen Imperiums zu gelten. Das Lehenssystem, die Vergabe von Land gegen militärische Dienste, bildete seine Grundlage.

Im Mittelalter waren Reichweite und Einfluss von politischen Institutionen in viel höherem Maß von der Leistung und dem Ansehen ihres Trägers abhängig als in neuerer Zeit. Dies galt in besonderer Weise von der kaiserlich-königlichen Gewalt im ostfränkisch-deutschen Reich. Der König besaß hier keine feste Residenz und keinen Beamtenapparat, er bewegte sich in ständiger Wanderschaft durch sein Reich, vergab Lehen und sprach Recht. Die Herzöge, die ihn gewählt hatten und eigentlich seine Vasallen sein sollten, achteten darauf, dass er ihre Rechte nicht beschnitt. Immer kam es auf die Personen an, und es kann als Glücksfall gelten, dass 919 erstmals die Wahl auf einen Sachsen, den Herzog Heinrich fiel. Der bescheidene, nüchtern denkende Mann, als König Heinrich I., tat viel, dem Königtum eine verlässliche Grundlage zu geben.

Festigung des Reichs

Im Kampf gegen die von Osten andrängenden Ungarn bestand das neue Reich seine ersten Bewährungsproben. Heinrich selbst besiegte die Ungarn in Thüringen, sein Sohn Otto I. wiederholte den Erfolg in der Schlacht auf dem Lechfeld 955.

Im Bestreben, die Stellung des Königs zu sichern, griff Otto auf die Kirche zurück, die schon die Stütze der karolingischen Reichsgewalt gewesen war. Noch erschien den Zeitgenossen der König als geheiligte Person, als Stellvertreter Christi im Bereich der weltlichen Herrschaft. Die Königsweihe wurde als Sakrament verehrt. In solcher Stellung leitete der König die Synoden, bestellte die Bischöfe und Reichsäbte und regelte innere Fragen der Kirche aus eigener Machtvollkommenheit. Bischöfe und Äbte, durch königliche Schenkungen zu riesigem Grundbesitz gelangt, leisteten dem König Heerfolge, dienten ihm bei der Erfüllung politischer Missionen und sorgten zu ihrem Teil für den Haushalt des Hofes. Den geistlichen Herren wurden auf ihren Territorien Gerichtsbarkeit und Polizeigewalt verliehen; ihr Gebiet war somit aus der übergeordneten Rechts- und Machtsphäre der Herzöge und Grafen herausgenommen. Diese Machterweiterung kam der königlichen Gewalt direkt zugute.

Kluniazensische Reform

Aber auch das Papsttum war bereits so weit gefestigt, dass es sich als übergreifende Macht behaupten konnte. Es fing auch bereits an, sich selbst eine Territorialherrschaft in Italien, das Patrimonium Petri, zu verschaffen. Die Mönche von Cluny schufen das Fundament für eine Reform, die die Heilung der Welt von einer verstärkten religiösen Verinnerlichung erhoffte. Zur oströmischen Kirche in Byzanz gingen die Päpste in Rom endgültig auf Distanz. Das System der Reichskirche, das Otto I. geschaffen hatte, war der Reformbewegung ein Dorn im Auge. Sie forderte die Freiheit der Kirche von jedem weltlichen Einfluss; damit griffen sie auch das adlig-königliche Eigenkirchenrecht germanischer Wurzel an. Als die Führung der Reformbewegung in die Hände der Päpste überging, war der Zusammenstoß unausweichlich.

Der Investiturstreit

Die Einheit des Glaubens, eine Religion als höchster Wert, dem alles zu dienen hatte, auch Wissenschaft und künstlerisches Schaffen, sowie Glaubenssicherheit und Frömmigkeit, prägten als umfassender Grundzug die mittelalterliche Welt. An dieser Einheit des Glaubens,

„Die Ungarnschlacht auf dem Lechfeld" (955). Gemälde von Michael Echter (1812–1879) aus dem Jahre 1860. Die Schlacht auf dem Lechfeld war eine der großen Entscheidungsschlachten der Weltgeschichte. Mit dem Sieg Ottos I. wurden die Ungarneinfälle ins Reich endgültig beendet.

der Vorherrschaft des Religiösen, konnte auch der das hohe Mittelalter überschattende große Konflikt zwischen Papst und Kaiser nichts ändern. Denn in diesem Kampf ging es nicht um den eigentlichen Inhalt und die Bedeutung der christlichen Lehre – die war nicht strittig zwischen den beiden Mächten –, sondern um das Maß der beiderseitigen Rechte, um Rang und Kompetenzen weltlicher und geistlicher Gewalt.

Der Streit entzündete sich an der Investiturfrage, dem Recht zur Einsetzung eines Bischofs, das die deutschen Herrscher für sich beanspruchte, da im Reich die geistlichen Fürsten zugleich auch Landesherren waren und somit eine unentbehrliche Stütze für die Könige und Kaiser darstellten. Die Kirche erzielte hier sichtbare Triumphe, so die Demütigung des deutschen Königs Heinrich IV. der den vielberufenen Bittgang nach Canossa antreten musste, doch den endgültigen Sieg vermochte sie nie zu erringen.

Normannen unterwegs

Die Welt weitete sich. Wikinger brachen auf zur Erkundung des Nordatlantiks. Sie besiedelten Island und die Küsten Grönlands und entdeckten Amerika (allerdings ohne einen Begriff dafür zu haben). Sie befuhren von der Ostsee aus die großen Ströme Russlands und unterhielten Handelsbeziehungen mit dem Reich, das sich um Kiew bildete. Im frühen Mittelalter noch der Schrecken der See und berüchtigt für Überfälle entlang den Küsten, wurde ein Teil der Wikinger im fremden Land sesshaft, „normanni“ siedelten in Frankreich und gründeten ein eigenes Herzogtum, die Normandie. Unter ihrem Herzog Wilhelm brachen sie zur Eroberung Englands auf. Normannen verdingten sich als Söldner in Süditalien gegen Sarazenen und Byzantiner, sie gründeten dort und in Sizilien eigene Herrschaften, die sich durch modernste Verwaltung auszeichneten.

Die bedeutendste Expansion aber geschah in den Kreuzzügen. Auf der Iberischen Halbinsel wurden die Muslime durch die Reconquista, die christliche Wiedereroberung des Landes, schrittweise zurückgedrängt. Ende des 11. Jahrhunderts setzte erstmals die Massenbewegung zur Befreiung des Heiligen Grabes in Jerusalem ein. Unter der Losung „Deus lo volt!“ Gott will es! zogen Zehntausende nach Palästina und errichteten mitten im muslimischen Herrschaftsgebiet das Königreich Palästina.

Krieg im Namen des Glaubens

Die Kreuzzüge waren ein abendländisches Unternehmen, Ritter aus ganz Europa beteiligten sich, und zwei Jahrhunderte lang folgten ihnen immer neue Wellen von Kreuzfahrern. Die Kriegszüge im Namen des Glaubens hinterließen in der muslimischen Welt ein bis heute andauerndes Trauma. Andererseits wirkte der Zusammenstoß der Kulturen befruchtend; die Kreuzzüge zwangen das christliche Abendland zur geistigen Auseinandersetzung mit der Religion und Kultur des Islam, und das konnte für die eigene Lebens- und Weltanschauung nicht folgenlos bleiben. Die europäischen Krieger aber wurden sich im engen Zusammenleben der Feldlager erstmals ihrer nationalen Sonderart bewusst.

Nicht gering waren auch die wirtschaftlichen Auswirkungen. Die Kreuzzüge führten zu einem verstärkten Warenaustausch mit dem Orient über alle religiösen und politischen Schranken hinweg. Die Blüte der hoch- und spätmittelalterlichen Handelsstädte im Mittelmeerraum, insbesondere Italiens, hat hier ihre Wurzel. Nicht allein Gewürze, Seide und andere Kostbarkeiten Asiens gelangten auf den Handelswegen des Mittelmeers und des Nahen Ostens ins Abendland, sondern auch wissenschaftliche Kenntnisse und handwerkliche Techniken.

König Heinrich IV. in Canossa, mittelalterliche Miniatur. Der Herrscher bittet Abt Hugo von Cluny (links mit Krummstab) um Vermittlung bei Papst Gregor VII.; rechts Markgräfin Mathilde von Tuszien, die des Königs Anliegen unterstützt. ▶

Rex rogat Abbatem! Mathildim supplicat atq;

Sachsenherzog Heinrich I. wird König (919)

Friedlich am „Vogelherd", einer Falle für Vögel, sitzend soll ihn die Nachricht erreicht haben, dass er zum König des Ostfrankenreichs gewählt worden sei. Und er soll auch noch in Ruhe das Netz über seinem Fang geschlossen haben, bevor er den Gesandten für die Wahl dankte und sich bereit erklärte, das hohe Amt anzutreten. So jedenfalls will es die Sage um „Heinrich den Vogler", die aus dem Mittelalter überliefert ist. Der Sachsenherzog Heinrich, eigentlich im Krieg mit seinem König Konrad von Franken, wurde von eben diesem auf dem Sterbebett im Jahr 919 zu seinem Nachfolger ausersehen, und einige der Großen des Reiches stimmten zu. Nicht alle, die Anerkennung durch die Bayern musste Heinrich erst militärisch erzwingen. 921 einigte er sich im Vertrag von Bonn mit dem Herrscher des Westfränkischen Reiches, Karl III., genannt der Einfältige, das zwischen beiden Staaten strittige Lothringen beim Westreich zu belassen. Der Vertrag bedeutete jedoch nur eine kurze Atempause. Kurze Zeit später ergab sich für Heinrich eine Gelegenheit in Lothringen einzumarschieren, und 925 huldigten ihm die Großen des Landes. Die Grenze zum Westreich verlief nun nicht mehr am Rhein, sondern an Maas und Saône.

Zusammenwachsen der Stämme

Aus dem Ostfrankenreich wurde in der Zeit Heinrichs I. (919–936) das Reich der Deutschen. „Regnum Teutonicorum" lautete bald seine Bezeichnung in den lateinischen Urkunden. Die deutschen Stämme Sachsen, Franken, Schwaben (ehemals Alemannen) und Bayern wuchsen im 10. Jahrhundert zu einer Einheit zusammen. Hauptgrund dafür war die Bedrohung durch die Ungarn. Das Reitervolk war erstmals 862 im Gebiet des heutigen Österreich erschienen und hatte seitdem die immer mal auftretenden Krisenperioden des karolingischen Reiches zu Raubzügen quer durch Mittel- und Westeuropa genutzt.

Heinrich schloss mit ihnen 926 einen neunjährigen Waffenstillstand und zahlte den Ungarn jährlich Tribut. Daneben organisierte er aber eine Grenzverteidigung, ließ Burgen bauen und schulte seine Truppen. 932 kün-

Das Kaiser-Heinrich-Kreuz, romanisches Altar- und Vortragekreuz vom Typ Krückenkreuz aus dem Domschatz der St. Petri-Stiftskirche in Fritzlar.

Im Vertrauen darauf, für einen Waffengang gerüstet zu sein, verweigert König Heinrich den Ungarn die Tributzahlung, was diese als Kriegserklärung auffassen. Der Holzstich mit dieser heroischen Szene entstand um 18[illegible].

digte er die Waffenruhe auf, und als die Ungarn im folgenden Frühjahr mit einem Heer erschienen, trat er ihnen gut gerüstet bei Riade an der Unstrut entgegen. Die Schlacht endete mit einer schweren Niederlage der Ungarn.

König und Königtum

Bei den Germanenstämmen, die im Zuge der Völkerwanderung auf dem Boden des ehemaligen Weströmischen Reiches ihre Staaten gründeten, war es Brauch, einen Mann aus der Aristokratie zum König zu erheben. Das geschah durch Wahl oder durch Akklamation, indem etwa nach einer gewonnenen Schlacht der Heerführer auf einen Schild gehoben und der Menge präsentiert wurde. Der germanische König war durch besonderes Heil ausgezeichnet, eine von den Göttern verliehene und durch den Kult sichergestellte Begnadung, die auch in seinen Nachkommen weiterwirken konnte. Ein König besaß die Kraft, Kranke zu heilen, Ackersegen zu bringen und sein Volk reich an Kindern zu machen. Andererseits war seine Macht nicht unbegrenzt; handelte er gegen das Volk, konnte dieses ihm die Gefolgschaft versagen. Durch die Begegnung mit der römischen Zivilisation und die Annahme des Christentums erfuhr der germanische Königsbegriff charakteristische Erweiterungen. Bei den Franken trat zu den Elementen des Volks- oder Heerkönigtums der antik-römische Amtsgedanke und die christliche Vorstellung eines Gottesgnadentums. Der fränkische König übernahm die Funktionen des römischen Provinzgouverneurs und wurde Schutzherr der Kirche.

Grundherrschaft

Nach der Definition des Wirtschaftshistorikers Friedrich Lütge ist Grundherrschaft die „Herrschaft über Menschen, die auf einem bestimmten Grund und Boden ansässig sind". Dabei ist zu berücksichtigen, dass Herrschaft im Mittelalter nicht gleichbedeutend mit Tyrannei oder Ausbeutung war. Herrschaft hieß Gewährung von „Schutz und Schirm" auf der einen Seite; ihr stand auf der anderen eine Pflicht zur „Folge" gegenüber. In der agrarisch geprägten Welt des frühen Mittelalters bildete die Grundherrschaft das ökonomische Fundament für König, Adel und Kirche. Dabei nahm das Königtum eine Art Vorreiterrolle ein.

Verpflichtungen der Grundholden

Der Besitz einer Grundherrschaft wurde meist in der Weise bewirtschaftet, dass der größere Teil des Landes an abhängige Bauern, die Grundholden, gegeben

Bauer und Geistlicher, Vintler Buchmalerei aus dem 15. Jahrhundert.

wurde, die verpflichtet waren, dafür Leistungen, Naturalabgaben, Geld oder Frondienste, zu erbringen. Daneben existierte auf dem kleineren Teil des Besitzes ein herrschaftlicher Eigenbetrieb, die „villa“ oder der Fronhof. Der Grundherr übte die Zwangsgewalt aus, vor allem das Recht der Einweisung und der „Abstiftung“ (der Ausweisung bei Straffälligkeit) des Grundholden. Die Grundherrschaft war weithin autark, zu den Fronhöfen gehörten auch immer Handwerksbetriebe. Der freie Bauer, in den Volksrechten noch immer das Ideal eines fränkischen Stammesgenossen, eigentlicher Träger der Wehrverfassung, aber mittlerweile Angehöriger einer Minderheit, wurde in karolingischer Zeit weitgehend von den Grundherrschaften aufgesogen, vor allem die geistlichen Herren profitierten davon. Die Grundholden übertrugen ihr Eigentum an die Kirche und ließen sich dafür eine Leibrente garantieren.

Auf einem Holzschnitt von Leonard Schäufelein (um 1520) ist die Ablieferung des Zehnten festgehalten. Bauern waren verpflichtet, dem Grundherrn einen Teil ihrer Erträge zu übergeben.

Politisches Absinken des Bauerntums

Nach der Karolingerzeit verlief die Entwicklung in den einzelnen Gebieten unterschiedlich. Eine generelle Auswirkung aber zeigte sich überall: Der Bauer schied als Träger oder Mitträger des politischen Lebens aus. In den Kreisen der Aristokratie mit dem König an der Spitze und später auch in den Städten wurden die Entscheidungen getroffen. Nur in wenigen Gebieten, etwa in der Schweiz oder in Dithmarschen vermochten sich selbständige bäuerliche Gemeinschaften zu behaupten. Das politische Absinken bedeutete jedoch nicht unbedingt auch ein wirtschaftliches Absinken, im Gegenteil erfuhr die wirtschaftliche und rechtliche Stellung der Bauern – in Grundherrschaft und Genossenschaft – eine Aufwärtsentwicklung, die erst im 14. Jahrhundert endete.

Der Zehnt

„. . . ordnen wir nach Gottes Gebot an, dass alle Menschen den zehnten Teil ihres Besitzes und des Ertrags ihrer Arbeit ihren Kirchen und Priestern abgeben, Adelige, Freie und Liten (Unfreie), weil sie so einen Teil dessen, was Gott jedem Christen gegeben hat, an Gott zurückerstatten“, heißt es in einer Verordnung Karls des Großen. Der Zehnt war das Mittel, mit dem die Kirche hauptsächlich ihren Unterhalt bestritt. Bereits in der griechischen und römischen Antike unter anderem als Tempelabgabe bekannt, wurde er von der christlichen Kirche mit Berufung auf das Alte Testament (3. Mos. 27: „Alle Zehnten des Landes, vom Ertrag des Landes und von den Früchten der Bäume, gehören dem Herrn . . . und alle Zehnten von Rindern und Schafen, alles, was unter dem Hirtenstabe hindurchgeht, jedes zehnte davon soll heilig sein dem Herrn“) gefordert. Man unterschied zwischen dem Großen Zehnt (von Getreide, Wein und Obst) und dem Kleinen Zehnt (vom Vieh bzw. von dessen Produkten). Zu je einem Viertel gingen die Erträge an den Bischof, den Klerus, die Armen und die kirchliche Bauverwaltung.

Die Schlacht auf dem Lechfeld (955)

Die Ungarn wollten nicht erobern, nur plündern. Auf kleinen flinken Pferden reitend, leicht bewaffnet, wichen sie meist dem Kampf aus und zogen es vor, sich mit der Beute rasch wieder zurückzuziehen. Burgenbau und die Aufstellung schwerbewaffneter Reitertruppen durch die deutschen Herrscher machten Überfälle allerdings zunehmend riskanter. In dieser Situation beschlossen die Ungarn, alles auf eine Karte zu setzen: Sie zogen mit ihrer gesamten Macht nach Bayern, um die Deutschen zur Schlacht zu stellen.

Otto I. besiegt die Ungarn auf dem Lechfeld. Buchmalerei von Hektor Muelich zur Augsburger Meisterlin-Chronik, 1457. Die Schlacht, vor den Mauern Augsburgs ausgetragen, beendete die Ungarneinfälle ins Reich.

Kampf ums Gepäck

Am 8. August 955 erschienen sie vor Augsburg. Zwei Tage später war das deutsche Heer unter König Otto I. da: Insgesamt 4000 Mann, gepanzerte Reiter aus Bayern, Franken, Sachsen und Schwaben sowie eine Abteilung aus Böhmen als Nachhut und Bewachung des Gepäcks. Noch während des Marsches am Lech entlang wurden sie angegriffen, eine Gruppe Ungarn warf sich auf die Nachhut und jagte sie auseinander, vergaß aber über dem Plündern des Gepäcks die Attacke fortzusetzen. Otto sandte die fränkischen Reiter nach hinten, die die Ungarn in die Flucht schlugen. Dann entwickelte sich das deutsche Heer zu einer breiten Schlachtordnung. Dem frontalen Aufprall der gepanzerten Reiter vermochten die Ungarn nicht standzuhalten. Sie stoben auseinander; viele wurden auf der Flucht erschlagen.

Die Schlacht auf dem Lechfeld war eine der großen Entscheidungsschlachten der Weltgeschichte. Mitteleuropa war von der Ungarngefahr befreit, das Reitervolk wurde sesshaft, nahm den christlichen Glauben an und schloss sich der abendländischen Völkergemeinschaft an. Für Otto bedeutete sie einen wichtigen Schritt auf dem Weg zum Kaisertum, das er 962 mit der Krönung in Rom erreichte.

Geistliche Reichsbeamte

Otto aus dem Geschlecht der sächsischen Liudolfinger war von seinem Vater Heinrich I. 936 zum Nachfolger

„Otto des Großen Krönung in Aachen" (936). Kupferstich von Joseph Fuchs aus dem Jahre 1832. Von seinem Vater Heinrich I. zum Nachfolger bestimmt, wurde Otto I. zum Ostfränkischen König gekrönt.

bestimmt worden. Zunächst hatte es Otto keineswegs leicht gehabt; seinen Plänen, die Königsgewalt zu stärken, leisteten die Stammherzöge heftigen Widerstand. Erst nach längeren Kämpfen gelang es ihm, die Verhältnisse in seinem Sinn zu regeln. Das Herzogtum wurde zu einem königlichen Amt, das Mitgliedern der Königsfamilie vorbehalten blieb. Eine weitere bedeutende Neuerung war die Begründung des geistlichen Reichsbeamtentums. Otto verlieh den Kirchenfürsten Grundbesitz und Hoheitsrechte und machte sie so zu Stützen und Trägern seiner Herrschaft. Als König hatte er das Recht der Ernennung und Einsetzung; so konnte er sich aussuchen, wen er zum Bischof machte; nur allzu verständlich, dass es sich dann stets um ergebene Gefolgsleute handelte, die ein geistliches Amt bekamen.

Die Gründung von Magdeburg

Das Deutsche Reich hatte keine Hauptstadt und keinen Regierungssitz, die Könige ritten umher und regierten sozusagen aus dem Sattel. Dennoch gab es das Bedürfnis, ein sichtbares, dauerndes Zentrum zu schaffen. Zu Zeiten Ottos I., genannt des Großen, war es Magdeburg, das diesen Platz einnehmen sollte. Otto nannte es „Roma nova", neues Rom, und bestimmte es als Grablege für die königliche Familie. Im Magdeburger Dom wurde er dann auch nach seinem Tod 973 neben seiner Gattin Edgitha († 946) beigesetzt. Schon in karolingischer Zeit ein wichtiger Handelsplatz an der Elbe, wurde Magdeburg 968 zum Erzbistum erhoben. Für sich selbst ließ Otto ein Regierungsgebäude, eine „Pfalz" mit Thronsaal und Wohnräumen errichten. An der Grenze zu den Slawengebieten gelegen, wurde Magdeburg zum Ausgangsort für die Christianisierung der Völker im Osten.

Otto I. (mit Himmelsscheibe) und seine Gemahlin Editha, um 1250 entstandene gut einen Meter hohe Sitzfiguren aus Sandstein. Das Bildwerk ist in einer sechzehneckigen Kapelle im Nordschiff des Doms zu Magdeburg zu besichtigen. ▶

Pilgerschaft

„Der Wunsch, ein Pilger zu sein, ist tief in der Natur des Menschen verwurzelt," schreibt der Historiker Steven Runciman. „Selbst dort zu stehen, wo jene einst standen, die wir verehren, und mit eigenen Augen die Stätten zu betrachten, an denen sie geboren wurden, wirkten und starben, verleiht uns ein Gefühl mystischen Zusammenhangs mit ihnen und ist handgreiflicher Ausdruck unserer Huldigung." Für den Menschen des Mittelalters war die Pilgerschaft, „peregrinatio", ein Grundbestandteil seines religiös bestimmten Lebens. Unablässig strömten die Scharen nach Rom, wo der Apostel Petrus den Märtyrertod gestorben war, zum

Die Wallfahrtskirche San Michele (Sankt Michael) in der Ortschaft Monte Sant'Angelo. Der Erzengel Michael soll hier am 08.05.492 in einer Grotte erschienen sein.

Das Fresko von Agnolo Gaddi (14. Jahrhundert) zeigt die heilige Helena, die der Legende nach zu Anfang des 4. Jahrhunderts bei Ausgrabungen in Jerusalem das wahre Kreuz findet. Dieser Fund zog eine wahre Flut von Pilgern an.

Monte Gargano in Apulien, wo der Erzengel Michael erschienen war, und nach Santiago de Compostela zum Grab des Apostels Jakobus. Hauptziel aber war immer das Heilige Land, waren die Orte von Jesu Leben und Leiden.

Seit Helena, die Mutter Kaiser Konstantins, Anfang des 4. Jahrhunderts bei ihren Ausgrabungen in Jerusalem das Heilige Kreuz gefunden hatte (so jedenfalls die Legende), riss der Strom der Pilger nicht ab. Bereits im 5. Jahrhundert soll es in und um Jerusalem 200 Klöster und Hospize gegeben haben, die sich um die Wallfahrer kümmerten. In dieser Zeit begann auch die systematische Sammlung von Reliquien. Die Besetzung Palästinas durch die Araber (635–638) bedeutete nur eine Unterbrechung der Wallfahrt, nicht das Ende. Die muslimischen Behörden duldeten das Christentum im Orient, in den folgenden Jahrhunderten nahm die Zahl der Pilger wieder zu.

Die Kathedrale von Santiago de Compostela in Galizien. Seit dem frühen Mittelalter pilgern die Gläubigen zum Grab des Apostels Jakobus. ▶

Reliquien

Die Phänomene finden sich in vielen Kulturen: Ahnenkult, der Glaube an ein Weiterleben nach dem Tod, Aufbewahrung heiliger Gegenstände. Das Christentum verband sie in der Reliquienverehrung. Zugrunde lag die Auffassung, dass die Seele über den Tod hinaus mit dem Leib in Verbindung bleibe und in dessen Überresten (lateinisch „reliquiae") als besondere Kraft weiterwirke. Die Reliquie galt als Vergegenwärtigung des Heiligen auf Erden. „Primärreliquien" waren die Gebeine von Aposteln und Märtyrern. Zu den „Sekundärreliquien" zählte alles, was der Heilige besessen oder berührt hatte, vor allem aber sein Grab. Höchste Verehrung genossen Reliquien, die von Jesus und seiner Mutter stammten. Wegen beider leiblicher Auferstehung und Himmelfahrt konnten das kaum körperliche Überreste sein, dafür umso mehr sekundäre: Kleider und Utensilien, die Krippe aus dem Stall zu Bethlehem, die Passionswerkzeuge wie das Kreuz, die Dornenkrone und die Lanze, mit der die Kriegsknechte Jesu Leib durchstochen hatten. Verwahrt wurden die Reliquien zumeist an oder unter Kirchenaltären, im Hochmittelalter wurde es üblich, sie in kostbare Behälter, sogenannte Reliquiare, einzuschließen.

Dreikönigenschrein (um 1181–1220), Schatzkammer des Kölner Doms. Der Schrein gilt als die größte Goldschmiedearbeit des Mittelalters in Europa und beherbergt die Reliquien der Heiligen Drei Könige.

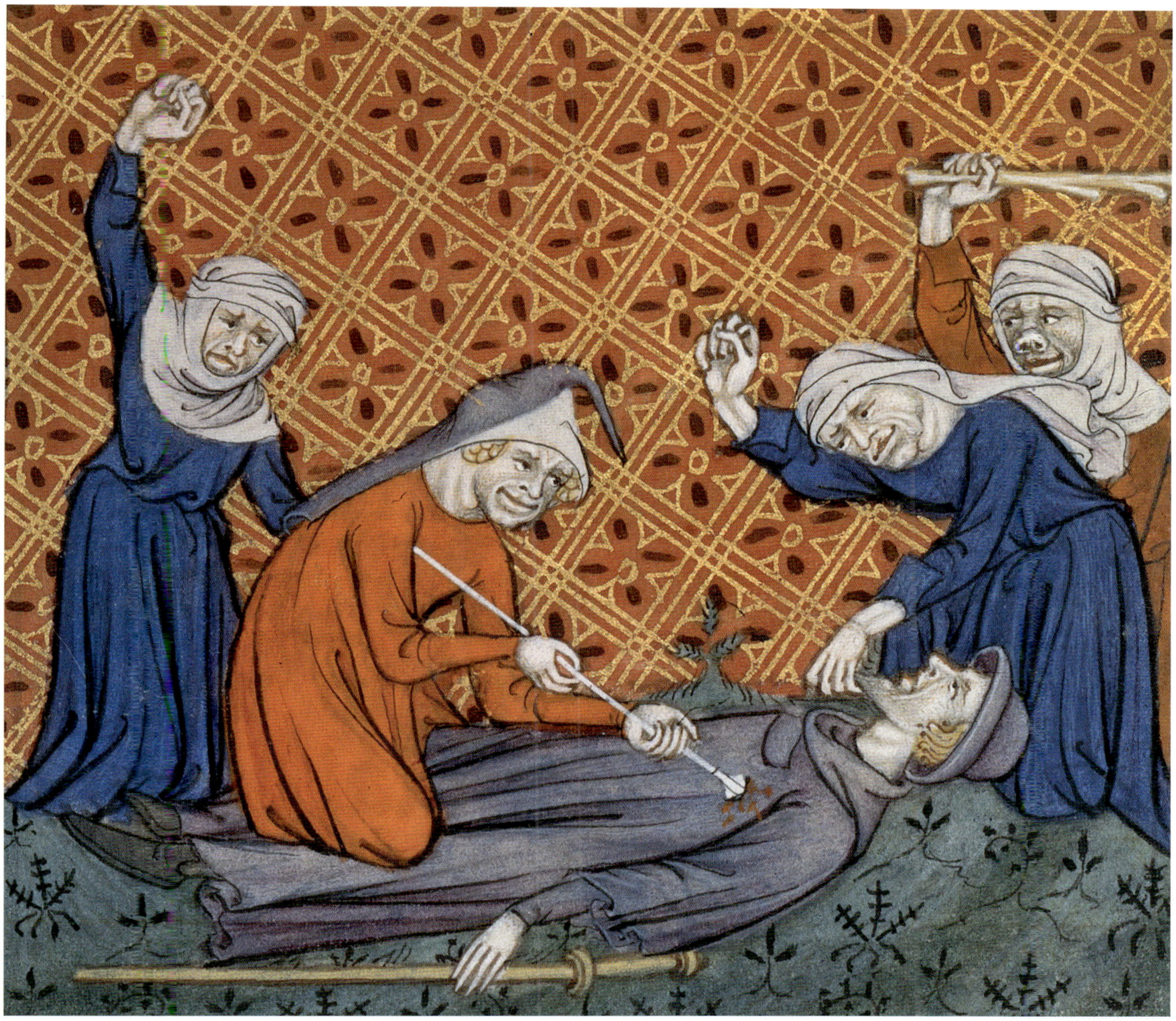

Pilgerschaft war gefährlich. Einsam wandernde Büßer konnten überfallen und beraubt werden, wie es die französische Buchillustration von 1393 (aus „Pilgerfahrt des menschlichen Lebens" von Guillaume de Deguilleville) zeigt.

Wallfahrt als Buße

Wann Pilgerfahrten erstmals als kanonische Bußen auferlegt wurden, ist nicht festzustellen. Spätestens im 10. Jahrhundert aber war die Überzeugung verbreitet, dass man beim Besuch einer heiligen Stätte auch Vergebung der Sünden erlange.

Durch die Kreuzzugbewegung fand dann ein erstaunlicher Prozess der Umdeutung statt. Bislang war ungeschriebenes Gesetz gewesen, dass der Pilger auf seiner Reise keine Waffen trage. Die Päpste des ausgehenden 11. Jahrhunderts dachten jedoch anders darüber. Sie verbanden die Idee des Heiligen Krieges gegen die Feinde des Glaubens mit der jedermann geläufigen (und bis dahin friedfertigen) Pilgerschaft zum Programm einer bewaffneten Wallfahrt nach Jerusalem, wie es Urban II. 1095 auf dem Konzil von Clermont zur Vorbereitung des Kreuzzuges nach Jerusalem vortrug.

Landesausbau und Kolonisation (seit dem 11. Jh.)

Im frühen Mittelalter waren Missernten häufig, die Agrarwirtschaft zeigte sich verletzlich durch Naturkatastrophen, Schwankungen in der Getreideproduktion und eine ungleiche Besiedlungsdichte. Der Agrarindex lag bei 1:2, höchstens 1:3, das heißt, die Hälfte oder ein Drittel der Ernte musste als Saatgut zurückgelegt werden. Der geringe Ertrag lag zum Teil an mangelnder Düngung, hauptsächlich aber an einer zurückgebliebenen Agrartechnik. Der antike Hakenpflug aus Holz, den die germanischen Völker mit dem Getreideanbau von den Römern übernommen hatten, mochte für die leichten Böden des Mittelmeerraumes ausreichen, aber in den schweren, feuchten Böden des Nordens war damit wenig zu bewirken.

Rodungen und Entwässerungen

Nach der Jahrtausendwende aber kam es in Mitteleuropa zu einer erheblichen Ausweitung des Kulturlandes und zur Intensivierung der Landwirtschaft. Die Entwicklung wurde durch den starken Bevölkerungsanstieg vorangetrieben. Im großen Stil wurde gerodet, es gab auch noch genug große Waldgebiete, die erschlossen werden konnten, das galt für den altdeutschen Raum genau wie für die Gebiete, die von der Ostsiedlung berührt wurden. An der Nordseeküste wurde Land durch Eindeichungen, in den Flussniederungen durch Entwässerungsmaßnahmen gewonnen.

Hatte man bislang Nahrung hauptsächlich aus der Jagd, dem Fischfang, der Haltung von Weidevieh und dem Gartenbau (Gemüse, Obst) bezogen, weniger dagegen aus dem Getreideanbau, so kehrte sich nun das Verhältnis um, die Getreideprodukte wurden zahlreicher und wichtiger. Das führte zu rationeller Nutzung der Böden, die Dreifelderwirtschaft setzte sich durch. Der Binnenkolonisation kam zugute, dass die alte Form der Grundherrschaft in Gestalt des Fronhofsystems ver-

„Pflügen und Ernten", Miniatur aus *De rerum naturis* von Hrabanus Maurus aus dem 9. Jahrhundert.

Ein vom Grundherrn bestellter Beamter führt die Aufsicht über die Getreideernte.
Englische Buchmalerei (um 1300/1325) aus dem Psalter der Königin Maria.

schwand und die Bauern größere Freizügigkeit und Selbständigkeit erhielten. Die Grundherren, geistliche wie weltliche, unterstützten den Landesausbau durch Privilegien und Freiheitsrechte.

Neue Siedlungsformen

Träger der materiellen Lasten, die mit den Rodungen verbunden waren, blieben aber die Bauern. In gewissem Maße beteiligten sich auch die Klöster der Zisterzienser an der Landerschließung. Neue Siedlungsformen kamen auf; zu den bisherigen Mustern – Einzelhöfen und Haufendörfern – traten im Zuge des planmäßigen Landesausbaus auch Straßendörfer, Hufendörfer und Rundlinge. Ortsnamen, die auf -hagen, -rode oder -reuth enden, verweisen noch heute auf die Ausweitung des Kulturlandes im Hochmittelalter.

Dreifelderwirtschaft

Der Bauer teilt seinen Acker in drei Teile. Auf dem ersten sät er Wintergetreide (Roggen, Weizen, Dinkel), auf dem zweiten Sommergetreide (Gerste, Hafer), den dritten lässt er brach liegen. So verfährt er im Wechsel über drei Jahre, bis jeder Teil des Ackers je ein Mal in jeder der drei möglichen Weisen genutzt worden ist. Dieses Prinzip, Dreifelderwirtschaft genannt, war vom Mittelalter bis ins 19. Jahrhundert in Europa üblich. Angesichts der geringen Möglichkeiten zu düngen – noch gab es die Agrochemie mit ihren mineralischen Düngemitteln nicht – war es auch das rationellste und den Boden schonendste Verfahren. Es brauchte aber lange, bis es in großem Maßstab, als Unternehmen einer dörflichen Gemeinschaft, auf großen Flächen praktiziert werden konnte. Ein solches System gegenseitiger Beschränkung konnte sich auch nur dort einbürgern, wo es eine hohe Bevölkerungszahl gab und der Boden im Wesentlichen bereits ausgegeben war und schon länger genutzt wurde.

Wikinger entdecken Amerika (um 1000)

Dass nicht Kolumbus der erste Europäer war, der einen Fuß auf amerikanischen Boden setzte, sondern dass diese Ehre wikingischen Seefahrern gebührt, die um das Jahr 1000 bereits den Nordatlantik überquerten, galt den Kennern der nordischen Überlieferung schon immer als ausgemachte Sache. Den Beweis erbrachten allerdings erst die Ausgrabungen in L'Anse aux Meadows an der Küste Neufundlands in den 1960er-Jahren, bei denen eine wikingische Siedlung zu Tage kam.

Der Aufbruch der Wikinger in Richtung Nordwesten, der vermutlich im frühen 9. Jahrhundert einsetzte, hatte als erstes Ziel Westschottland und die nordatlantischen Inselgruppen, Färöer, Shetlands, Orkneys, Hebriden, gehabt. Es fand von vornherein eine reine Landnahme statt, teils friedlich, teils auch mit Gewalt, indem die keltische Urbevölkerung aus den fruchtbaren Küstenregionen verdrängt wurde. Die Siedlungsbewegung in Form eines „Inselspringens" erreichte um 870 Island, das auch von Auswanderern aus Norwegen direkt angesteuert wurde.

Der Sprung hinüber

Nach der Entdeckung Grönlands (982) gründeten wagemutige Seefahrer auch am Rande des Gletschereises Niederlassungen. Von dort gelang einigen von ihnen, bekannt wurde vor allem der in Island geborene Leif Eriksson (um 975– um 1020), der Sprung hinüber zur nordamerikanischen Küste. Der Wiking fand, vermutlich an der Baffininsel und an Labrador vorbei nach Süden segelnd, schließlich ein Land mit mildem Klima, in dem er zu überwintern beschloss. Lachse gab es dort in Mengen, es war so warm, dass das Vieh draußen bleiben konnte, und sogar Weintrauben konnte man finden, weswegen Leif den Landstrich Vinland (Weinland) taufte. Mit einer Fracht von Bauholz, einem auf Grönland besonders raren Artikel, um dessen willen die Fahrt wohl überhaupt unternommen worden war, kehrte Leif Eriksson im folgenden Frühjahr in die Heimat zurück. Andere folgten seinem Beispiel und segelten ebenfalls hinüber. Richtig Fuß fassen konnten die Nordmänner allerdings nicht; nach Auseinander-

Leif Eriksson entdeckt Amerika. Gemälde von Christian Krogh, 1893. Seit dem Fund einer Wikingersiedlung auf Neufundland in den 1960er Jahren ist nicht mehr zweifelhaft, dass die Nordmänner tatsächlich die nordamerikanische Küste erreichten.

setzungen mit eingeborenen Indianern gaben sie ihre Ansiedlungen auf.

Wo Leif Erikssons Vinland genau gelegen hat, konnte bisher nicht ermittelt werden, noch hat die Archäologie außer den Funden von L'Anse aux Meadows nichts beibringen können. Der Runenstein von Kensington (Minnesota), mit dem eine Wikingerexpedition tief nach Nordamerika hinein „bewiesen" sein soll, muss als Fälschung des 19. Jahrhunderts angesehen werden.

Wikingerhelm aus dem 10. Jahrhundert.

Das Ende der Grönländer Kolonie

Das Land war auch damals nicht grün, aber sein Entdecker, der Wiking Erik der Rote verstand sich darauf, eine Sache gut zu verkaufen. Als er Interessenten für ein Siedlungsprojekt auf der Insel warb, gab er als Namen des Landes „Grönland", grünes Land, an. Der Werbetrick hatte Erfolg: 985 oder 986 brach von Island aus eine Flotte nach der arktischen Insel auf. Doch obwohl damals noch günstigeres Klima herrschte als heute, so waren die Lebensbedingungen auf der Insel nicht die besten. Es gelang nicht, Getreide heimisch zu machen, auch Obst und Früchte gediehen nicht, die Menschen lebten von der Viehhaltung, von der Jagd und vom Fischfang. Mit Pelzen und Walrosszähnen, dem hochbegehrten Material für Elfenbeinarbeiten, bezahlten die Grönländer die dringend notwendigen Importe wie Getreide, Malz, Holz oder Eisenwaren. Der bis zur Mitte des 13. Jahrhunderts noch regelmäßig betriebene Schiffsverkehr kam später ins Stocken und hörte um 1400 ganz auf. Seefahrer, die Ende des 16. Jahrhunderts die Insel „wiederentdeckten", trafen keinen Nachfahren der frühen Kolonisten mehr an.

In L'Anse aux Meadows, Neufundland, wurde die älteste bekannte Wikinger-Siedlung (um 1000 n. Chr.) in Nordamerika entdeckt. ▶

Kaisertum und Reichsidee

Das mittelalterliche Kaisertum nahm die Tradition des spätantiken Imperium Romanum, des Römischen Reiches auf, das bei den Völkern Europas einen unauslöschlichen Eindruck hinterlassen hatte. Nun war es 395 in ein Ost- und ein Westreich geteilt worden und als es im Westen 476 zusammenbrach, gab es dort vorerst auf lange Zeit keinen Nachfolger, der oströmische Herrscher verstand sich so lange als Repräsentant des gesamten Imperiums.

Heilsgeschichtliche Begründung

Das Bündnis zwischen dem Papsttum und den fränkischen Karolingern führte zur Wiedererrichtung des westlichen Kaisertums, die in der Kaiserkrönung Karls des Großen (800) sichtbare Gestalt gewann. Neu war die Hegemonialstellung des Frankenkönigs, die heilsgeschichtliche Begründung des Reiches als eines „regnum christianum" und die Bindung an den Papst. Mit Byzanz, dessen Alleinvertretungsanspruch gleichwohl massiv angegriffen war, wurde 812 eine diplomatische Lösung gefunden. Die Kaiser erkannten einander an, der Titel „imperator Romanorum" blieb dem Herrscher in Konstantinopel vorbehalten.

Deutsche Kaiserkrone, entstanden um 962 auf der Reichenau

Nach Karl trugen noch verschiedene Karolinger die Kaiserkrone, immer in Verbindung mit der Herrschaft über Italien, bis die Reihe 924 mit dem Tod Berengars I. abriss. Mit der Kaiserkrönung Ottos I. des Großen (962) begann dann eine neue Epoche. Das Kaisertum wurde mit dem deutschen Königtum, später mit der Trias Deutschland–Burgund–Italien verbunden, und zwar in der Form eines Rechtsanspruchs des deutschen Königs auf die Kaiserkrone. Diesem Anspruch stand jedoch die Bindung des Kaisertums an den Papst entgegen, der seine Kirche nicht unter die politische Herrschaft des Kaisers geraten lassen wollte. Im Investiturstreit (1075–1122) zerbrach die weltlich-geistliche Einheit, fortan war das Verhältnis zwischen Kaiser und Papst durch einen Kampf um die Vorrangstellung geprägt, in dem die geistliche Gewalt deutliche Vorteile gegenüber der weltlichen erlangte.

Das Kaisertum, wie es die Ottonen geschaffen hatten und Salier und Staufer dann fortführten, war keine staatsrechtliche, sondern eher eine geistige Größe. Der Kaiser besaß faktisch nicht mehr Macht als er zuvor als König schon besessen hatte, ebenso wenig waren Eingriffsrechte in die Souveränität der übrigen Königreiche des Abendlandes vorgesehen. Für die Zeitgenossen verband sich mit dem Titel „Kaiser" jedoch immer ein ungeheurer Nimbus. Der Stauferkaiser Friedrich II.

Otto III. thront zwischen je zwei geistlichen und weltlichen Fürsten. Buchmalerei der Reichenauer Schule, Ende des 10. Jahrhunderts. Der Kaiser hält Reichsapfel und kugelgekrönten Langstab als Zeichen seiner Herrschaft.

(1212–1250) brachte das selbst einmal zum Ausdruck: „Alles auf Erden verliert seine Bedeutung gegen die Hoheit, den Glanz, die Herrlichkeit des Kaisertums.“

Warum nach Italien?

Es lag nicht an einer romantischen Italiensehnsucht, und selbst das hergebrachte Selbstverständnis des Kaisers als Schirmherr der Kirche und des Papsttums gab noch nicht den Ausschlag dabei, wenn die deutschen Herrscher immer wieder in den Süden zogen, sondern es wirkten ganz handfeste politische und ökonomische Interessen. Nord- und Mittelitalien gehörten als Kronländer zum Reich. Die deutschen Könige verfügten im eigenen Land nicht über genug Hausmacht, um erfolgreich Politik zu betreiben. Sie brauchten dazu die Steuern und Erträge aus dem reichen Italien. Und das Land südlich der Alpen war wichtig als Drehscheibe und Durchgangsland für den Handel. Deutschland befand sich in einer Randlage zu der wirtschaftlich und technisch weiter entwickelten Welt des Mittelmeerraumes. Einen Zugang zum Beispiel nach Venedig zu haben, über das wiederum die Verbindung mit Byzanz lief, war von hoher Bedeutung.

Der Kirchenstaat

Am Anfang steht eine Sage. Papst Silvester I. (314–335) soll Kaiser Konstantin durch die Taufe vom Aussatz befreit haben und dafür mit der Herrschaft über Rom und Italien belohnt worden sein. Die sogenannte Konstantinische Schenkung war mündliche Tradition bei den Päpsten, bis sie im 8. oder 9. Jahrhundert sichtbare Gestalt bekam: als eine auf den Namen Kaiser Konstantins gefälschte Urkunde.

Realer war eine andere Schenkung, diejenige Pippins III. Im Pfalzort Quierzy versprach der Frankenkönig als Schutzherr der römischen Kirche am 14. April 754

Die Konstantinische Schenkung: Kaiser Konstantin (um 280–337) überlässt Papst Silvester I. die kaiserlichen Herrschaftszeichen Phrygium und Baldachin sowie den Lateranspalast. Fresko (Ausschnitt) in der Kapelle des Heiligen Silvesters in der Basilika Santi Quattro Coronati, Rom.

Papst Stephan II. die Übergabe von ehemals byzantinischen Gebieten in Italien, die inzwischen von den Langobarden besetzt worden waren und die Pippin diesen wieder um abgenommen hatte. Die Pippinsche Schenkung wurde zur Grundlage des Kirchenstaates, eines Gebildes, das in wechselnden Umfängen die Jahrhunderte überdauerte und erst 1870 offiziell aufgelöst wurde.

Ausstattung mit Landbesitz

Dass sich die Päpste als Territorialherren betätigten, war so abwegig nicht. Institutionen, auch geistliche, konnten im Mittelalter nur existieren, wenn sie mit Landbesitz ausgestattet waren. Zudem hatten die Päpste in den Zeiten des Verfalls der staatlichen Autorität nach dem Untergang des Weströmischen Reiches sich um das Wohlergehen des Volkes gekümmert und eine Reihe staatlicher Aufgaben, vor allem im karitativen Bereich, wahrgenommen. An die Päpste wandte sich das Volk in Zeiten wirtschaftlicher Not oder militärischer Bedrohung, und auf Gütern, die den Nachfolgern Petri da und dort in Italien, vornehmlich im Süden, vermacht worden waren, erprobten Beauftragte des Heiligen Stuhls moderne Verwaltungsmethoden.

Patrimonium Petri

Die Schenkung Pippins wurde allerdings erst 781 bzw. 787 durch seinen Sohn Karl realisiert, sie umfasste einen Gebietsstreifen, der von Kampanien und der Küstenregion südlich von Rom bis in die Romagna und nach Ravenna hinauf reichte. Als autonomes Gebiet unter päpstlicher Herrschaft gehörte der Kirchenstaat, auch Patrimonium Petri genannt, seitdem zum karolingischen Reich. Diese Schutzfunktion konnten die

„Das Gastmahl des heiligen Gregor des Großen" (Ausschnitt), um 1570, Gemälde von Veronese (1528–1588). Durch die Einrichtung einer zentralen Vermögensverwaltung bereitete Papst Gregor I. die weltliche Macht des mittelalterlichen Papsttums und den Kirchenstaat vor.

Karolinger jedoch Ende des 9. Jahrhunderts nicht mehr wahrnehmen. Gleichwohl gelang es den Päpsten, ihren Besitz in Mittelitalien, selbst in Zeiten schwerster Bedrohung durch die Staufer im 12./13. Jahrhundert, weiter zu behalten.

Fälschungen

Es wurde im Mittelalter gefälscht, was aufs Pergament ging. Die Konstantinische Schenkung war nur eines von sehr vielen Falsifikaten. In Klöstern wie Montecassino, St. Maximin (Trier) oder Reichenau gab es Werkstätten, die massenweise Urkunden herstellten, mit denen „alte" Rechte bewiesen bzw. neue konstruiert wurden.

Man trennte Siegel von der Vorlage ab und heftete sie an der Fälschung an oder man fälschte gleich das Siegel. Man rasierte aus den Urkunden heraus, was dort nicht stehen sollte und schrieb Zusätze hinein, man veränderte Datierungen und Zahlen. Man ließ das Original verschwinden und gab die korrigierte Abschrift als wörtliche aus. Oder man erfand überhaupt das ganze Dokument völlig frei. Beliebt war der Bezug auf berühmte Personen der Geschichte, man gab gerne Karl den Großen oder einen römischen Kaiser als Aussteller der frisierten Urkunden aus.

Die geringen Möglichkeiten der Zeitgenossen, eine Fälschung zu erkennen, die Ehrfurcht vor allem was „alt" war, werden dabei den Tätern ihre Arbeit erleichtert haben. Es wird heute geschätzt, dass ungefähr 15 Prozent der erhaltenen karolingischen Urkunden gefälscht sind.

Symbol der weltlichen Herrschaft des Papstes: Die Engelsburg in Rom, das antike Mausoleum des Kaisers Hadrian, diente im Mittelalter als Stadtfestung und manchmal letzte Zuflucht der Päpste.

Die kluniazensische Reform (11./12. Jh.)

Die Kirche des 11. Jahrhunderts stand im Zeichen mönchischer Reformbewegungen. Die wichtigste unter ihnen war die der Kluniazenser. 909/910 bei Mâcon (Burgund) gegründet, stieg das Kloster von Cluny zum angesehensten monastischen Reformzentrum in Europa auf. Asketisch und weltabgewandt, nach einer verschärften Benediktinerregel lebend, waren die Kluniazenser allein dem päpstlichen Schutz unterstellt. Nur dem Abt gegenüber, der das Recht hatte, seinen Nachfolger selbst zu bestimmen, waren sie zum Gehorsam verpflichtet.

Die kluniazensische Reformbewegung mischte sich in das politische und gesellschaftliche Leben außerhalb der Klostermauern ein. Sie wandte sich gegen das zunehmende Fehdewesen und versuchte es durch die

„Heinrich III. setzt Bischof Suitger auf den päpstlichen Thron" (1046). Holzstich nach einer Zeichnung von Friedrich Hottenroth (1840–1917). Suitger von Bamberg, der sich nach seiner Wahl Klemens II. nannte, war der erste von vier deutschen Päpsten, die König Heinrich III. einsetzte. Noch am selben Tag krönte er Heinrich zum Kaiser.

Heinrich III. (1017–1056) auf dem Thron, Siegel aus dem 11. Jahrhundert

Verkündung des Gottesfriedens („treuga Dei") einzudämmen. Damit kam sie Bemühungen von Seiten des Königtums entgegen, Heinrich III. (1039–1056) setzte sich zur selben Zeit für die Wahrung des allgemeinen Landfriedens ein. Die geistige Übereinstimmung mit den Mönchen von Cluny bestimmte ihn, in die Wirren einzugreifen, in die das Papsttum gestürzt war. Auf der Synode von Sutri (1046) setzte er die drei um das Pontifikat streitenden Päpste ab und erhob den Bischof Suitger von Bamberg als Klemens II. auf den Stuhl Petri.

Bernhard von Clairvaux war einer der wichtigsten Mönche der Zisterzienser und Gründer des Klosters Eberbach. Figur aus Lindenholz von einem unbekannten Meister aus der ersten Hälfte des 18. Jahrhunderts aus dem Abteimuseum des Klosters Eberbach.

Reichskirchensystem in Frage gestellt

Die Förderung der geistlichen Erneuerungsbewegung ließ Heinrich jedoch deren Sprengkraft verkennen. Ziel der von Cluny ausgehenden Reformbewegung war die Wiederherstellung kirchlicher Zucht und Frömmigkeit. Das hätte noch nicht zum Stein des Anstoßes werden müssen, aber die Kluniazenser, im Bestreben, kirchliche Ämter nur den Würdigsten vorzubehalten, forderten ein Verbot der Laieninvestitur, das heißt, weltliche Herren sollten künftig keine kirchlichen Ämter mehr vergeben können. Damit wurde das bestehende Reichskirchensystem mit seiner Ämtervergabe gegen Dienst für Adel und Krone in Frage gestellt. Und die Forderungen der Mönche gingen noch weiter: Die Kirche sollte das Recht haben, der weltlichen Obrigkeit Anweisungen zu geben, wie sie ihren Ordnungsauftrag gemäß den Gesetzen Gottes auszuführen habe. Als mit Gregor VII. (Hildebrand) 1073 ein entschiedener Repräsentant der Reformbewegung auf den päpstlichen Stuhl gelangte, war der Zusammenstoß unvermeidbar.

Zisterzienser

Im Jahr 1098 gründete der aus der Champagne stammende Geistliche Robert von Molesme in Citeaux (bei Dijon/Burgund) ein Kloster, in dem die Mönche unter rigoroser Befolgung der Benediktinerregel, in eremitischer Abgeschiedenheit und Askese leben sollten. Nach dem Stammkloster Citeaux (lateinisch Cistercium) hießen die Mitglieder Zisterzienser. Mit dem Eintritt Bernhards von Clairvaux 1112 bekam der Orden seine besondere geistliche Ausprägung. Wirtschaftliche Basis war zunächst die Selbstversorgung, der Orden verzichtete auf alle Einkünfte und Privilegien, die nicht mit der Regel des heiligen Benedikt vereinbar waren. Die Zisterzienser bebauten ihren Boden selbst, und dank fortschrittlicher Agrartechnik und Wirtschaftsweise brachten sie es zu guten Erträgen. Mit der Anlage landwirtschaftlicher Mustergüter trugen die Zisterzienser maßgeblich zur Binnenkolonisation bei.

Der Zisterzienserbaustil, zu studieren in Frankreich etwa an der Abtei von Fontenay (Burgund), in Deutschland an der Klosterkirche von Eberach (Bayern), zeichnet sich aus durch den Verzicht auf „Überflüssiges“: Türme, Krypten und Bauglieder wie Emporen und offene Strebebögen fehlen, die Wände sind nicht bemalt, auch farbige Glasfenster, Stoffe und Skulpturen sind nicht vorgesehen.

Die Benediktiner-Abtei Cluny in Burgund, gegründet 909/910. Von hier ging im 11. Jahrhundert die Reformbewegung aus, die kirchliche Zucht und Frömmigkeit wiederherstellen wollte. ▶

Das Morgenländische Schisma (1054)

Wie sich die Teile des ehemaligen Römischen Reiches auseinander entwickelten, hier Byzanz mit der Hauptstadt Konstantinopel, dort das „Abendland“ mit dem Deutschen Reich als Führungsmacht und den sich allmählich herausbildenden Nationalstaaten wie England oder Frankreich, so gingen zwangsläufig auch die Kirchen ihren jeweils eigenen Weg. Zwar traf man sich immer wieder zu ökumenischen Konzilen – insgesamt sechs fanden in den Jahren zwischen 337 und 843 statt, aber die Entfremdung zwischen dem Papst in Rom, der lateinisch sprach und schrieb und dem Patriarchen in Konstantinopel, dessen Kirche das Griechische bevorzugte, schritt unaufhaltsam fort. Streitigkeiten über das Priesterzölibat, das Trinitätsdogma und den Zusatz „Filioque“ (und vom Sohn) im Glaubensbekenntnis ließen sich nicht beilegen. Dazu kamen Rivalitäten zwischen den beiden Kirchen, wenn es um die Abgrenzung der Missionsgebiete ging. Mit Sorge sah man in Rom, wie auf dem Balkan, etwa unter den Serben, oder in Russland, sich das griechisch-orthodoxe Bekenntnis statt des römisch-katholischen ausbreitete.

Gegenseitige Verfluchung

Der endgültige Bruch geschah im Pontifikat des deutschen Papstes Leo IX. (1049–1054), der aus einem elsässischen Grafengeschlecht stammte und eigentlich Bruno hieß. Er hatte zusammen mit Heinrich III. der Invasion der Normannen in Unteritalien entgegentreten wollen. Zwar versagte sich der Kaiser dem Unternehmen, und das unzulänglich ausgerüstete und schlecht geführte päpstliche Heer ging 1053 gegen die Normannen unter. Doch hatte Leos Politik die Byzantiner auf den Plan gerufen, die ihre kirchlichen Rechte in

Konstantin IX. Monomachos war Kaiser in Byzanz von 1042 bis 1055, der Zeit, da sich Ost- und Westkirche trennten. Das Mosaik in der Hagia Sophia in Konstantinopel zeigt ihn mit seiner Gattin Zoe kniend vor Christus dem Welterlöser.

Süditalien in Gefahr sahen (noch gehörte dieses zum Oströmischen Reich). Der Patriarch Michael Kerullarios ließ daraufhin die lateinischen Kirchen in Konstantinopel schließen und attackierte in scharfer Form die westlichen liturgischen Bräuche. Leo, dem sehr daran gelegen war, die Byzantiner als Bundesgenossen gegen die Normannen zu gewinnen, hatte im Januar 1054 eine Gesandtschaft nach Konstantinopel geschickt, die über das Vorgehen in Süditalien und die dogmatischen Fragen verhandeln sollte. Als Delegationsleiter hatte er aber mit Kardinal Humbert von Silva Candida einen Scharfmacher gewählt, der seinen Gegnern an Fanatismus nicht nachstand und ihre Beleidigungen in gleicher Münze zurückgab. Das Scheitern der Mission war besiegelt, als Humbert am 16. Juli 1054 eine Bannbulle gegen den Patriarchen und seinen Anhang auf dem Altar der Hagia Sophia niederlegte und Kerullarios acht Tage später seinerseits das Anathema, den feierlichen Bannfluch über die Römer aussprach. Die Spaltung, griechisch „schisma“, war vollzogen.

Cäsaropapismus

Im Byzantinischen Reich waren höchste geistliche und weltliche Gewalt in einer Hand, nämlich der des Kaisers vereint. Der Herrscher auf dem Thron in Konstantinopel besaß unbeschränkte Macht auch im Bereich der Kirche und verstand sich als Hüter des wahren Glaubens, der Orthodoxie. Diese Form der Staats- und Kirchenführung wird als Cäsaropismus bezeichnet. In Russland, das nach dem Untergang des Byzantinischen Reiches die Führung der orthodoxen Kirche übernahm, spielte der Zar noch bis zur Revolution von 1917 die Rolle eines obersten Herrn der Kirche. Auch gegenüber dem Papsttum im Westen versuchten die oströmischen Kaiser noch längere Zeit ihren Anspruch auf Leitung und Kontrolle durchzusetzen. So musste noch bis zur Mitte des 8. Jahrhunderts jede neue Papstwahl in Rom dem Kaiser in Konstantinopel oder seinem Stellvertreter in Ravenna angezeigt und zur Gutheißung vorgelegt werden

Leo IX., Fenster der ehemaligen Abteikirche Saint-Denis, Paris (19. Jahrhundert)

Bergbau (seit dem 10. Jh.)

Im Zuge des allgemeinen wirtschaftlichen Niedergangs nach dem Ende des Römischen Reiches kam auch der in der Antike florierende Bergbau weitgehend zum Erliegen, nur an wenigen Orten, etwa in den englischen Zinnminen, wurde noch der Betrieb fortgeführt. Daneben existierte die althergebrachte Eisenproduktion für den örtlichen Bedarf, meist als bäuerlicher Nebenerwerb. Erst im Hochmittelalter ging man daran, wieder einen Bergbaubetrieb einzurichten, teils in den alten, von den Römern erschlossenen Gebieten, teils aber auch an neuen, bis dahin unbekannten Lagerstätten, wobei man technisch sozusagen bei Null anfing.

Am Rammelsberg bei Goslar war schon seit dem 10. Jahrhundert der Silberbergbau im Gange; der Sage nach hatte ein Jäger namens Ramm den Erzsegen gefunden: Sein im Dickicht angebundenes Pferd hatte ihn mit den Hufen freigescharrt. Zusätzlich wurde im Harz Kupfer, Eisen, Blei und Zink abgebaut. Im Rheinischen Schiefergebirge wurde Eisen gewonnen, Erz aus dem Siegerland und dem Westerwald verarbeitete man an Ort und Stelle zu Stahl. 1168 wurde der Silberbergbau im sächsischen Freiberg eröffnet, in Schlesien kam der Silber- und Goldabbau um 1200, nach Böhmen und Mähren 20 Jahre später. Noch im 13. Jahrhundert wurden auch in Ungarn, der Slowakei und in Schweden ergiebige Lagerstätten von Silber und Kupfer entdeckt. Im 14. und 15. Jahrhundert nahmen Bergwerke in Bosnien und Serbien sowie in Frankreich den Betrieb auf. Erstmals 1133 wurde (im Herzogtum Limburg) Steinkohle gefördert, die man hauptsächlich bei der Glasschmelze und zum Schmieden verwendete.

Mittelalterliches Bergwerk, kolorierter Holzschnitt aus dem 16. Jahrhundert.

Von besonderer Bedeutung war das Salz. Es wurde in großen Mengen verbraucht, nicht nur als Speisewürze, sondern zur Konservierung von Fisch und Fleisch. Die Lüneburger Saline lieferte in guten Zeiten 15 000 t im Jahr, und ihr Salz, bergmännisch abgebaut aus einem mächtigen unterirdischen Salzstock, war qualitativ dem Meersalz überlegen. Auch das Salz aus Halle an der Saale, das bereits zur Bronzezeit gefördert worden war, spielte eine wichtige Rolle.

Erschöpfung der Lagerstätten

Der Bergbau kam im späten Mittelalter in eine Krise. Die Lagerstätten waren weitgehend erschöpft, jedenfalls was den Tagebau betraf. Und für einen Abbau in größerer Tiefe fehlten vielerorts Kapital und technische Kenntnisse. Dazu kamen Unterbrechungen durch kriegerische Ereignisse, Erdbeben, Grubeneinstürze und Wassereinbrüche. Erst mit der Bildung großer Vermögen, etwa dem der Fugger Ende des 15. Jahrhunderts, und der Einführung technischer Neuerungen bei der Entwässerung der Gruben kam wieder Bewegung in den Bergbau.

Der Bergknappschaftsaltar in der St. Annenkirche in Annaberg (Erzgebirge), entstanden um 1521/22, gibt Szenen aus dem Alltag der Bergleute wieder.

Bergregal

Bodenschätze galten als Eigentum des Königs. Er hatte das Recht (Regal), sie abbauen zu lassen. Für die deutschen Könige des Hochmittelalters war das Bergregal eine ihrer wichtigsten Einnahmequellen. Die Erträge des Goslarer Silberbergwerks allein machten schon einen wesentlichen Teil des Staatshaushaltes aus. Umso größer die Empörung, als der Sachsenherzog Heinrich der Löwe 1176 als Gegenleistung für Waffenhilfe von Kaiser Friedrich Barbarossa verlangte, dass ihm die Goslarer Gruben, da sie auf seinem Gebiet lagen, übergeben würden. Die unverschämte Forderung leitete das Zerwürfnis zwischen den beiden Großen ein. Im Zuge der weiteren politischen und wirtschaftlichen Entwicklung wurden allerdings vermehrt Bergregale wie auch andere Königsrechte an Territorialfürsten oder Geschäftsleute aus den Städten vergeben, die dann den Bergbau auf eigene Rechnung betrieben.

Das Lehenswesen

Im Frankenreich wurde eine der Grundlagen der abendländischen mittelalterlichen Staats- und Gesellschaftsordnung geschaffen, das Lehenswesen (auch Feudalwesen): Entlohnung eines Dienstes nicht mit Geld, sondern mit Bodenerträgen. Wer Kriegs-, Hof- und andere Dienste leistete, wurde mit der Nutznießung am Boden in Form eines „Lehens" (lateinisch „feudum", auch „beneficium") aus den königlichen Domänen entschädigt. Einen „Erfinder" hatte das Lehenswesen nicht. Es entwickelte sich „unterhalb des Staates als Ausdruck adligen Machtstrebens", sagt der Historiker Heinrich Mitteis.

Persönliches Verhältnis

Die bereits in spätrömischer Zeit geübte Landleihe wurde ergänzt durch das germanische Prinzip der beiderseitigen Gefolgschaftstreue, das heißt der Treue des

Ein Ritter huldigt seinem Lehensherren. Französische Buchmalerei des 15. Jahrhunderts. Bei der Belehnung spielten symbolische Gesten eine bedeutende Rolle.

◀ „Die Belehnung des Würzburger Bischofs Herold mit dem Herzogtum Franken durch Kaiser Friedrich Barbarossa auf dem Reichstag zu Würzburg 1168". Deckenfresko (1750/52) in der Würzburger Residenz von Giovanni Battista Tiepolo (1696–1770).

Vasallen gegen den Herrn und des Herrn gegen den Vasallen. Erst das persönliche Verhältnis zwischen Lehensherr und Gefolgsmann verwandelte die dingliche Rechtsbeziehung der Landleihe in das persönliche Lehensverhältnis.

Die großen Lehensherren (Kronvasallen) schufen sich ihrerseits durch Lehensvergabe eine Lehensgefolgschaft. Das hätte zur Auflösung aller staatlichen Gewalt in eine Summe von Vertragsverhältnissen führen können, aber die Karolinger begegneten dem mit dem Einbau des Lehenswesens in die fränkische Reichsverfassung. Der König trat an die Spitze der Lehenspyramide und förderte die Untervasallen. Das Königsgericht entschied über Streitfälle zwischen Herrn und Vasallen, auf diese Weise machte sich der König sowohl zum Wächter der Mannentreue, als auch zum Garanten der Gegentreue des Herrn.

Es bedurfte allerdings starker und durchsetzungsfähiger Persönlichkeiten auf den Herrscherthronen, um das Geflecht der persönlichen Abhängigkeiten zu überschauen und in der Hand zu behalten.

Die Illustration zeigt Heinrich den Löwen, der nach seiner Niederlage gegen die kaiserlichen Truppen 1180 in Erfurt vor Kaiser Friedrich I. Barbarossa kniet und um Gnade bittet.

Tendenz zur Eigenherrschaft

Verständlich, dass bald die Neigung der Lehensleute zunahm, ihren Besitz nicht mehr als geliehen zu betrachten, sondern als Eigentum, das man nicht nur auf alle Zeit besaß, sondern das man an seine Nachkommen vererben konnte. Dadurch entwickelte sich eine Tendenz zur Eigenherrschaft und damit wiederum langfristig der Zersplitterung der Macht in der politischen Führungsschicht.

Heinrich der Löwe verliert sein Lehen

Seit 1156 konnte sich der Sachsenherzog Heinrich der Löwe auch Herzog von Bayern nennen. Sein Lehensherr Friedrich Barbarossa nahm ihn in Schutz, wann immer Klagen über ihn kamen. Und die kamen reichlich. Der Welfe raffte mit harter Hand zusammen, was er kriegen konnte, und geriet dabei immer wieder mit seinen Nachbarn aneinander. Als Heinrich aber 1176 die Heerfolge bei einem Italienfeldzug verweigerte, zog der Kaiser die Hand von ihm ab und ließ seine Gegner gewähren, die im Januar 1179 auf dem Reichstag in Worms abermals Klage gegen den Löwen erhoben. Der war der Ladung nicht gefolgt, und er erschien auch nicht, als sie ein zweites und drittes Mal wiederholt wurde. Daraufhin wurde die Reichsacht über den Friedensbrecher verhängt, der Vollzug vorerst aber ausgesetzt. Die Mühle der Justiz drehte sich weiter: Gerichtsverhandlungen in Magdeburg, in Kayna, in Würzburg, immer ohne den Angeklagten. Schließlich auf einem Reichstag in Gelnhausen im April 1180 das endgültige Urteil: Der Besitz des Löwen wurde beschlagnahmt, er selbst für vogelfrei erklärt. Seine Herzogtümer wurden anderen Fürsten zu Lehen gegeben; nach der Begnadigung im folgenden Jahr erhielt er nur die Stammgüter um Braunschweig zurück.

Evangeliar Heinrichs des Löwen, 1173 in Auftrag gegeben und 1188 zur Weihe des Marienaltars dem Dom zu Braunschweig gestiftet. Das kostbar mit 50 ganzseitigen Miniaturen (hier Schöpfungsgeschichte) illuminierte Buch ist in der Herzog-August-Bibliothek in Wolfenbüttel ausgestellt. ▶

IN PRINCIPIO CREAVIT DS CELVM ET TERRAM
IN PRINCIPIO ERAT VERBVM
VERBO DNI CELI FIRMATI SVNT
EGO DOMINVS FACIENS
OMNIA HEC
VOX CLAMANTIS IN DESERTO
QVI VIVIT IN ETERNVM CREAVIT OMNIA SIMVL
STABILIS Q. MANENS DAT CVNCTA MOVERI
LIBER GENERATIONIS IHV

Anfänge der Territorialherrschaft in Russland

Waräger auf dem Weg nach Russland. „Kaufleute aus Übersee",
Gemälde (1901) von Nikolai Konstantinowitsch Roerich (1874–1947).

Wikinger, die an den baltischen Küsten landeten oder ihre Boote über die großen Ströme Russlands lenkten, hießen dort Waräger, was möglicherweise vom altnordischen „var" = Eid, Gelübde abgeleitet ist: Die Mitglieder einer wikingischen Fahrgemeinschaft pflegten sich per Eid zu gegenseitiger Hilfeleistung zu verpflichten. Waräger bedeutet dann soviel wie Kaufleute-Bruderschaft.

Stammland dieser Händler war Schweden. Von dort hatte es bereits zur Bronzezeit Handelsverbindungen mit dem Osten gegeben. In der Wikingerzeit (ca. 800–1050) wurden sie intensiviert und ausgebaut. Um die Mitte des 9. Jahrhunderts erreichten die Skandinavier über den Finnischen Meerbusen und die Newa den Ladoga-See, an dessen Südufer sie den Handelsplatz Aldjuborg (heute Staraja Ladoga) gründeten. Er wurde zum Ausgangsort der weiteren Erschließung: Die Händler zogen über die großen Flusssysteme Russlands bis zum Kaspischen Meer, wo es Anschlussmöglichkeiten an die innerasiatischen Handelsstraßen und die Route nach Bagdad gab, und bis ans Schwarze Meer, an dessen Küste sie Verkehr mit Konstantinopel, der Metropole des Byzantinischen Reiches, aufnahmen.

Aktionen gegen Konstantinopel

Entlang der Wasserstraßen schufen sich die Waräger Stützpunkte unter anderem in Nowgorod, in Kiew und auf der Insel Berezanji im Dnjepr-Delta. Ausgedehntere Landnahme fand nicht statt, die Waräger waren auch nicht so sehr an Unterwerfung oder Verdrängung der Einheimischen interessiert, sondern eher am friedlichen Handel. Dennoch blieben Kampfhandlungen nicht aus, am Unterlauf des Dnjepr zum Beispiel mussten sich Händler regelmäßig gegen Überfälle der dort ansässigen Petschenegen wehren, und mit Byzanz stand das Handelsimperium von Kiew häufiger auf dem Kriegsfuß; es kam zu Flottenaktionen der Waräger gegen Konstantinopel, und sogar zu Versuchen, die Stadt zu stürmen (so im Jahr 860).

Das Reich von Kiew

Über die Rolle der Waräger als Staatengründer ist lange debattiert worden. Vor allem in der Sowjetunion wollte

„Rurik landet an der baltischen Küste". Aquarell (um 1900) von Herman Willem Koekkoek (1867–1929). Der warägische Heerführer gilt als Gründer des ersten ostslawischen Reiches.

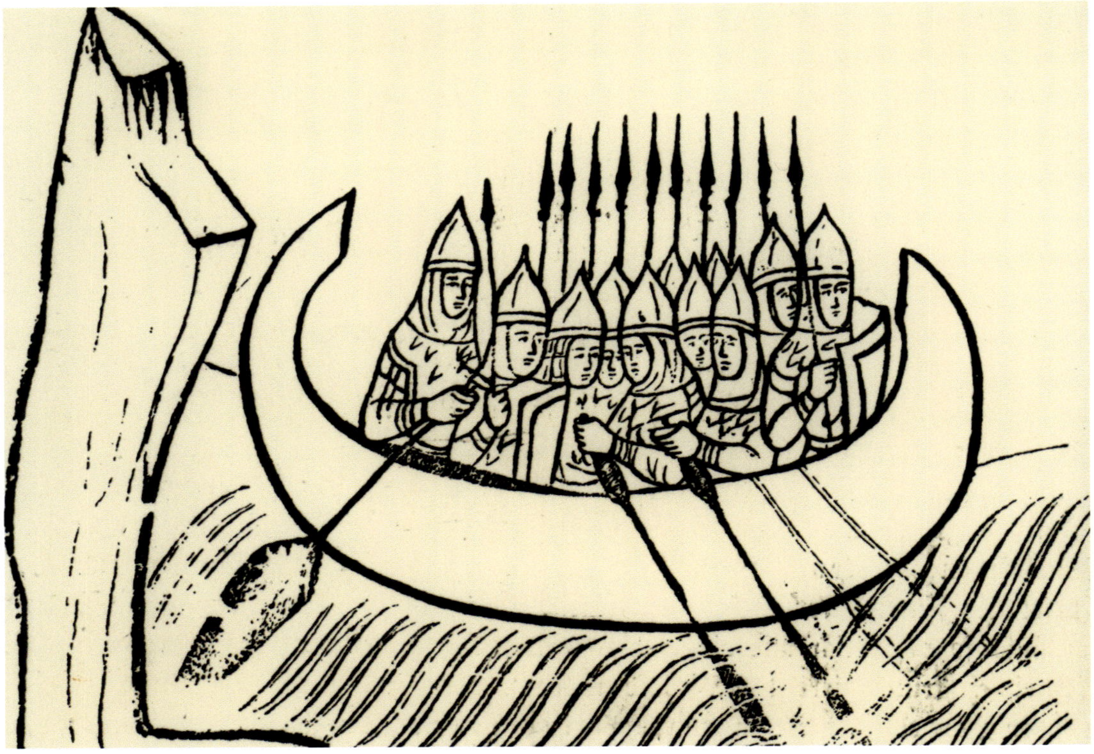

Russische Krieger zu Schiff in einer Darstellung des 10. Jahrhunderts. Der Verkehr auf den Flüssen und Strömen war die Grundlage für die Entwicklung von Staaten in den Weiten Russlands.

Die Rus

Das heutige Russland führt seine Geschichte zurück auf das Reich der Kiewer Rus, das sich im 9. und 10. Jahrhundert herausbildete. Herkunft und Bedeutung des Namens Rus sind nicht endgültig geklärt, doch der historische Befund weist nach Norden. Eine skandinavische Oberschicht, zumeist aus Schweden stammend, dominierte zeitweilig im Dreieck zwischen Finnischem Meerbusen, Schwarzem und Kaspischem Meer. Ihre Domäne war der Handel auf den großen Wasserstraßen Newa, Dnjepr, Don und Wolga. Sie war an der Reichsbildung in Kiew beteiligt, wenn auch wohl nicht alleiniger Gründer des Staates. Die Skandinavier verschmolzen bald mit der einheimischen slawischen Bevölkerung. Als Gebietsname blieb Rus jedoch erhalten und wurde später auf das Reich übertragen.

man lange Zeit nicht zugestehen, dass Ausländer an der Entstehung des russischen Staates beteiligt gewesen sein könnten. Ausgrabungen der jüngsten Zeit haben allerdings genügend Nachweise über Ausdehnung und Bedeutung der Warägersiedlungen in Russland erbracht, so dass zumindest eine Mitwirkung der handeltreibenden skandinavischen Oberschicht an den Staatsbildungsprozessen angenommen werden kann. Das gilt für die Herrschaft der Rurikiden (Nachkommen des legendären Gründers Rurik) in Nowgorod wie für das Reich von Kiew, in dem sich die erste Territorialherrschaft auf russischem Boden entwickelte und das als Keimzelle des heutigen Russland angesehen wird.

Oleg, ein Nachkomme Ruriks, wurde im Jahre 897 Herrscher von Nowgorod. Unter seiner Herrschaft wurde das politische Zentrum nach Kiew verlegt – die Entstehung der Kiewer Rus. Das Reiterdenkmal ist in Rjasan, Russland, zu sehen. ▶

РЯЗАНЬВЕСТ
Великому князю
Олегу Рязанскому
1350 - 1402

Die Normannen (10.–12. Jh.)

„Nordmanni" nannten die fränkischen Chronisten die rauen Männer aus dem Norden, die seit dem Ende des 8. Jahrhunderts an den Küsten Westeuropas erschienen. Die Bezeichnung blieb über die eigentliche Wikingerzeit an einer bestimmten Gruppe haften, nämlich denjenigen Wikingern aus Dänemark und Norwegen, die sich um 900 an der Seinemündung niederließen. Ihr Führer Rollo schloss 911 einen Vertrag mit dem westfränkischen König Karl III. dem Einfältigen, der ihm die Grafschaften Rouen, Evreux, Lisieux sowie einige angrenzende Gebiete übertrug – das künftige Herzogtum Normandie. Rollo wurde Gefolgsmann des Königs und ließ sich taufen. Ein Prozess der Romanisierung setzte ein, die Normannen vertauschten ihr hergebrachtes Recht mit dem fränkischen und nahmen die französische Sprache an.

1066 griffen sie in Erbschaftsauseinandersetzungen in England ein; Herzog Wilhelm, genannt der Eroberer, überquerte mit einer Invasionsflotte den Ärmelkanal, besiegte den englischen König Harald Godwinsson in der Schlacht von Hastings und ließ sich in Westminster zum König von England krönen. Normannische Führungsschicht und unterlegene Angelsachsen fanden in der Folge zu einer Synthese zusammen, die dem englischen Nationalcharakter sein besonderes Gepräge gab.

Die Schlacht von Hastings

Die Heere, die am 14. Oktober 1066 bei Hastings in der Grafschaft East Sussex aufeinandertrafen, waren etwa gleich groß, jeweils 8000 Mann, aber ungleich geglie-

In Falaise, Frankreich, steht dieses monumentale Reiterdenkmal zu Ehren Wilhelm des Eroberers. Der Herzog der Normandie und Führer der Normannen ließ sich, nach dem Sieg in der Schlacht von Hastings, in Westminster zum König von England krönen.

Der Wandteppich von Bayeux erzählt in sorgfältig komponierten Bildern die Geschichte von der Überfahrt der Normannen nach England und ihrem Sieg in der Schlacht bei Hastings. Im Ausschnitt: König Harald wird von einem Pfeil tödlich getroffen.

dert. Bei den Normannen unter Herzog Wilhelm gab es neben der Infanterie noch starke Kontingente von Bogenschützen und vor allem eine Reitertruppe von etwa 2000 Mann. Die Mannschaft der Angelsachsen unter König Harald Godwinsson dagegen bestand aus Fußkämpfern und einer Handvoll Bogenschützen, Kavallerie fehlte völlig. Dennoch sah es lange so aus, als sollte die Normanneninvasion an diesem Tag ihr Ende finden. Alle Angriffe, ob von Reitern oder Infanteristen vorgetragen, prallten an dem Schildwall der Angelsachsen, die sich auf eine Hügelstellung zurückgezogen hatten, ab. Erst als diese anfingen, ihrerseits den vermeintlich geschwächten Gegner anzugreifen, wendete sich das Blatt. Einzeln vorgeprellte angelsächsische Trupps wurden umzingelt und niedergemacht. Dann erfolgte, nachdem der Kampf schon acht Stunden gedauert hatte, ein letzter Generalangriff der Normannen. Er brachte den Einbruch in die Front der Verteidiger. König Harald fiel und sein Heer wurde auseinandergetrieben.

Roger II. (1095–1154) wird von Jesus Christus zum König von Sizilien gekrönt, Mosaik aus dem 12. Jahrhundert in der Kirche Santa Maria della Matorana, Palermo.

Königreich Sizilien

Bereits 1016 ließen sich die ersten Normannen als Söldner von den süditalienischen Städten anheuern, die die Herrschaft der Byzantiner abschütteln wollten. Einmal angekommen, blieben sie dort und zogen weitere Landsleute nach. Mitglieder der Familie Hauteville, etwa Wilhelm Eisenarm († 1046), Robert Guiscard († 1085) und Roger I. († 1101), schufen sich aus Ländereien, die sie Byzantinern und Sarazenen abnahmen, eigene Herrschaften in Apulien, Kalabrien und auf Sizilien. Eine Generation später fasste Roger II. († 1154) die normannischen Grafschaften und Fürstentümer des Südens zum Königreich Sizilien zusammen. Der Normannenstaat in Süditalien vereinigte westlich-lateinische, griechische und arabische Traditionen, er wurde zentralistisch gelenkt und von einem effektiven Beamtenapparat verwaltet. Diese „modernen“ Strukturen wurden von den Staufern übernommen, als sie sich, 1186 eingeleitet durch die Heirat des Kaisersohnes Heinrich VI. mit Konstanze, der letzten Erbin des Hauses Hauteville, in den Besitz des Königreichs Sizilien setzten.

Er gilt als einer der schönsten normannischen Bauten Siziliens: Der Dom von Cefalu wurde von Roger II. als seine Grabstätte geplant. 1131 wurde mit dem Bau der Kirche begonnen, ihre Fertigstellung zog sich allerdings bis ins 15. Jahrhundert hin.

Der Gang nach Canossa (1076/77)

1073 kam ein Mann auf den Stuhl Petri, der es mit dem päpstlichen Machtanspruch besonders ernst meinte. Gregor VII. (Hildebrand) hatte seine geistliche Ausbildung in Cluny oder einem anderen Kloster der Kluniazenser, damals Träger der Kirchenreform, bekommen. Im „Dictatus Papae", einer programmatischen Schrift vom März 1075, legte Gregor VII. die Leitsätze seiner Kirchenpolitik nieder. Ausgehend vom Primat des Papsttums innerhalb der Kirche sowie von dessen Vorrangstellung gegenüber der weltlichen Gewalt forderte er die Unterordnung der Kaiser und Könige unter seine geistliche Herrschaft: „Des Papstes Füße allein haben alle Fürsten zu küssen." Neben dem Verbot der Priesterehe und der Simonie (des Ämterkaufs) trat der Kampf gegen die Laieninvestitur in den Vordergrund, da der Papst das alleinige Recht auf Ein- und Absetzung der Bischöfe beanspruchte.

Investiturstreit

Der unausweichliche Konflikt zwischen weltlicher und geistlicher Gewalt, der Investiturstreit, entzündete sich an der Besetzung des Erzbistums Mailand. Heinrich IV. gab 1075 das Amt an einen Mann seiner Wahl, den

Mit dem „Dictatus papae“ begründete Gregor VII. im Jahr 1075 den Herrschaftsanspruch des Papstes.

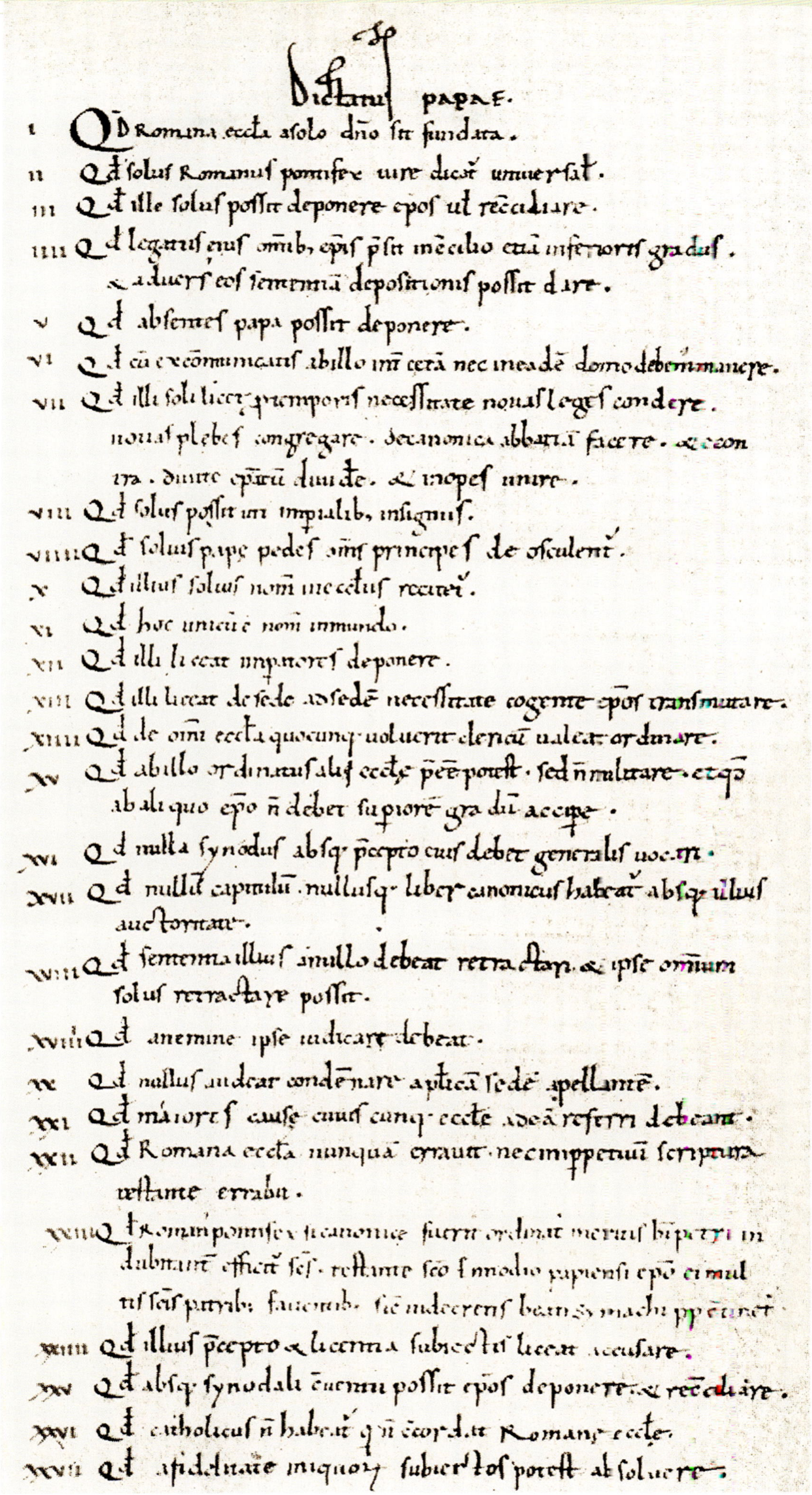

Dictatus papae.

I Quod Romana ecclesia a solo domino sit fundata.

II Quod solus Romanus pontifex iure dicatur universalis.

III Quod ille solus possit deponere episcopos vel reconciliare.

IIII Quod legatus eius omnibus episcopis presit in concilio etiam inferioris gradus, et adversus eos sententiam depositionis possit dare.

V Quod absentes papa possit deponere.

VI Quod cum excommunicatis ab illo inter cetera nec in eadem domo debemus manere.

VII Quod illi soli licet pro temporis necessitate novas leges condere, novas plebes congregare, de canonica abbatiam facere et econtra, divitem episcopatum dividere et inopes unire.

VIII Quod solus possit uti imperialibus insigniis.

VIIII Quod solius pape pedes omnes principes deosculentur.

X Quod illius solius nomen in ecclesiis recitetur.

XI Quod hoc unicum est nomen in mundo.

XII Quod illi liceat imperatores deponere.

XIII Quod illi liceat de sede ad sedem necessitate cogente episcopos transmutare.

XIIII Quod de omni ecclesia quocunque voluerit clericum valeat ordinare.

XV Quod ab illo ordinatus alii ecclesie preesse potest, sed non militare; et quod ab aliquo episcopo non debet superiorem gradum accipere.

XVI Quod nulla synodus absque precepto eius debet generalis vocari.

XVII Quod nullum capitulum nullusque liber canonicus habeatur absque illius auctoritate.

XVIII Quod sententia illius a nullo debeat retractari et ipse omnium solus retractare possit.

XVIIII Quod a nemine ipse iudicari debeat.

XX Quod nullus audeat condemnare apostolicam sedem appellantem.

XXI Quod maiores cause cuiuscunque ecclesie ad eam referri debeant.

XXII Quod Romana ecclesia nunquam erravit nec in perpetuum scriptura testante errabit.

XXIII Quod Romanus pontifex, si canonice fuerit ordinatus, meritis beati Petri indubitanter efficitur sanctus, testante sancto Ennodio Papiensi episcopo ei multis sanctis patribus faventibus, sicut in decretis beati Symachi pape continetur.

XXIIII Quod illius precepto et licentia subiectis liceat accusare.

XXV Quod absque synodali conventu possit episcopos deponere et reconciliare.

XXVI Quod catholicus non habeatur qui non concordat Romane ecclesie.

XXVII Quod a fidelitate iniquorum subiectos potest absolvere.

◀ König Heinrich barfuß im Schnee vor dem verschlossenen Burgtor – die Canossa-Szene wurde von den Künstlern des 19. Jahrhunderts dramatisch ausgestaltet, hier auf einem Holzstich nach einer Zeichnung von Hubert von Heyden, 1878.

königlichen Kaplan Thedald, was heftigen Protest mit Bannandrohung durch Gregor VII. zur Folge hatte. Heinrich IV. sah darin wiederum einen Angriff auf die königliche Herrschaft. Er konnte sich auf eine romfeindliche Stimmung im deutschen Episkopat verlassen; auf der Wormser Reichsversammlung im Januar 1076 wurde der „falsche Mönch" Gregor wegen ungültiger Wahl für abgesetzt erklärt. Dieser antwortete umgehend mit Exkommunikation und Absetzung des Königs und der Lösung aller Eide, die Heinrich geleistet worden waren. Oppositionelle Reichsfürsten beschlossen daraufhin auf einem Fürstentag in Tribur,

Papst Gregor VII. hebt die Exkommunikation von Kaiser Heinrich IV. auf, Fresko der Brüder Taddeo (1529–1566) und Federico Zuccari (1542–1609).

Heinrich abzusetzen, falls er sich nicht binnen Jahresfrist vom Bann löste.

Mit dem Gang nach Canossa im Januar 1077 – Heinrich erschien auf der Burg der Markgräfin Mathilde von Tuszien als Büßer vor dem Papst – konnte der König die Lösung vom Bann erreichen. „Canossa" gilt seitdem als Symbol für die äußerste Demütigung, die einem Politiker passieren kann.

Ende Gregors VII.

Der Bußgang Heinrichs IV. hinderte die deutschen Fürsten nicht daran, Rudolf von Schwaben zum Gegenkönig zu wählen. Doch Heinrich triumphierte militä-

Nachdem der zwischen Heinrich V. und Papst Paschalis II. vereinbarte Vertrag über das Investiturrecht 1111 an der Verweigerung einiger weltlicher und geistlicher Fürsten zunächst scheiterte, stellte Heinrich V. Papst Paschalis sowie einige Kardinale unter Arrest. Erst mit dem Wormser Konkordat 1122 sollte der Investiturstreit endgültig beigelegt werden. Das Gemälde des Historienmalers Karl Friedrich Lessing (1808–1880) aus dem Jahr 1840 zeigt „Die Gefangennahme des Papstes Paschalis".

risch über seinen Widersacher und konnte auch eine Anfang 1084 einsetzende Abfallbewegung in Rom (13 Kardinäle sagten sich von Gregor los) ausnutzen, um in die Stadt einzuziehen und sich von dem als Gegenpapst gewählten Klemens III. (Wibert) zum Kaiser krönen zu lassen. Gregor hatte sich in der Engelsburg verschanzt, sein Vasall, der Normannenherzog Robert Guiscard, befreite ihn, konnte sich aber in der Stadt nicht halten und nahm den Papst mit auf seinem Rückzug in den Süden. Gregor starb im Exil in Salerno am 25. Mai 1085.

Das Wormser Konkordat

Der Investiturstreit fand weder zu Papst Gregors VII. Lebzeiten noch zu denen seines Widersachers Heinrich IV. († 1106) einen Abschluss. Erst Heinrichs IV. Sohn, Kaiser Heinrich V. (1106–1125) konnte sich mit der Kirche in Rom auf einen Kompromiss verständigen: Das Wormser Konkordat von 1122 legte den Verzicht des Kaisers auf die Einsetzung der Bischöfe und Reichsäbte fest. Als Gegenleistung gestattete der Papst dem Kaiser, bei den Wahlen anwesend zu sein und die Lehenshuldigung des geistlichen Fürsten entgegenzunehmen. Das von den Ottonen im 10./11. Jahrhundert begründete Reichskirchensystem mit der vom König abhängigen hohen Geistlichkeit war damit aufgegeben.

Die Reconquista (seit Anfang des 11. Jh.)

Die muslimische Herrschaft über die Iberische Halbinsel (seit 711) war nie ganz vollständig. Im Norden, in Asturien und Kantabrien, hielten sich christliche Herrschaften, von denen aus die Rückeroberung (spanisch „Reconquista") ins Werk gesetzt wurde. Zunächst mit Raubzügen ins muslimische Gebiet, aber schon unter König Alfons II. von Asturien (791–842) kam es zu den ersten regelrechten Feldschlachten zwischen christlichen und muslimischen Heeren. Ihre eigentliche Dynamik erhielt die Bewegung Anfang des 11. Jahrhunderts unter Sancho III. von Navarra. Er versuchte eine Liga der christlichen Fürsten Spaniens zusammenzubringen, was allerdings nicht glückte.

König Alfons II. von Asturien (783–842), Buchmalerei aus dem 12. Jahrhundert. Unter seiner Herrschaft kam es zu den ersten Schlachten zwischen christlichen und muslimischen Heeren.

Historisch bedeutsamer wurde Sanchos Verbindung mit den Kluniazensern, die künftig die Pilgerfahrten zum berühmten Wallfahrtsort Santiago de Compostela in Galicien organisierten und in ihren europäischen Zweigstellen Freiwillige für den Kampf gegen die Muslime warben. Spaniens Kirche geriet so in den Einflussbereich der Kluniazensischen Reform. Der Tod des Königs Ramiro I. von Aragón 1064 im Kampf um die maurische Festung Graus wirkte als Fanal im Abendland. Papst Alexander II. rief zu einem Heiligen Krieg gegen die Ungläubigen auf. Ritterheere aus Nordfrankreich, Norditalien und aus Aquitanien zogen nach Spanien. Sie eroberten dort die Stadt Barbastro (nordöstlich von Zaragoza), die aber bald wieder verloren ging.

Versuchsfeld der Kreuzzugbewegung

Wichtiger als das militärische Ergebnis der Aktion war der propagandistische Erfolg. Den Teilnehmern an dem Kriegszug wurde Vergebung ihrer Sünden versprochen und materieller Gewinn: Was sie den Muslimen abnahmen, durften sie behalten. Bedeutsam auch die Rückwirkung auf die Kirche: Das Papsttum hatte sich als kriegführende Macht etabliert. Insofern war die Reconquista Keimzelle und erstes Versuchsfeld der Kreuzzugbewegung.

Der Kampf gegen die Mauren auf der Iberischen Halbinsel ging während der eigentlichen Kreuzzugepoche und danach unentwegt weiter. 1212 wurden die Muslime in der Schlacht von Navas de Tolosa entscheidend geschlagen. 1236 fiel Córdoba, 1262 Cadiz und 1268 Sevilla an die Christen. Die Reconquista fand ihren

Reiterstandbild des spanischen Nationalhelden Rodrigo Diaz de Vivar, genannt El Cid, in Burgos. Der Adlige, als „Campeador" (Vorkämpfer) verehrt, war die Symbolfigur der Reconquista, der Wiedereroberung Spaniens nach Jahrhunderten der islamischen Herrschaft.

Abschluss mit der Einnahme Granadas, der letzten muslimischen Bastion, im Jahre 1492.

El Cid

📖 Eigentlich hieß er Rodrigo Diaz de Vivar. Seine muslimischen Gegner nannten ihn „saijid" (Herr), daraus wurde im Spanischen „Cid". Er ist die Symbolfigur der Reconquista und wird in Spanien als Nationalheld verehrt, obwohl sein verschlungener Lebensweg (1043–1099) ihn auch auf einige Abwege führte. Aus niederem Adel stammend, diente er König Sancho II. von Kastilien als Heerführer in den Kriegen mit den christlichen Nachbarn und nach Sanchos Ermordung (1072) dem Nachfolger, Alfons VI. von León, nicht ohne diesem zuvor einen Eid abgenötigt zu haben, dass er keinen Anteil an der Mordtat habe. Auch weiterhin blieb er ein unbequemer, kantiger Untergebener, der mehrfach in Ungnade fiel und zeitweilig sogar auf die Seite der Muslime wechselte. Erst die Eroberung Valencias, die ihm 1094 – nun wieder Vasall König Alfons – glückte, begründete seinen Ruhm als ‚Campeador" als Vorkämpfer der christlichen Sache. Bereits im 12. Jahrhundert wurden die ersten Lieder auf den Cid gedichtet, und spätere Zeiten schmückten seine Taten immer üppiger aus. Der französische Dichter Corneille machte ihn 1636 zum Helden eines Dramas. Im dreistündigen Monumentalepos „El Cid" (1961) kam er, dargestellt von Charlton Heston, dann schließlich auch noch auf die Leinwand.

„Die Schlacht von Navas de Tolosa" (1864) Gemälde von Francisco de Paula van Haler (1810–1887). ▶

Gesundheitspflege

Mit dem Zusammenbruch des Römischen Reiches ging auch das hochentwickelte antike Medizinalwesen unter. Übrig blieben das Wissen und die Techniken der Volksheilkunde, die neben der medizinischen Wissenschaft immer schon existiert hatten. Das frühe Mittelalter brachte die Volksheilkunde mit der christlichen Krankenpflege in Einklang. Hauptträger der medizinischen Versorgung wurden die Klöster. Wichtigstes diagnostisches Verfahren war die Harnschau, häufigster therapeutischer Eingriff der Aderlass. Das heilkundliche Wissen stammte zumeist aus der Bibel, aus den Schriften der Kirchenväter, den Enzyklopädien früh-

Der Aderlass, hier in einer mittelalterlichen Darstellung (Miniatur), war der häufigste therapeutische Eingriff im Mittelalter.

mittelalterlicher lateinischer Schriftsteller und den immer weiter überarbeiteten Kräuter- und Arzneibüchern.

„Medicus“ und „Physicus“

Erst im 12. Jahrhundert kam das Abendland wieder mit den Errungenschaften der antiken Medizin in Berührung, und zwar über Vermittlung durch arabische und jüdische Gelehrte. Diese hatten im östlichen Mittelmeerraum die kulturellen Leistungen des Römischen Reiches bewahrt und gaben sie über Spanien und Süditalien an den Westen weiter. Die Werke der großen Mediziner des Altertums, Hippokrates, Galen und anderen, wurden aus dem Griechischen und Arabischen ins Lateinische übersetzt. Es kam zur Verwissenschaftlichung der Heilkunst und zur Professionalisierung des Ärztestandes. Der gelehrte „Physicus“ verdrängte den nur volksheilkundlich gebildeten „Medicus“. Seine Tätigkeit erstreckte sich über drei große Gebiete: die „ordo vitalis“, womit Diätetik, gesunde Lebensführung und Vorbeuge gemeint war, die „materia medica“, d.h. die Verfügung über den Arzneimittelschatz, und die Chirurgie.

Hildegard von Bingen auf einer Bildpostkarte vom Anfang des 20. Jahrhunderts. Die Mystikerin hinterließ neben geistlichen und historischen Schriften auch bedeutende naturkundliche und medizinische Werke.

Ein staatliches Gesundheitswesen wurde erstmals wieder seit den Tagen der Römer im Reich der Normannen des 12. Jahrhunderts in Italien sichtbar. Darauf aufbauend legte der Stauferkaiser Friedrich II. in der Medizinalordnung von 1231 die Richtlinien für die ärztliche Ausbildung, das Unterrichts- und Prüfungswesen und die öffentlichen Gesundheitsdienste fest. Die Hospitalordnung der Johanniterritter von 1182 schuf die Grundlage für den Betrieb von Krankenhäusern. Nach der Epidemie von 1348–1350, dem „Schwarzen Tod“, wurde in den Städten die Notwendigkeit einer öffentlichen Hygiene erkannt. Gesundheitspolizeiliche Verordnungen wurden erlassen, die Abfallbeseitigung, Trinkwasserversorgung und Seuchenschutz betrafen.

Hildegard von Bingen

Als „Seherin vom Rhein“ und als große Heilkundlerin ist sie in die Geschichte eingegangen: Hildegard von Bingen (1098–1179), aus einem an der Nahe ansässigen Adelsgeschlecht stammend, hatte schon in ihrer Kindheit Visionen, die sie ab 1141 in lateinischer Sprache niederschrieb. 1147 gründete sie das Benediktinerinnenkloster auf dem Rupertsberg bei Bingen, dessen Äbtissin sie bis zu ihrem Tod blieb. Die außergewöhnliche Frau, im Volk hochverehrt, trat den Mächtigen ihrer Zeit furchtlos entgegen. Auf ihren Predigtreisen in Franken und im Rheinland geißelte sie in derben Worten die allgemeine Zuchtlosigkeit. Ihr schriftstellerisches Werk umfasst neben mystischen Schriften auch theologische und historische Abhandlungen, 70 geistliche Lieder (mit eigener Vertonung) sowie naturkundliche Bücher, darunter den „Liber subtilitatum diversarum naturarum creaturarum“, eine erstrangige Quelle für den Stand der Naturerkenntnis im hohen Mittelalter. Hildegard beschreibt darin Pflanzen, Elemente, Steine, Tiere, Metalle in ihren heilvollen und unheilvollen Kräften, erklärt die Funktionen des menschlichen Leibes und gibt Therapieanweisungen für Krankheiten.

Buchmalerei

Der Evangelist Lukas. Eine Abbildung aus dem Evangeliar von Saint-Laurent in Lüttich, 11. Jahrhundert. Evangeliare, Bücher mit einzelnen Bibelabschnitten für den Gebrauch im Gottesdienst, wurden in den Kirchen des Mittelalters wie Heiligtümer verwahrt.

◀ Buchmalerei aus dem 9. Jahrhundert. Der Psalter beinhaltet mehr als 150 Psalme des Alten Testaments und gilt als Höhepunkt der St. Gallischen Initialkunst. Geschrieben und illustriert wurde er zwischen 864 und 883 im Kloster St. Gallen unter dem Skriptoriumsleiter Folchart.

Früh schon entstand im Christentum das Bedürfnis, die Abschriften des Alten und Neuen Testaments und die Werke der Kirchenväter mit Bildschmuck zu versehen. Illuminationen nennt man die Bilder und Ornamente, die den Handschriften beigegeben wurden. Anfangsbuchstaben (Initiale), Zeilenausgänge, Blattränder oder ganze Seiten erhielten Verzierungen bis hin zu Bildfolgen, die sich über mehrere Seiten erstreckten. An Techniken hat die Buchmalerei die Federzeichnung, die aquarellierende Tönung, die Grisaille und die Deckfarbenmalerei hervorgebracht. Bei letzterer ist bis ins 14. Jahrhundert ein Goldgrund charakteristisch. Die Federzeichnungen waren meist skizzenhaft, Deckfarbenbilder entstanden in einem vielschichtigen Arbeitsvorgang, unter Beteiligung mehrerer Maler, meist als Ergebnis aus den Kloster-Schreibstuben.

Malschulen

Die Buchmalerei des Mittelalters entwickelte sich zunehmend auf der Basis von Aufträgen der Kaiser und Bischöfe, was eine hohe künstlerische Ausprägung förderte. Für die Illuminierung vor allem liturgischer Texte, also der Evangeliare, der Missale und Psalter, entstanden bedeutende Malschulen, z.B. unter Karl dem Großen in Aachen, Metz, Tours, Reims. Die Malschulen in Trier-Echternach, Hildesheim, Regensburg, Salzburg, Fulda, Köln und auf der Insel Reichenau sind

Auf dem Schloßberg in Quedlinburg präsentiert der Dom reiche mittelalterliche Vergangenheit. Bekannt ist der Quedlinburger Dom heute durch seinen Domschatz, zu dem das Adelheid-Evangeliar aus dem 10. Jahrhundert gehört.

auf die sächsischen Kaiser (Ottonen) zurückzuführen. Auf der Reichenau entstand ein ganz eigenständiger Stil. Man verzichtete auf einen Schauplatz, ließ die Figuren mehr expressiv in Beziehung treten. Das Ergebnis ist die Vernachlässigung der Realität zugunsten des geistigen Inhalts.

Eine danach häufiger aufkommende Aufnahme byzantinischer Einflüsse (über Italien) ist in allen europäischen Ländern zu verfolgen. Am Ende des 13. Jahrhunderts waren die Stilelemente der Gotik in die Buchmalerei fast aller westeuropäischen Länder vorgedrungen. Das Hauptelement spielt dabei eine realistische Darstellungsweise, die Wiedergabe von Perspektive, Landschaft, Stofflichkeit sowie reale Proportionen von Körperfigur und Raum. In der Gotik kamen auch weltliche Themen vor, etwa in der Großen Heidelberger („Manessischen") Liederhandschrift des frühen 14. Jahrhunderts mit ihren Turnierszenen und Porträts von Minnesängern. Die Höfe von Bourges, Dijon und Paris entwickelten sich um 1400 zu künstlerischen Hochburgen der Buchmalerei. Die Brüder von Limburg mit ihrem verfeinerten Stil und ihrer Realitätsnähe in der Darstellung von Landschaften und Bauten wirkten auf die Tafelmalerei. Mit dem Aufkommen des Buchdrucks und der Holzschnittillustrationen wurde die Buchmalerei dann allerdings zu teuer und unrentabel.

Evangeliare

Zu den eindrucksvollsten Werken mittelalterlicher Buchkunst gehören die lateinischen „Lesungsbücher" mit den Abschnitten aus den vier Evangelien für den Gottesdienst, die Evangeliare. Vor allem aus staufischer Zeit gibt es prächtige Exemplare mit silberner oder goldener Schrift auf purpurnem Grund, aufwendig geschmückt durch Illustrationen auf kostbarem Pergament und gebunden in edelsteinbesetzte und in Elfenbein gefasste Einbände. Man verwahrte die heiligen Texte in reich verzierten Kästen und legte die Bücher bei Hochämtern zum Zeichen der Anwesenheit Christi offen auf den Altar. In Prozessionen wurden sie mitgeführt, Kranken versuchte man durch Auflegen des Evangeliars Linderung zu verschaffen, bei Bischofsweihen berührte der Weihende den Kandidaten damit an Nacken und Schultern, um ihn in den Dienst Jesu zu nehmen, besonders feierliche Eide gewannen an Wirkung, wurden sie über einem solchen Buch geschworen.

Diese Buchmalerei stammt aus dem Codex Manesse, der berühmtesten deutschen Liederhandschrift des Mittelalters. Nach ihrem Aufbewahrungsort wird sie auch als Große Heidelberger Liederhandschrift bezeichnet. ▶

Der Aufruf zum Ersten Kreuzzug (1095)

In der zweiten Hälfte des 11. Jahrhunderts musste sich das Oströmische Reich schwerer Angriffe von Seiten der türkischen Seldschuken erwehren, die nach Kleinasien vordrangen. Wiederholt ergingen Hilferufe an die Christenheit im Westen. Papst Urban II. (1088–1099) nahm schließlich das Gesuch auf. Er dachte allerdings weiter als die Herrscher Ostroms.

Seit 1054 waren Ost- und Westkirche getrennt, innerhalb einer gemeinsamen militärischen Intervention des Abendlandes mochte die Wiedervereinigung der beiden Kirchen zu bewerkstelligen sein. Damit verbanden sich Vorstellungen von einem „gerechten Krieg“ gegen Glaubensfeinde. Man konnte auf die Erfahrungen der Reconquista, des Kampfes gegen die Mauren, der schon seit einigen Jahrzehnten auf der Iberischen Halbinsel in Gange war, zurückgreifen. Endzeitängste waren allgemein verbreitet, die Menschen fürchteten Gottes Zorn über die sündige Welt, das ließ die Bereitschaft zu Bußübungen und Wallfahrten gewaltig ansteigen. Hinzu kam die von der Kirche entwickelte Idee einer Friedensbewegung; die Energien der abendländischen Rit-

Die Miniatur aus dem 15. Jahrhundert illustriert das Konzil von Clermont unter dem Vorsitz von Papst Urban II. im Jahre 1095. Der Papst ruft zum Ersten Kreuzzug auf und findet Widerhall bei allen Schichten der Bevölkerung.

Muslime kämpfen gegen christliche Ritter. Miniatur aus einer französischen Kreuzzugschronik des 14. Jahrhunderts. Der kriegerische Zusammenprall von Ost und West auf dem historischen Boden Palästinas hinterließ ein Trauma, das bis zum heutigen Tag wirkt.

terschaft, die immer nur in Raufhändeln verpufften, sollten sinnvoll genutzt werden. Dies alles fasste Papst Urban II. zu einem Programm zusammen, dem Kreuzzug.

Befreiung des Heiligen Grabes

Vor allem aber wies er der Bewegung ein Ziel, ein Ziel, das jede Mühe lohnte: Jerusalem, Befreiung des Heiligen Grabes aus den Händen der Muslime. Zwar war deren Regiment dort keineswegs unerträglich, der Pilgerbetrieb funktionierte einigermaßen. Doch der Gedanke einer bewaffneten Wallfahrt ins Heilige Land hatte sich beim Papst und seiner Umgebung festgesetzt, und er war es, der zündete. Der Aufruf zum Kreuzzug, im November 1095 auf einer Synode in Clermont (Südfrankreich) formuliert, fand Widerhall bei allen Schichten des Volkes. Tausende nahmen das Kreuz, zum Zeichen dass sie bereit waren zum Glaubenskrieg. „Deus lo volt!“ Gott will es! Unter dieser Parole stand die Kreuzzugbewegung. Ritterheere machten sich genauso auf den Weg wie Bauernhaufen. Naive Frömmigkeit und Leidensfähigkeit mischten sich mit Abenteuerlust, Beutegier und Brutalität.

Im Juli 1099 eroberten die Kreuzfahrer Jerusalem, wobei sie ein ungeheures Blutbad anrichteten. Sie besetzten Palästina und Syrien und gründeten dort christliche Staaten, die teilweise zwei Jahrhunderte bestanden. Zum Schutz der Pilger und zur Verteidigung bildeten sich die Ritterorden der Templer, Johanniter und der Deutsche Orden.

Der Kreuzzug der Armen Leute

Während die Ritter fast ein Jahr für ihre Vorbereitungen brauchten, zogen die Volksmassen sofort los. Noch im Winter 1095/96 brachen sie von Frankreich und Deutschland auf: Wilde Scharen, kaum bewaffnet, Frauen und Kinder dabei, angeführt von Wanderpredigern wie Peter dem Einsiedler, der klein und hässlich war und eine schmutzige Kutte trug, aber mit einer überwältigenden Rednergabe ausgestattet war. Im Zug herrschte grenzenlose Begeisterung, die jederzeit in Hysterie und Aggression umschlagen konnte. So machten die Kreuzzügler bereits in den Städten am Rhein Jagd auf Juden. In Ungarn gerieten sie bei Plünderungen mit der einheimischen Bevölkerung aneinander. Der Kaiser von Ostrom, der die undisziplinierten Horden nicht in seinem Land haben wollte, ließ seine Polizeitruppen auf sie los. Immerhin schaffte es der größere Teil des Volkszuges noch an Konstantinopel vorbei. Doch auf türkischem Gebiet ereilte sie ihr Schicksal. Bei Civetot wurde der Kreuzzug der Armen Leute am 21. Oktober 1096 von einem türkischen Heer in einen Hinterhalt gelockt und vernichtet.

◀ Christliche Ritter erstürmen Jerusalem, französische Buchillustration von 1498. Die perspektivische Stauchung erlaubte dem Künstler stärkere Detaillierung des Geschehens in den Mauern der Stadt.

Peter von Amiens, auch genannt Peter der Einsiedler, ruft zum Kreuzzug auf, Farblithographie aus dem 19. Jahrhundert. ▶

Judenverfolgungen (11.–15. Jh.)

Im Frankenreich gab es zahlreiche jüdische Siedlungen, deren Geschichte bis in die Römerzeit zurückreichte. Juden waren vornehmlich im Handel tätig. Im Süden des Reiches erscheinen sie auch als Mediziner, Spediteure, Winzer und Bauern. Die jüdische Gemeindeorganisation war hochentwickelt, in vielem griff sie den kommunalen Strukturen vor, die die christlichen Nachbarn in den Städten erst später entwickelten, etwa in der Armenfürsorge, der Versorgung von Witwen und Waisen, in der Gerichtsbarkeit und im Bildungswesen. Man nimmt an, dass die Juden unter Merowingern und Karolingern den Christen rechtlich gleichgestellt waren.

Die Juden ziehen dem Papst zur Bestätigung ihrer Privilegien entgegen. Aus der Chronik des Konstanzer Konzils von Ulrich von Richental, um 1420. Staatlichen Schutz zu bekommen, war für die Juden des Mittelalters angesichts weit verbreiteter Feindschaft gegen sie stets von höchster Wichtigkeit.

Pogrome nach dem Kreuzzugsaufruf

Gefährdungen für die Juden bestanden dennoch. Die Judenfeindschaft des Mittelalters war allerdings nicht vergleichbar mit dem rassistischen Antisemitismus des 19. und 20. Jahrhunderts, sondern beruhte auf religiösen Vorurteilen. Im Zeitalter der Kreuzzüge kam sie zum offenen Ausbruch. Juden wurde der Gottesmord zur Last gelegt, und man verdächtigte sie, den Arabern bei der Eroberung der heiligen Stätten in Jerusalem geholfen zu haben. Nach dem Kreuzzugaufruf Papst Urbans II. (1095) setzten Pogrome ein. In Worms, Mainz, Köln und anderen Städten am Rhein kam es im Frühsommer 1096 zu Massakern (siehe Kasten). Besonders wütete dabei ein Haufen unter einem Ritter namens Emich von Leiningen. Er zog seine blutige Spur auch durch die Gettos von Regensburg und Prag und hätte die Plünderungs- und Mordaktionen wohl noch in Ungarn fortgesetzt, wenn ihn nicht ein Heer des ungarischen Königs auseinandergejagt hätte.

Mitte des 12. Jahrhunderts kam es in England zum ersten Fall eines „Ritualmordes“; den Juden wurde vorgeworfen, ein Christenkind zur Verhöhnung der Leiden Christi in ritueller Form umgebracht zu haben. Die Ritualmordbeschuldigung wie auch der Vorwurf des Hostienfrevels sollten bald zum ständigen Repertoire der Judenverfolger gehören.

Seit dem Laterankonzil von 1215, das den Juden Verbot des Handels und der Übernahme öffentlicher Ämter,

„Szene aus einem Massaker an Juden im Mittelalter". Gemälde von Vicente Cutanda y Toraya (1850-1925).

Kennzeichnung ihrer Kleidung und den Aufenthalt in bestimmten Wohngebieten (Gettos) auferlegte, verschlechterte sich ihre Lage weiter. Im Pogrom, das 1298 unter Führung eines Adligen namens Rindfleisch in Franken stattfand, kündigten sich die schrecklichen Verfolgungen an, die die Juden im nächsten Jahrhundert, dem Jahrhundert der Pest, erleiden sollten, als ihnen die Schuld am „Schwarzen Tod" von 1348–1350 zugeschoben wurde.

Massaker in Mainz

Eine zeitgenössische Chronik erzählt, wie die Kreuzfahrer im Frühjahr 1096 unter den Mainzer Juden wüteten: „Die Juden, die gemerkt hatten, dass sie den Händen dieser großen Menge nicht entrinnen könnten, flohen in der Hoffnung auf Rettung zum Bischof Ruthard und hofften alles von seinem Schutz, da er ja der Bischof der Stadt war. Der Bischof nahm eine ganz unerhörte Menge Geldes aus den Händen der Juden entgegen und legte es in sorgsame Verwahrung. Die Juden selbst versammelte er zum Schutz vor dem Grafen Emich und seinen Leuten im geräumigsten Saal seines Hauses. Aber Emich und seine ganze Schar hielten Rat, und bei Sonnenaufgang griffen sie mit Pfeilen und Lanzen die Juden im bischöflichen Saal an, brachen Riegel und Türen auf, überfielen die Juden, ungefähr siebenhundert an der Zahl, die vergebens dem Ansturm von so vielen Tausenden Widerstand zu leisten suchten, trieben sie heraus und machten sie alle nieder. Auf gleiche Weise schlachteten sie auch die Weiber ab. Und auch die zarten Kinder beiderlei Geschlechtes ließen sie über die Klinge springen."

Das Königreich Jerusalem (1099–1291)

Eine Woche nach der Einnahme Jerusalems durch die Kreuzfahrer wurde am 22. Juli 1099 das Königreich Jerusalem gegründet. Der erste gewählte Herrscher, Gottfried von Bouillon, lehnte den Königstitel ab, sein Nachfolger Balduin I. (1100–1118), nahm ihn an. Das neue Staatswesen umfasste zur Zeit seiner größten Ausdehnung (um 1153) ein Gebiet, das im Norden bis Beirut, im Süden bis Elat am Roten Meer reichte. Die Nordhälfte war eigentlich nur ein schmaler Streifen Küstenlandes, im Süden dagegen verbreiterte sich das von den Kreuzfahrern gehaltene Gebiet bis tief ins heutige Jordanien hinein. Zu den übrigen Kreuzfahrerstaaten, den Grafschaften Tripolis und Edessa und dem Fürstentum Antiochia, bestanden zeitweilig enge Bindungen.

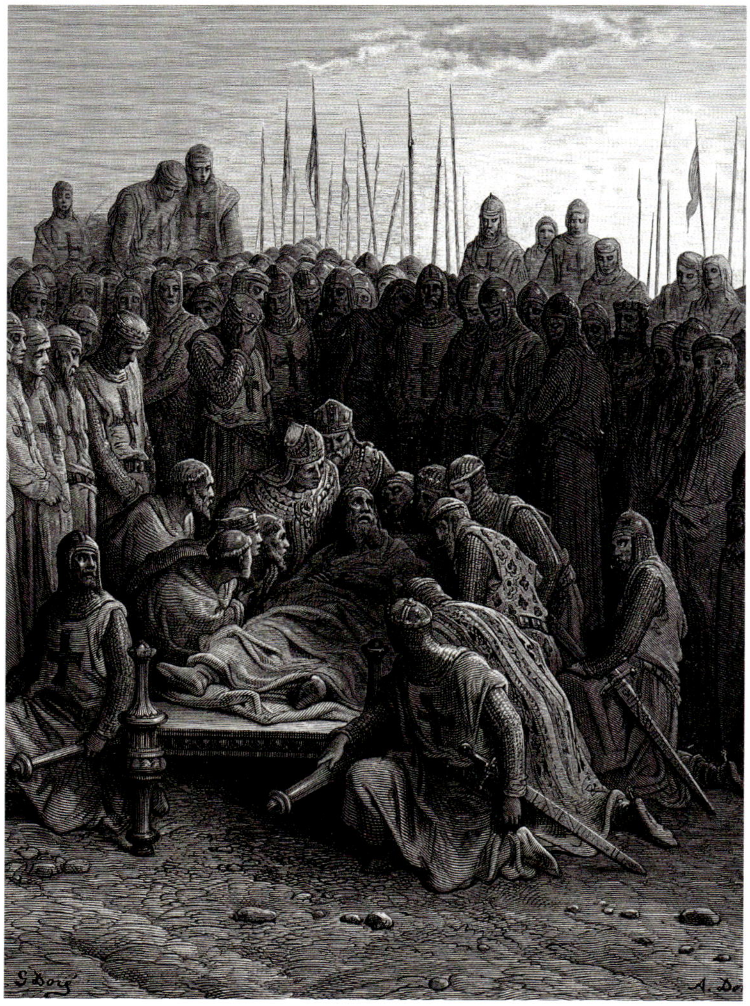

König Balduin I. stirbt während des Feldzugs nach Ägypten, Holzschnitt von A. Doms nach einer Zeichnung von Gustav Dore aus dem 19. Jahrhundert. Balduin I. (1058–1118) folgte im Jahre 1100 Gottfried von Bouillon als Herrscher des Königreichs Jerusalem. Im Gegensatz zu seinem Vorgänger nahm er den Königstitel an.

Einheimische Strukturen blieben

Die Kreuzfahrer machten nur wenig Anstrengungen, eigene Siedlungen zu gründen. In den Dörfern hielten sich meist die einheimischen Strukturen, ebenso die überkommene muslimische Fiskalverwaltung – nur lieferte diese jetzt Erträge und Abgaben bei den neuen Herren des Landes ab. In gleicher Weise verfuhren die „Franken", wie man sie im Morgenland nannte, in den Städten bei der Besteuerung von Handel und Gewerbe. „Outremer", Übersee, so der Begriff, mit dem die Kreuzfahrer ihre Lebensgemeinschaft im Heiligen Land bezeichneten, prägte die Einwanderer in eigener Weise. Sie passten sich an die Sitten und Gebräuche des Ostens an. Das veränderte Lebensgefühl schilderte einer von ihnen: „Wir, die wir Abendländer waren, sind Orientalen geworden. Wir haben schon unsere Geburtsorte vergessen; mehrere von uns wissen sie schon nicht mehr, oder wenigstens hören sie nicht mehr davon sprechen."

Der christliche Vorposten wirkte gleichwohl als Pfahl im Fleisch der muslimischen Nachbarstaaten. 1187 geriet das Königreich nach einer schweren Niederlage in der Schlacht von Hattin und der folgenden Eroberung Jerusalems durch Truppen unter Saladin an den Rand des Zusammenbruchs. Zwar konnten einige Küstengebiete zurückerobert werden, aber die alte territoriale

Am 22. Juli 1099 wird Gottfried von Bouillon zum ersten Herrscher des Königreichs Jerusalem gewählt. Stahlstich von L. Massard nach dem Gemälde von Federico Madrazo y Kuntz (1839), spätere Kolorierung.

Ausdehnung war nicht mehr zu erreichen, Jerusalem blieb verloren. Nur dank der Häfen, in denen der transasiatische Handel im 13. Jahrhundert eine Blüte erlebte, konnte das Königreich noch länger sein Dasein fristen. Erst die Offensiven der Mamelucken seit 1263 schnürten seine Lebensbedingungen immer weiter ein, 1291 verlor es mit Akkon seinen letzten Stützpunkt im Heiligen Land.

Der leprakranke König

Das kurze Leben des Königs Balduin IV. von Jerusalem war gezeichnet von der Lepra. Dabei stand gerade in seiner Regierungszeit (1177–1185) das Schicksal des Königreichs auf der Kippe. Es war die Zeit, da Sultan Saladin sich anschickte, die Kräfte der islamischen Welt für den Kampf gegen die Kreuzfahrer zu sammeln.

Die Schlacht von Montgisard, Gemälde von Charles Philippe Auguste Lariviere (1798–1876) aus dem 19. Jahrhundert. 1177 gelingt Balduin IV., bereits von Krankheit gezeichnet, der Sieg gegen die Armee des Sultans Saladin. 1185 stirbt König Balduin IV. an Lepra.

Die Grabeskirche in Jerusalem, 1149 geweiht, war in der Kreuzfahrerepoche das wichtigste Heiligtum der Christen. Der spätromanische Bau über der Hinrichtungsstätte und dem Grab Jesu blieb, wenn auch im 19. Jahrhundert durch Brand, unsachgemäße Renovierungen und Ausschmückungen beeinträchtigt, bis heute erhalten.

Überliefert ist ein Auftritt in der Ratsversammlung von Jerusalem: „Einem längst Verstorbenen gleich", entstellt von Geschwüren, erschien der königliche Jüngling unter den Baronen, die sich nicht auf Maßnahmen gegen den heranrückenden Saladin einigen konnten, und stauchte sie in einem ungeheuren Wutanfall zusammen. Persönlich führte er dann das Heer, dessen Kern aus nicht mehr als 500 Rittern bestand, gegen die Muslime. In der Schlacht von Montgisard im November 1177 kämpfte er in der vordersten Reihe und erfocht einen glänzenden Sieg. Zu Weihnachten 1182 befiel den König die Malaria; dadurch verstärkte sich auch die Lepra. Erblindet, kaum noch bewegungsfähig, hinter dichten Tüchern verborgen und von Pflegern umgeben, die zum Schutz gegen den grässlichen Gestank Essigmasken trugen, regierte der lebende Leichnam noch bis zu seinem Tod im März 1185.

Sultan Saladin (1137/38–1193)

Alexandria in Ägypten, im Frühjahr 1167. Die Stadt wird von den Christen belagert. Dem muslimischen Heerführer gelingt es, mit dem Großteil seiner Truppen aus der Stadt zu verschwinden. Zurück lässt er tausend Mann unter dem Befehl seines Neffen, eines Mannes von Ende zwanzig. Der zeigt sich der Lage gewachsen. Er verhindert die Erstürmung der Stadt, und in den Kampfpausen macht er Besuche beim Gegner. Zwischen den feindlichen Parteien entwickelt sich ein freundschaftlicher Verkehr mit Austausch von

Saladin-Denkmal vor der Zitadelle von Damaskus (Syrien). Der Sultan, der Ägypter und Syrer in einen gemeinsamen Kampf gegen die Kreuzfahrer führte, gewann durch seinen Sieg in der Schlacht von Hattin und die Einnahme Jerusalems 1187 hohes Ansehen in der islamischen Welt.

Eroberung von Jerusalem durch die Sarazenen unter Sultan Saladin am 2. Oktober 1187, französische Buchmalerei um 1400.

Geschenken und ausgedehnten Plauderstunden. Anfang August wird ein Waffenstillstand ausgehandelt, die tausend Mann Besatzung ziehen in guter Ordnung mit ihrem Kommandeur ab. Sein Name: Salah ed-Din Jusuf ibn Aijub – die Christen nennen ihn kurz Saladin.

Aufstieg in Damaskus

Als Heerführer stieg er in Diensten Nur ed-Dins, des Herrn von Damaskus auf. Dieser war wiederum zeitweilig mit den Ägyptern verbündet und unterstützte sie im Kampf gegen das christliche Königreich Jerusalem. Das gab Saladin Gelegenheit, seine Karriere in Ägypten fortzusetzen, wo er sich bald zum Herrn des Landes machte. Er beendete 1171 das schiitische Fatimiden-Kalifat und begründete die Dynastie der sunnitischen Aijubiden. Nach Nur ed-Dins Tod 1174 wagte er den Sprung zurück nach Damaskus und machte sich auch dort zum Herrn. Dadurch wurde die von den Kreuzfahrern immer gefürchtete Allianz zwischen Ägypten

Blick auf die Pharaoneninsel Gezira el Faraun unweit von Taba im Golf von Akaba im Roten Meer. Auf der kleinen, felsigen Insel befindet sich die renovierte Festung, die etwa 1170 von Sultan Saladin aus einer Kreuzritterburg ausgebaut wurde. ▶

Die Grabstätte des Sultans Saladin in Damaskus. Sein Mausoleum befindet sich unmittelbar vor der Umayyaden-Moschee im Zentrum der syrischen Hauptstadt.

und Syrien Wirklichkeit. 1183 gewann Saladin die Herrschaft über Aleppo und 1186 auch, wenigstens nominell, die über Mossul. Er kämpfte lange und mit wechselndem Erfolg gegen die Kreuzfahrer. 1187 glückte ihm der Sieg in der Entscheidungsschlacht von Hattin. Danach fiel fast das gesamte Königreich Jerusalem in seine Hand. Der Dritte Kreuzzug 1189–1192 machte einige der muslimischen Erfolge wieder zunichte. Doch war der Schlag, den Saladin der christlichen Sache versetzt hatte, unheilbar, und seine Folgen dauerten über den Tod des Sultans (1193) hinaus.

Saladins Bild ist nicht ohne Makel, der Weg zur Macht war auch bei ihm mit Intrigen, Verschwörungen und dem Beseitigen von Rivalen verbunden, und Kriegsverbrechen wie das Abschlachten von Gefangenen lud er sich gleichfalls auf. Aber es waren vermutlich die in vielen Quellen geschilderte, bestrickende Persönlichkeitswirkung und die Beispiele von Ritterlichkeit und unerwarteter Milde, die ihn vor anderen auszeichneten. Auf die Christen musste vor allem sein Verhalten bei der Eroberung Jerusalems 1187 sensationell wirken. Nachdem die Kreuzfahrer 1099 ihre Herrschaft dort mit einem ungeheuren Blutbad begonnen hatten, verzichtete der siegreiche Sultan darauf, es ihnen gleichzutun. Er schickte Militärstreifen aus, die dafür sorgten, dass niemand geschändet oder umgebracht wurde, und richtete ein „Auslösungs-Schatzamt" ein, das den Freikauf der christlichen Bewohner regelte.

THE
Decameron
CONTAINING
An hundred pleaſant
Nouels.
Wittily diſcourſed, betweene
ſeauen Honourable Ladies, and
three Noble Gentle-
men.
London, printed by
Iſaac Iaggard,
1620.

Englische Ausgabe der Novellensammlung „Decamerone" von Giovanni Boccaccio (1313–1375). In ihr findet Sultan Saladin ebenso Erwähnung wie in Voltaires „Geschichte der Kreuzzüge" oder Lessings „Nathan der Weise".

Der aufgeklärte Sultan

In der islamischen Welt gilt Saladin als einer der ganz Großen. Aber auch im Abendland wurde sein Andenken gepflegt. Im Gegensatz zum Zerrbild des blutrünstigen Muslimen erschien er in der Literatur bald als der „edle Heide". Schon in Boccaccios „Decamerone" (1348–1353) ist er der edle Fürst, der sich einem Gegner beugt, der ihm intellektuell überlegen ist. Im 18. Jahrhundert wurde er als aufgeklärter Monarch gefeiert, z.B. von Voltaire in seiner „Geschichte der Kreuzzüge" (1752), und so geht er auch, weltmännisch und wissbegierig, gütig und tolerant, durch die Handlung in Lessings Drama „Nathan der Weise" (1779). „Ich habe nie verlangt, dass allen Bäumen *eine* Rinde wachse", mit diesem Wort bringt er den Respekt gegenüber den Andersgläubigen auf den Punkt.

Hohes Mittelalter II

Eroberungskriege der weltlichen Herrscher prägten die Zeit des Hochmittelalters und die Kirche befeuerte den Kampf um die heiligen Stätte. Mit dem wachsenden Bedarf an Kämpfern für Reich und Glauben, entstand die Kultur des Rittertums

Blütezeit des Rittertums

Turniere mit blitzenden Waffen, zinnengekrönte Burgen, Helden, die auf Abenteuer ziehen, und schöne Frauen, für die Lieder gesungen werden – aller Zauber des Mittelalters wird wach, fällt das Wort „Ritter".

Zum Kampf erzogen

Unsere Vorstellung vom Mittelalter ist geprägt vom Bild des Ritters; er steht vielfach für den Menschen des Mittelalters überhaupt. Dabei handelte es sich nur um einen schmalen Ausschnitt der Gesellschaft, aber immerhin, im Hochmittelalter spielte diese dünne Schicht eine bedeutende Rolle, und die Ideale, die sie entwickelte, wirkten lange weiter.

Das Rittertum stammt aus dem Frankenreich, das für seine Eroberungskriege Männer brauchte, die nicht an den bäuerlichen Zyklus von Staat und Ernte gebunden waren. Die fränkischen Ritter ließen ihr Land von anderen bestellen und sie besaßen jeder soviel Land, dass sie von den Erträgen leben und ihre Ausrüstung bezahlen konnten. Militärisch trainiert und mit einem beträchtlichen Aggressionspotential ausgestattet, bildeten die Ritter allerdings auch immer wieder eine Gefahr für die gesellschaftliche Ordnung. Die Kirche versuchte ihre Raublust daher mit einer Friedensbewegung zu dämpfen. Als willkommene Ablenkung dienten die Kreuzzüge; hier kam die große Zeit des Rittertums, als Schützer der Schwachen und Kämpfer für den Glauben. Ritterorden wurden im Heiligen Land gegründet, Templer, Johanniter, Deutscher Orden. Sie verbanden mönchisches Leben mit militärischem Dienst. Die Orden entfalteten über die Kreuzzugepoche hinaus politische Wirksamkeit, die Templer als Finanziers der Könige, die Johanniter durch die Verteidigung des Mittelmeerraumes gegen die türkische Expansion, der Deutsche Orden durch seine Kolonisation des Preußenlandes.

Es entstand in dieser Zeit die uns heute so vertraute Kultur des Rittertums mit den ritualisierten Kampfspielen, dem Minnesang und der höfischen Epik, die ihren Stoff aus der alten Heldendichtung und dem Sagenkreis um König Artus nahm. Fahrende Sänger priesen die Frauenschönheiten des Zeitalters, in Eleonore von Aquitanien fanden sie ihr Idol. Die Herzogstochter, Gemahlin erst des französischen, dann des englischen Königs, präsidierte einem Musenhof, an dem gedichtet und musiziert und die Liebe als Gesellschaftsspiel getrieben wurde.

Die ritterliche Kultur des Mittelalters, die keineswegs nur in der Dichtung, sondern vor allem auch in den Lebensgewohnheiten und der menschlich-ethischen Haltung zum Ausdruck kommt, hat in den Grundgehalten und Formen abendländischen Charakter. Ihre Wiege waren die Höfe der großen französischen Herren, der Herzöge und Grafen, die die Ritterschaft der einzelnen Landschaften um sich versammelten. Sie prägten und entwickelten den ritterlichen Lebensstil, der auf das übrige Europa ausstrahlte. Die ethische Vertiefung des ritterlich-christlichen Gedankengutes gedieh jedoch nirgends so weit wie in Deutschland. Dem „Parzival“ Wolframs von Eschenbach, dem „Nibelungenlied“ eines anonymen bayerischen Klerikers, der Liebeslyrik und politischen Spruchdichtung Walthers von der Vogelweide hat das übrige Abendland nichts Gleichwertiges an die Seite zu stellen.

Barbarossa, Friedrich II. und Konradin

Ritterzeit war Stauferzeit, das deutsche Königsgeschlecht stellte einige der glänzendsten Figuren, von Friedrich Barbarossa, der noch als Greis beim Mainzer Pfingstfest in die Turnierschranken ritt, über Friedrich II., der seinen Hof in Palermo zum Kulturzentrum ausbaute, bis hin zu Konradin, der als Kind auszog, das Erbe seiner Väter anzutreten, und nach kurzer hoff-

Gefecht bei dem beide Ritter Lanze und Überschutz verlieren, kolorierter Holzschnitt von Hans Schäufelin aus dem 16. Jahrhundert. Das Ritterturnier mit dem ritualisierten Zweikampf war charakteristisch für die Kultur des Rittertums.

Bild vorherige Doppelseite:
Die Festung von Carcassonne beherbergte im 13. Jahrhundert die zentrale Verwaltung der Inquisition in Südfrankreich und ist heute eine der am besten erhaltenen Burganlagen in Europa.

nungsvoller Laufbahn auf dem Schafott in Neapel endete. Der Untergang des Heldenjünglings entzündete noch Jahrhunderte lang die Phantasie der Dichter.

Politisch allerdings war die Stauferzeit eher eine Zeit des verzweifelten Kampfes gegen Entwicklungen, die sich naturwüchsig vollzogen. Als Friedrich Barbarossa 1152 die Macht übernahm, war die Lage im Heiligen Römischen Reich in vieler Hinsicht völlig anders als zur Zeit Ottos I. Das Lehenswesen beherrschte bis in die letzten Verästelungen des staatlichen Aufbaus hinein das Bild, die partikularen Gewalten hatten an Sonderrechten und Beharrungsvermögen gewonnen, der Einfluss des Königs in der Lehenshierarchie war wesentlich geringer geworden als in der ottonischen Zeit. Schon aber gab es Anzeichen dafür, daß in der Entwicklung des Feudalsystems der Höhepunkt erreicht, ja sogar überschritten war. Mit dem Aufschwung der Städte, vor allem der oberitalienischen, mit denen sich Barbarossa in lange Kämpfe verstrickte, war eine neue politische Kraft ins Spiel gekommen, die der Vorstellungswelt des Lehenswesens konkurrierend gegenübertrat.

Städte gewinnen Selbständigkeit

Bevölkerungsvermehrung, Ausdehnung des Handels und Aufblühen der Gewerbe hingen eng zusammen. Weberei und Färberei florierten vor allem in Flandern, das Metallgewerbe blühte im niederländisch-niederrheinischen Raum. Waren dieser Gewerbe verlangten nach Ausdehnung des Handels. Export und Fernhandel gewerblicher Waren – daneben auch mit Wein, Gewürzen und Fischen – begannen seit dem 11. Jahrhundert eine größere Rolle zu spielen. Oberdeutschland, Italien und die Küstengebiete Nord- und Westeuropas zeigten die früheste Blüte handwerklicher und künstlerischer Betätigung.

Kaufleute und Handwerker schlossen sich in Gemeinschaften, Gilden und Zünften, zusammen und übernahmen das Regiment, der – zumeist bischöfliche – Stadtherr wurde an den Rand gedrängt. In den Städten lebte man frei, die Bindungen an den Grundherren galten hier nicht. Die Bürger regelten ihre Rechtsverhältnisse selbst, Aufzeichnungen der Stadtrechte wurden weiter verbreitet, sie wanderten mit, als von den Kolonisatoren im Rahmen der Ostsiedlung weitere Städte gegründet wurden. Den Städten gelang es, Selbständigkeit gegenüber den Fürstentümern in der Nachbarschaft zu wahren und Bündnisse mit anderen Städten einzugehen, am bedeutendsten wurde dabei der Bund, den norddeutsche Handelsstädte stifteten, die Hanse. Im Mittelmeer war es die Stadtrepublik Venedig, die zur Herrin eines großen Wirtschaftsraumes aufstieg.

Romanischer Stil

Die Baukunst blieb antiken Vorbildern verhaftet, die römische Basilika fand sich in den romanischen Hallenbauten wieder, ebenso die prächtigen Schauseiten der antiken Theater, von denen sich die Baumeister beim Bau von Kirchenfassaden inspirieren ließen. Der Skulpturenschmuck an den Fassaden wurde zu ganzen Bilderzählungen ausgeweitet, die Passion Christi, das Jüngste Gericht, Szenen aus dem Leben der Erzväter waren in Stein gehauen zu sehen – in einer Zeit, in der nur wenige schreiben und lesen konnten, das gegebene Medium für die religiöse Kommunikation.

In Deutschland wie im übrigen Abendland nördlich der Alpen zeigte die Baukunst den künstlerischen Schöpfungswillen der adligen Eigenkirche. In Deutschland aber war der romanische Kirchenbau darüber hinaus Ausdruck der deutschen Kaiseridee. An den großen Dombauten von Mainz, Speyer, Worms, Bamberg, Hildesheim und Magdeburg ist das besonders deutlich abzulesen.

Büste des Friedrich Barbarossa, Kaiser des Heiligen Römischen Reiches Deutscher Nation. Friedrich I. aus dem Geschlecht der Staufer galt schon zu Lebzeiten als Herrschergestalt von besonderem Rang. ▶

FRIEDRICH. I. BARBAROSSA.
KAISER.

Handelsrepublik Venedig

Auf den Laguneninseln an der Adriaküste zwischen Brenta und Piave hatte sich zu Römerzeiten ein Gemeinwesen gebildet, das gewisse Eigenständigkeiten gegenüber der Umwelt bewahrte. Während der langobardischen Landnahme im 6. Jahrhundert wurde Venedig Zufluchtsort für romanische Bevölkerungsgruppen des Festlandes. Die prekäre Randlage bewirkte eine Hinwendung der Venezianer zum Meer; sie verlegten sich auf den Seehandel.

Bereits in karolingischer Zeit nahm Venedig eine außerordentliche Stellung als Verbindungsschiene zwischen dem Abendland, Byzanz und der islamischen Welt ein. Nominell den Herrschern in Konstantinopel untertan, wussten die Venezianer ihre Autonomie immer umfassender auszubauen. Das gewählte Oberhaupt der Stadt, der Doge, übte sein Amt lebenslang aus, mehr und mehr allerdings kontrolliert vom „Rat der Weisen“ (später dem „Großen Rat“), in dem die einflussreichsten Familien vertreten waren. Weder vermochte das Lehenswesen in Venedig Fuß zu fassen, noch wurde dem Klerus gestattet, sich in öffentliche Fragen einzumischen. Macht und Reichtum Venedigs beruhten auf dem Handel, die Stadt hielt die Schifffahrt auf dem Po unter Kontrolle und hatte auch die Nachbarhäfen an der Adria von Ravenna bis Triest durch Verträge gebunden.

Führend im Bankwesen

Venedigs Hafen war nicht allein Stapel- und Umschlagplatz; in der Lagunenstadt gab es bedeutende Gewerbe, etwa Schiffbau, Textil- und Metallwesen und Glasproduktion sowie die Herstellung von Luxusgütern aller

Die Rösser an der Fassade von San Marco in Venedig gelten als Sinnbild für Stolz und Stärke der Inselrepublik. Dabei sind sie keine originale venezianische Schöpfung. Es handelt sich bei ihnen vielmehr um antike Kunstwerke, die früher in Konstantinopel standen und als Beutegut des Vierten Kreuzzuges 1204 in die Lagunenstadt gelangten.

Das Gemälde von Francesco Guardi (1712–1793) zeigt die Abfahrt der Bucintoro. Auf dem prachtvollen Staatsschiff, begleitet von einem prächtigen Gefolge, fuhr der Doge alljährlich hinaus aus dem Hafen, um sich mit dem Meer zu vermählen.

Art, so dass auch kräftig exportiert werden konnte. Ebenso war Venedig führend im Bankwesen, in den venezianischen Kontors gehörten bereits im Hochmittelalter bargeldloser Zahlungsverkehr und Wechselgeschäfte zum Alltag des Wirtschaftslebens. Vor allem durch die Kreuzzüge erhöhte sich der Zustrom von Kapital, vom Geschäft, das sich im Rahmen der bewaffneten Wallfahrt durch Pilgertransporte und Steigerung des Handelsverkehrs mit dem Orient entwickelte, schnitt sich Venedig ein bedeutendes Stück ab.

Die Hochzeit mit dem Meer

Venedig feierte seine Verbundenheit mit dem Meer alljährlich zu Himmelfahrt in einer symbolischen Handlung. Begleitet von einem prächtigen Gefolge bestieg der Doge das Staatsschiff „Bucintoro", eine prunkvoll ausgestattete Galeere, und fuhr hinaus zu seiner „Braut". Auf See vollzog der Doge dann die Vermählung, indem er mit den Worten „Wir ehelichen Dich, o unser Meer, zum Zeichen echter und dauerhafter Herrschaft" einen goldenen Ring ins Wasser warf. Der Brauch, in Venedig seit dem hohen Mittelalter gepflegt, kam erst nach dem Untergang der Stadtfreiheit 1797 aus der Übung.

Vormacht in der Levante

Beim Vierten Kreuzzug (1202–1204) übernahm Venedig sogar praktisch die Führung. Es nutzte die finanziellen und organisatorischen Probleme der Kreuzfahrer, die in der Lagunenstadt auf ihre Überfahrt warteten, um den ganzen Zug gegen Konstantinopel zu lenken, mit dem sich Venedig seit einem Massaker unter den Lateinern im Jahre 1182 nicht mehr im besten Einvernehmen befand. Die Etablierung eines sogenannten Lateinischen Kaiserreichs in Konstantinopel 1204 mehr oder weniger von Venedigs Gnaden machte die Seerepublik zur Vormacht in der Levante. Es begann die eigentliche Blütezeit Venedigs, die auch durch das Ende des Kaiserreichs 1261 und den Untergang der Kreuzfahrerherrschaft im Heiligen Land 30 Jahre später keinen Abbruch erfuhr. Noch für Jahrhunderte konnte die Handelsrepublik den östlichen Mittelmeerraum dominieren.

Burgenbau (11.–15. Jh.)

Im frühen Mittelalter war das Befestigungswesen nicht besonders weit entwickelt. Die hochragenden Türme und zinnengekrönten Mauern, mit denen sich heute die Vorstellung einer „Burg“ verbindet, gab es damals noch nicht. Man nutzte die befestigten Militärlager der Römer oder die großen Fluchtburgen aus der Zeit der Völkerwanderung, und das waren Bauwerke, die nur aus Gräben und Erdwällen bestanden, denen Holzpalisaden oder Mauern von geringer Höhe aufgesetzt waren. Eine technische Weiterentwicklung fand allenfalls auf dem Gebiet des Mauerbaus statt, indem zusätzlich zur Trockenbauweise (einfaches Aufeinanderschichten der Steine) und zur Holz-Erde-Technik (Sicherung des Walls mit Baumstämmen und Flechtwerk) eine Bauweise unter Verwendung von Mörtel (Verbindung der Mauersteine durch Kalkmörtel) eingeführt wurde.

Noch zu Beginn der Kreuzzugepoche hatte die Festungsarchitektur in Westeuropa keine besondere Höhe

Die normannische Burg in Rochester, England, wurde 1127 als Wehr- und Wohnturm (Donjon) erbaut.

erreicht. Es gab den normannischen Donjon, einen viereckigen steinernen Wehr- und Wohnturm, und es gab die sogenannte Motte, ein mit Mauern oder Palisaden umzäuntes Areal auf einem Hügel. Im Orient nun stießen die Kreuzfahrer auf die Zeugnisse einer wesentlich ausgefeilteren Festungsbaukunst, die von Römern und Byzantinern und schließlich auch von den arabisch-islamischen Eroberern entwickelt worden war. Sie machten sich deren Techniken sogleich zunutze. In der berühmten Krak des Chevaliers im heutigen Syrien dokumentiert sich die getreue Übernahme der beiden Hauptprinzipien des orientalischen Festungsbaus, Schutz der Mauern durch vorspringende Türme und Verdoppelung der Befestigungslinie. Die Erfahrungen der Kreuzfahrer wanderten zurück nach Europa und schufen dort die Grundlagen für eine Erneuerung der Militärarchitektur.

Die Burg Trifels bei Annweiler im Naturpark Pfälzerwald diente im Mittelalter oftmals als Staatsgefängnis, unter anderem wurde hier Richard I. Löwenherz gefangen gehalten.

Symbole der Herrschaft

Die Burgen wurden zu weithin sichtbar ragenden Symbolen für die gewachsene Macht des Adels. Burgherren setzten mit der Verlegung ihrer Residenzen aus Dörfern und Städten auf Bergrücken, Hügel und Inseln Zeichen für die von ihnen beanspruchte Besonderheit, ja Auserwähltheit zur Herrschaft. Meist wurden einzeln stehende Gipfel der Mittelgebirge, Spornlagen mit drei steil abfallenden Hangseiten, Felsvorsprünge, natürliche oder künstliche Inseln als Standorte gewählt. So uneinnehmbar manche Burgen mit ihren Doppelummauerungen, Pechnasen, Zinnen, Wehrgängen, Grabensystemen, Fallgittern und -brücken wirken – das Belagerungswesen entwickelte sich parallel zu ihnen weiter und ließ eine hundertprozentige Sicherheit nie zu, und als im Spätmittelalter die Feuerwaffen aufkamen, mit denen man Mauern und Türme in Schutt legen konnte, hatten die Burgenbauer den Wettlauf mit den Angreifern endgültig verloren.

Reichsburg Trifels

Erstmals 1081 erwähnt, gelangte die Höhenburg Trifels (bei Annweiler/Krs. Südl. Weinstraße) 1113 an Kaiser Heinrich V. 1125–1298 war sie (mit einigen Unterbrechungen) Aufbewahrungsort der Reichsinsignien. In staufischer Zeit ausgebaut, diente sie als Schatzkammer für den Hort der Normannen und die Lösegelder, die Kaiser Heinrich VI. eintrieb, und oftmals als Staatsgefängnis, unter anderem 1193/94 für den englischen König Richard I. Löwenherz und 1235 für Friedrichs II. meuternden Sohn Heinrich (VII). Im Dreißigjährigen Krieg fand die Bevölkerung der Umgebung Schutz hinter den dicken Mauern. Eingenommen wurde die Burg nie. 1662 suchte ein verheerender Brand das Bauwerk heim. Danach zu großen Teilen abgebrochen, wurde es seit 1935 stilgerecht wiederaufgebaut.

Krak des Chevaliers in Syrien ist die besterhaltene aller Kreuzfahrerburgen im Heiligen Land. Der konzentrische Bau des 13. Jahrhunderts mit dem doppelten Mauerring, den Rundtürmen und der überwölbten Eingangsrampe wurde vorbildlich für die spätere Festungsarchitektur in Westeuropa. ▶

Ernährung

Von Karl dem Großen ist überliefert, dass er einen guten Braten über alles schätzte. Der Frankenherrscher stand mit seiner Leidenschaft für Fleischgerichte keineswegs allein da, seine Zeitgenossen taten es ihm in dieser Hinsicht gleich. Das entsprach ihrem germanischen Erbteil. In Nord- und Mitteleuropa bezog man seine Nahrung ursprünglich nur aus der Jagd, dem Fischfang und der Haltung von Weidevieh. Eine gewisse Bedeutung scheint daneben der Gartenbau (Gemüse, Obst) gehabt zu haben, eine geringere der Getreideanbau, der auch nicht Brot lieferte, sondern Bier. Getreideprodukte waren dagegen Grundlage der Nahrung im Mittelmeerraum. Aus Weizen und Gerste wurden breiige und musige Speisen, später auch Brot

Die Miniatur aus dem 14. Jahrhundert illustriert die Zubereitung von Innereien.

hergestellt. Man trank Wein und benutzte zu Kochzwecken das Öl der Oliven. Die hauptsächlich vegetarische Ernährung wurde durch Tierprodukte (Fleisch, Milchprodukte, Fisch) ergänzt.

Kulturaustausch

Seit dem frühen Mittelalter fand ein Austausch zwischen den Kulturen statt, in der Weise, dass sich nördlich der Alpen Ernährungsgewohnheiten des Südens einbürgerten, wie man andererseits im Mittelmeergebiet auch manches von den Völkern Nord- und Mitteleuropas übernahm. Das Modell einer vielseitigen, „gemischten" Ernährung, zu der sowohl Getreideprodukte als auch Gemüse, Fleisch und Fisch gehören, entstand so aus der Begegnung und Verschmelzung der griechisch-römischen und der germanischen Zivilisation. Solange der Zugang zu den verschiedenen Nahrungsquellen noch kaum beschränkt war, unterschieden sich Arm und Reich nicht in dem, was bei ihnen auf den Tisch kam, sondern in der Menge, die verzehrt wurde.

Der Koch Wilhelm. Eine Illustration aus dem Hausbuch der Mendel-Landauerschen Zwölfbrüderstiftung in Nürnberg, 1475. Das offene Feuer war die Regel in der mittelalterlichen Küche.

Zugang zu den Naturvorräten

Von Überfluss konnte natürlich keine Rede sein, auch Hungersnöte kamen vor. Und mit der Zeit verengten sich auch die Möglichkeiten für die breiten Schichten der Bevölkerung, am Abwechslungsreichtum der Nahrung teil zu haben. Ursprünglich hatten alle auf die Jagd gehen, Fische fangen und die Früchte des Waldes sammeln dürfen. Diese Rechte wurden jedoch immer weiter beschnitten und kamen nur noch den Adligen zugute. In den Bauernkriegen des 16. Jahrhunderts stand die Wiederherstellung des alten Rechts auf freien Zugang zu den Vorräten der Natur ganz oben auf dem Forderungskatalog der Rebellen.

Rauschmittel

Das Europa des Mittelalters kannte zahlreiche Genuss-, Schmerz-, Schlaf- oder Betäubungsmittel, die sich bei entsprechender Dosierung auch zur Erzeugung von Rauschzuständen einsetzen ließen. Es gab seit alters her Wein und Bier sowie konkurrierende Getränke wie Met, Cidre und verschiedene Moste. Destillationsverfahren zur Herstellung von Branntwein wurden im 11./12. Jahrhundert entwickelt. Im Bier steckten teilweise ausgesprochen gefährliche Stoffe; mit Hopfen wurde erst im Spätmittelalter gebraut, bis dahin behalf man sich zur Stabilisierung mit narkotischen Drogen wie Gagel, Sumpfporst oder Bilsenkrautsamen (woran u.a. der Ortsname Pilsen erinnert). Arme-Leute-Rauschmittel waren die sogenannten Hexensalben. Diese bestanden aus Alkaloiddrogen, die sich in Feld und Wald sammeln ließen (z.B. Mohn, Eisenhut, Schierling, Tollkirsche). Im Orient trafen die Kreuzfahrer auf weitere Mittel, vor allem das aus Hanf gewonnene Haschisch. Zwar war der Hanf in Teilen Europas verbreitet, man nutzte ihn bei der Herstellung von Tauwerk, Säcken usw., aber nur die im Orient kultivierten Arten enthielten das Harz, aus dem sich Rauschmittel gewinnen ließen.

Germanisches gegen römisches Recht (seit dem 13. Jh.)

Für den Menschen des Mittelalters war das Recht etwas, das es immer schon gab. Gott hatte das Recht im Gewissen und im gesunden Menschenverstand und in den hergebrachten Gewohnheiten wachsen lassen, so die allgemeine Überzeugung. Bei allem Verlangen nach Ordnung, das einen Herrscher beseelen mochte, verstand er sich dennoch nicht eigentlich als Gesetzgeber, sondern höchstens als Richter und Schiedsrichter. Denn Gesetze wurden nicht gegeben, sondern gefunden. Und ging einer daran, die Gesetzgebung zu reformieren, wie es etwa Karl der Große mit seinen zahlreichen Verordnungen, den „Kapitularien" tat, dann schuf er keine neue Ordnung, sondern stellte nur die alte wieder her, die verdeckt und verdunkelt gewesen war. „Legem emendare", das Recht reinigen, war die Bezeichnung dafür.

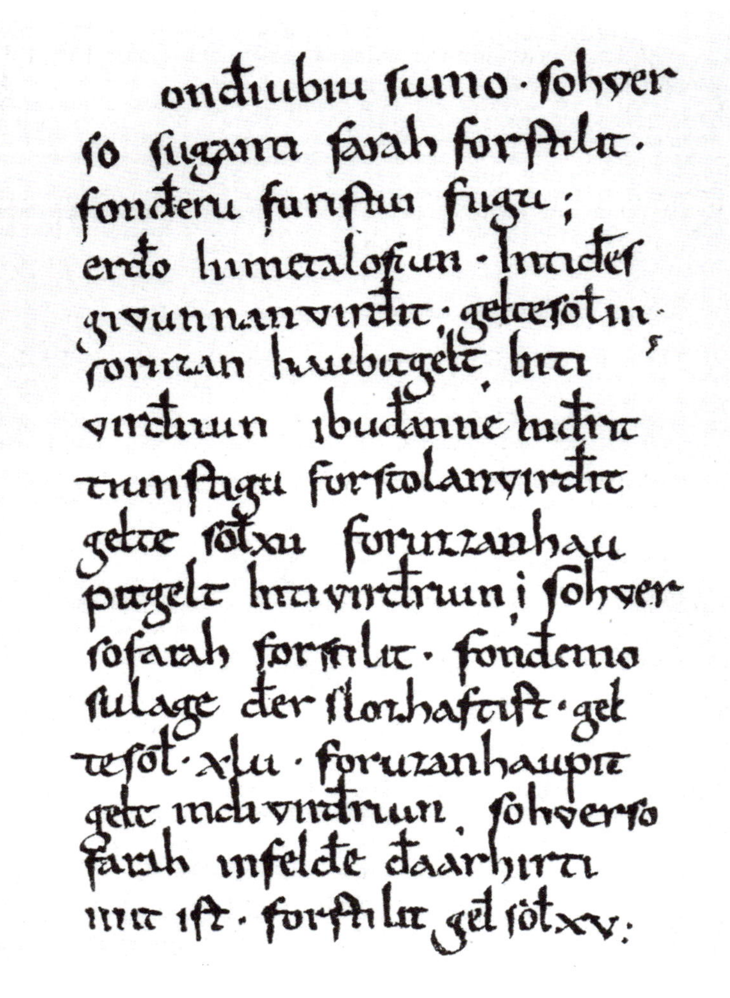

Mündliche Überlieferungen

Wenn Gesetze aufgeschrieben wurden, handelte es sich dabei nur um Gedächtnisstützen. So gibt sich das Volksrecht der Franken, die „Lex Salica", entstanden vermutlich zu Anfang des 6. Jahrhunderts, als Werk einer Handvoll kluger Männer aus, die auf mehreren Ratsversammlungen zusammengekommen seien, um die mündlichen Rechtsüberlieferungen ihres Volkes aufzuzeichnen.

Seit dem 13. Jahrhundert hielt jedoch das römische Recht Einzug in die gesetzgeberische Praxis. Es wurde sozusagen wiederentdeckt, nachdem es Jahrhunderte lang mehr oder weniger vergessen gewesen war. An der Universität von Bologna, später auch an französischen Hochschulen widmete man sich dem Studium der römischen Rechtsquellen, und im Laufe der Zeit drang dann die Lehre in die Praxis der Gerichte ein. Aus der natürlichen Ganzheit des Rechtsbewusstseins wurde die künstliche Welt des Rechtssystems, der „toten Buchstaben". Konnte früher eigentlich jeder Recht sprechen, der ein Gefühl für das Richtige und Rechte hatte, nahm sich nun der wissenschaftlich gebildete Berufsrichter der Sache an.

Textstück aus der Übersetzung eines Kapitulars vom Oktober 802. Das Volksrecht der Franken, *Lex Salica*, entstand vermutlich zu Anfang des 6. Jahrhunderts.

Die Illustrationen aus der Heidelberger Handschrift des Sachsenspiegels vom Anfang des 14. Jahrhunderts zeigen Szenen aus dem Rechtsleben: Burgherr als Ankläger; Burgherr bezahlt Fronboten; Landrechtsbruch durch Ritter; Verwüstung des Hauses; Geistlicher und Jude; Geißelung einer Frau

Die Burg Falkenstein zwischen Aschersleben und Harzgerode wurde zwischen 1120 und 1180 erbaut und seither mehrfach verändert. Zur Zeit von Fürst Heinrich von Anhalt verfasste Eike von Repgow hier nach 1220 den Sachsenspiegel, das erste deutsche Rechtsbuch.

Rechtsbücher und Stadtrechte

Es dauerte aber, bis sich das römische Recht durchgesetzt hatte. Nach Norddeutschland und den Niederlanden etwa gelangte es erst Ende des 15. Jahrhunderts, und Skandinavien blieb fast unberührt. Die Rechtsbücher und Stadtrechte, die seit dem 13. Jahrhundert in West- und Mitteleuropa geschaffen wurden, in Deutschland z.B. der Sachsenspiegel oder das bis nach Osteuropa ausstrahlende Magdeburger Stadtrecht, zeigen den Einfluss des römischen Rechts. Andererseits stehen sie durchaus noch in der alten Tradition, indem sie Gewohnheitsrechte aufzeichnen; nur dass diese jetzt nach den Prinzipien des gelehrten Rechts auslegbar wurden.

Der Sachsenspiegel

„Ich kann die Leute nicht grundsätzlich vernünftig machen, aber sie immerhin ihre Rechtspflichten lehren; möge mir Gott dabei helfen." Dieses schlichte Bekenntnis steht in der Vorrede zum Sachsenspiegel, dem bekanntesten deutschen Rechtsbuch des Mittelalters. Ein ostsächsischer Ritter namens Eike von Repgow, Berater und Lehensmann des Grafen Hoyer von Falkenstein, hat es zwischen 1220 und 1235 verfasst. Das Werk ist in einen landrechtlichen und einen lehnrechtlichen Teil gegliedert. Der – wichtigere – landrechtliche Teil behandelt in assoziativer Folge Themen des Verfassungs-, Prozess-, Straf-, Familien- und Vermögensrechts; sogar Ansätze zu einer Art Straßenverkehrsordnung sind zu finden. Der Sachsenspiegel diente als Vorlage für andere Rechtsbücher, z.B. den Schwabenspiegel (2. Hälfte des 13. Jh.), und besaß auch außerhalb des deutschen Sprachgebiets Geltung. In Thüringen und Anhalt blieb er bis zur Einführung des Bürgerlichen Gesetzbuches am 1. Januar 1900 in Kraft.

Ein Relief für den Rechtsgelehrten Eike von Repgow (1180–1234) an der Kirche von Reppichau (Kreis Anhalt-Bitterfeld), dem 480 Einwohner zählenden Geburtsort des ostsächsischen Ritters. ▶

EIKE VON REPGOW
KAMPFER FUR DEUTSCHES RECHT UND FREIHEI
SCHOPFER VON SACHSENSPIEGEL UND WELTCHRONIK
SACHSEN SPIEGEL
1234 — 1934

Die Ostsiedlung (12./13. Jh.)

Die Besiedlung und wirtschaftlich-kulturelle Durchdringung der von den Germanen in der Völkerwanderung aufgegebenen und an die Slawen gefallenen Ostgebiete spielt in der deutschen Geschichte eine bedeutende Rolle. Ihre Hauptphase fällt ins 12./13. Jahrhundert, in die Stauferzeit – ohne dass allerdings die Staufer viel dazu taten, wie auch sonst das Königtum insgesamt wenig Einfluss nahm. Das Kolonisationswerk trugen andere: Mönche, Ritter, Bauern, Händler und Bergleute.

Marken und Missionsgebiete

Die Anfänge der Ostsiedlung datieren in die Epoche der Karolinger. Nach dem Sieg über die Awaren (796) schob sich die bayerische Siedlung bis zur Theiß vor. Vom Erzbistum Salzburg aus wurde die Mission vorangetrieben. Gegen die Slawen wurde ein Grenzsicherungssystem, die Marken, geschaffen. Diese reichten von der Ostsee bis an den Böhmerwald, eine eigentliche Kolonisation fand in ihnen aber noch nicht statt. Unter den Ottonen gab es weitere Expansion, unter anderem wurden die Bistümer Brandenburg und Havelberg (948) im Slawengebiet gegründet, doch machte der große Slawenaufstand 983 alles wieder zunichte.

Erst im 12. Jahrhundert setzte eine neue Welle der Siedlungsbewegung ein. Drei Fürstenhäuser übernahmen dabei die Führung: die Schauenburger, denen die

Die Kirchenburg Kleinschenk (heutiges Cincșor) in Siebenbürgen (Rumänien). Die Siedlungen der Deutschen waren zum Schutz gegen die Türkengefahr mit Befestigungsanlagen versehen. Dabei bildete sich die spezielle Form der Kirchenburg heraus. Noch heute sind ca. 150 solcher Burgen erhalten.

„Konrad von Hohenstaufen nimmt das Kreuz". Aquatintaradierung von Wilhelm Nilson nach Martin Disteli (1802–1844). Kaiser Konrad III. entschließt sich 1146 auf Drängen Bernards von Clairvaux zum Kreuzzug.

Grafschaft Holstein übertragen wurde, die Wettiner, die die Mark Meißen und Lausitz erhielten, und die Askanier, die mit der Nordmark belehnt wurden, die sie unter Albrecht dem Bären zur Mark Brandenburg ausweiten konnten. Heinrich der Löwe besiegte 1160 die slawischen Obotriten und verlegte das Bistum Mecklenburg nach Schwerin, Mitte des 13. Jahrhunderts war Mecklenburg überwiegend deutsch. In Pommern förderten die Herzöge deutsche Siedlungen und Städtegründungen, ebenso geschah dies in Schlesien und in Ungarn, wo sich Bauern aus dem Moselgebiet in Siebenbürgen ansiedelten.

Vorrechte gegenüber den Slawen

Zumeist erfolgte die Kolonisation nach vertraglicher Landübergabe und ohne dass die Bevölkerung drangsaliert wurde. Siedlungsunternehmer („Lokatoren") organisierten den Zuzug der Siedler und die Landverteilung. Die Siedler, unter denen nahezu alle nordwest- und mitteldeutschen Stämme vertreten waren, genossen gegenüber den slawischen Einwohnern eine bevorzugte Rechtsstellung. Neben dem Bevölkerungsüberschuss in der Heimat war dies das zweite Motiv, das die Menschen dazu bewog, in den Osten zu ziehen.

Die Unterschiede zwischen Kolonisten und Einheimischen ebneten sich aber im Lauf der Zeit ein. Anders verlief die Kolonisation des Deutschen Ordens in Preußen. Hier wurden die slawischen Preußen mit Gewalt unterworfen und zwangsbekehrt.

Der Wendenkreuzzug

Im Jahr 1147, zur selben Zeit da Deutschlands König Konrad III. zum Zweiten Kreuzzug nach Jerusalem aufbrach, gingen Norddeutschlands Fürsten eigene Wege. Sie folgten einem Aufruf des großen Predigers Bernhard von Clairvaux, gegen die Heiden im Osten zu ziehen. Als Wendenkreuzzug ist das Unternehmen bekannt – wobei der Name nicht ganz zutrifft; „Wenden" war damals die allgemeine Bezeichnung für Slawen, der Feldzug ging aber nur gegen die elbslawischen Stämme der Obotriten und Liutizen. Papst Eugen III. gab dem Kreuzzug seinen Segen, milderte aber Bernhards blutrünstiges Programm ab (dieser hatte die Parole „Vernichtung oder Bekehrung" ausgegeben) und setzte als Ziel nicht Ausrottung, sondern Mission. Die militärischen Operationen waren wenig erfolgreich. Nach Erhalt formaler Christianisierungszusagen zogen sich die Kreuzheere wieder zurück.

Die Kirchenbaukunst der Romanik (11.–13. Jh.)

Der Dom von Speyer (rechts), zwischen 1030 und 1106 errichtet, ist eine der großen romanischen Kirchen, in denen Macht und Größe des Reiches sinnfällig verkörpert wurden und gehört zu den bedeutendsten Baudenkmälern der Romanik. Blick in die 1041 geweihte Krypta (unten), die größte romanische Säulenhalle Europas.

Das 11. und das 12. Jahrhundert gelten als die Zeit des romanischen Stils in der abendländischen Kunst. Allerdings mit regionalen Unterschieden. In Deutschland hielt sich die Romanik noch bis weit ins 13. Jahrhundert hinein, während in Frankreich schon im letzten Drittel des 12. Jahrhunderts sich die Gotik ausbreitete. Von städtischer Architektur der Romanik blieb wenig übrig. Mehr schon von den Bauten, die sich der Adel und das Königtum errichteten, den Burgen und Regierungssitzen, die man in Deutschland Pfalzen nannte. Ihre eigentliche Domäne aber war der Sakralbau. Kirchen und Klöster im romanischen Stil finden sich überall in Europa.

Geistliche Bauherren

Mönchsorden waren die Bauherren, und Mönche zunächst auch die Baumeister und Arbeiter. Erst gegen Ende des 11. Jahrhunderts bildeten sich Genossenschaften von Laien-Steinmetzen, Baumeister und Bildhauer zugleich, die von einem Ort zum anderen zogen. Sie waren die Vorläufer der Bauhütten des Spätmittelalters. Das Material für ihre Werke bezogen die Kirchenbauer zumeist aus Steinbrüchen in der Umgebung, große Transporte über lange Strecken waren unter den damaligen Bedingungen schwer durchzuführen. Die Bearbeitung der Steine war dem einzelnen Meister überlassen, so zeigen dann auch die Bauten nichts Genormtes, alle Bauteile sind individuell ausgestaltet.

Die romanischen Kirchen entwickelten die alte Basilika weiter. Die mehrschiffige Markthalle der Antike hatte den frühen Christen als Versammlungsort gedient und war die gegebene Form für das Gotteshaus auch späterer Jahrhunderte. Zu den drei oder auch fünf Langschiffen kamen noch ein oder zwei Querschiffe hinzu, im Ostteil wurde ein besonderer Bereich als Chor abgetrennt, der von halbrunden Nischen, den Apsiden umgeben war. An der Westseite standen Türme, oft paarweise, mit einer sorgfältig ausgestalteten Fassade dazwischen. Hier war auch der Ort, an dem die Werke der romanischen Bauplastik vornehmlich ihren Platz fanden.

Man übernahm für die Bedachung der Gebäude zunächst auch die Holzdecke der römischen Basilika; sie erforderte wegen ihres geringen Gewichts keine besonders starken Mauern. Anders wurde es, als Tonnengewölbe für das Mittelschiff aufkamen; ihr Seitenschub musste durch massivere Mauern und Kreuzgewölbe in den Seitenschiffen aufgefangen werden. Fenster – mit den für die Romanik typischen Rundbogen – konnten da nur sparsam gesetzt werden, mit der Folge, dass diese Kirchen im Innern recht dunkel waren. Erst mit der Erhöhung des Mittelschiffs und der Einführung von Spitzgewölben ließ sich das Problem lösen; die Kirchen bekamen ihr Licht durch Fenster in der „oberen Etage".

Kaiserdome am Rhein

Zu den schönsten und eindrucksvollsten romanischen Kirchenbauten zählen diejenigen, die deutsche Kaiser als Bauherren hatten. Ihr Zweck war, Grabstätten der Monarchen aufzunehmen. Darüber hinaus aber sollten sie Macht und Größe des Reiches repräsentieren. Das wurde erreicht durch gewaltige Abmessungen, die Anwendung modernster Baugedanken und die prächtige Ausstattung, die den Bauten triumphalen Charakter verliehen. Der Magdeburger Dom Ottos des Großen und der Bamberger Dom Kaiser Heinrichs II. wären hier als erste zu nennen. Dennoch haben sich dem allgemeinen Bewusstsein nur drei in Städten am Rhein errichtete Kirchen als „Kaiserdome" eingeprägt: der um 1030 begonnene und um 1106 vollendete Dom von Speyer, in dessen Krypta acht Könige bzw. Kaiser und drei Kaiserinnen ruhen, sowie die Dome von Mainz (nach 1100 errichtet) und Worms (1171–1230).

Der Petersdom in Worms, unter Bischof Burchard von Worms erbaut, ist der kleinste der drei Kaiserdome am Rhein.

▲ Skulpturen von Kunigunde und König Heinrich an der Adamspforte am Bamberger Dom. Kaiser Heinrich II. ließ den Dom von 1004 bis 1012 als Grabstätte für sich und seine Frau errichten.

Blick auf den gewaltigen Dom zu Mainz. Erzbischof Willigis legte 975 den Grundstein zu den im Laufe der Jahrhunderte immer wieder von Bränden heimgesuchten Gotteshaus. Der zu den Kaiserdomen zählende Bau ist in seiner heutigen Form eine dreischiffige romanische Säulenbasilika, die in ihren Anbauten sowohl romanische als auch gotische und barocke Elemente aufweist. ▶

Das Rittertum

Zahlreiche zeitgenössische Darstellungen bewahren sein Erscheinungsbild: Hoch zu Ross, bewaffnet mit Schwert und Lanze, geschützt durch Panzer, Helm und Schild, so zieht der Ritter in den Kampf. Die Bildnisse verschweigen zumeist das Hilfspersonal, den Knappen, der dem Ritter unentbehrliche Dienste als Waffenträger und Helfer im Kampf leistete und die Pferde betreute, von denen der Ritter mehrere besaß, ein Streitross für die Schlacht, ein Marschpferd, das Pferd des Knappen und womöglich noch eines für den Transport der Ausrüstung.

Das Rittertum war im Frankenreich aus der Notwendigkeit entstanden, längere und größere Kriegszüge zu führen, für die das Volksheer mit seinen bäuerlichen, an die Zyklen von Saat und Ernte gebundenen Aufgeboten nicht mehr in Frage kam. Bereits unter Karl dem Großen gab es die Verordnung, dass nur wer ausreichend Grundbesitz hatte (den er von anderen bewirtschaften lassen konnte) auch zum Heeresdienst ausrücken sollte. Mit dem Bevölkerungswachstum des 10. Jahrhunderts verbreiterte sich diese Kriegerschicht. Zugang gewannen nun auch die sogenannten Ministerialen, ehemalige Unfreie, die ein Amtslehen besaßen und damit den gesellschaftlichen Aufstieg einleiteten.

Ventil für die Rauflust

Eine ganz und gar auf den Kampf eingestellte Gruppe war nicht leicht zu integrieren, die Rauflust der Ritter

◀ Italienische Ritter des 15. Jahrhunderts, Ausschnitt aus dem Relief von Francesco Laurana (um 1420/25–1501) am Triumphbogen vom Castel Nuovo in Neapel.

Ritter in voller Montur, Reiterbildnis des deutschen Kaisers Maximilian I. (1459–1519), Holzschnitt mit zwei Platten von Jost de Negker, nach einem Holzschnitt von Hans Burgkmair, aus dem Kupferstichkabinett in Berlin. ▶

IMP·CAES·MAXIMIL·AVG
1518
H·BVRGKMAIR

Herr Walter von Klingen besiegt einen Gegner beim Turnier. Aus der Großen Heidelberger oder Manessischen Liederhandschrift. Im Angesicht schöner Damen eine Lanze zu brechen gehörte zu den vornehmsten Vergnügungen der ritterlichen Welt.

barg ein ständiges Gefahrenpotential für die gesellschaftliche Ordnung. Dem begegnete die Kirche mit einer Friedensbewegung, die das Fehdewesen einzuschränken suchte und den Rittern neue Aufgaben zuwies. Die Kreuzzüge boten da die besten Möglichkeiten, im Kampf um die heiligen Stätten des Christentums gewann das Rittertum seine eigentliche Ausprägung. Hier bildete sich das Ideal des christlichen Ritters, des Beschützers der Schwachen und des Streiters für den Glauben, heraus. Es fand seinen reinsten Ausdruck in den geistlichen Ritterorden, die im 12. Jahrhundert im Heiligen Land gegründet wurden.

In dieser Zeit entwickelte das Rittertum auch seine charakteristische Kultur, sowohl das stark ritualisierte Kampfspiel des Turniers mit dem Schaugepränge, das darum entfaltet wurde, als auch eine Gesellschaftsdichtung, die der abendländischen Literatur den Minnesang und die großen Epen, zeitgemäße Umgestaltungen alter Sagenstoffe, schenkte. Die ökonomischen Veränderungen im Spätmittelalter (Ablösung der Naturalwirtschaft durch die Geldwirtschaft) und die Neuerungen im Kriegswesen (zunehmende Verwendung von Söldnerheeren und Einführung der Feuerwaffen) entzogen dem Rittertum die wirtschaftliche und militärische Basis. Seine Ideale aber lebten fort, „Ritterlichkeit" wurde zu einer Wertvorstellung, die der hohe Adel so gut wie das Bürgertum pflegen konnte.

Das Nibelungenlied

„Uns ist in alten mæren wunders vil geseit . . ." Das Nibelungenlied, entstanden um 1200 vermutlich im Raum Passau, nimmt altgermanische Heldensagen von Siegfried dem Drachentöter, von der Walküre Brünhild und von Dietrich von Bern auf, Geschichten, in denen dunkle Mächte, Schuld, Verhängnis und Rache, eine bedeutende Rolle spielen. Im Mittelpunkt steht die burgundische Königstochter Kriemhild, die nach der Ermordung ihres Mannes Siegfried ihr ganzes Leben nur noch unter den Zweck stellt, den Mörder zur Strecke zu bringen. Über diesem archaischen Untergrund aber erhebt sich die Welt des hochmittelalterlichen Rittertums in glänzender Fülle. Liebevoll sind die höfischen Bräuche, der Minnedienst, die Kampfspiele, die Landpartien und Jagden geschildert.

Kriemhild wird zu Etzel geführt. Szene aus dem Nibelungenlied, das die Welt des hochmittelalterlichen Rittertums in glänzender Fülle schildert. Miniatur aus dem 15. Jahrhundert.

Friedrich I. Barbarossa (1122–1190)

In einer Höhle tief im Berg schlummert der Kaiser. Er sitzt auf einem Stuhl aus Elfenbein an einem Marmortisch, sein Bart ist durch die Tischplatte gewachsen. Um ihn herum liegen schlafend seine Ritter. Raben fliegen um den Berg. Aber wenn sie einmal nicht mehr fliegen, ist die Zeit gekommen. Dann steht der Kaiser auf und mit ihm seine Mannen. Sie verlassen den Berg

Der schlafende Kaiser im Kyffhäuser nach dem Gedicht von Friedrich Rückert, Farbdruck nach einer Zeichnung von Franz Stassen (1869–1949).

◀ Idealisiertes Porträt des Stauferkaisers Friedrich I. Barbarossa auf dem Cappenberger Reliquiar. Der Rotbart galt schon seinen Zeitgenossen als Vorbild ritterlicher Gesinnung und Erneuerer des Reiches.

und stellen des Reiches Herrlichkeit wieder her. Das ist die Sage vom Kyffhäuser. Jahrhunderte geisterte sie durch Deutschland, bis ihr Dichter wie Friedrich Rückert (1788–1866) die klassische Form gaben. Mit dem Sagen-Kaiser ist Friedrich I. Barbarossa aus dem Geschlecht der Staufer gemeint. Der „Rotbart" galt schon den Zeitgenossen als eine Herrschergestalt von besonderem Rang. 1152 zum deutschen König gewählt, erweiterte er seine schwäbischen Stammlande durch Kauf und Erbschaft. Seine Hochzeit mit Beatrix von

Burgund brachte ihm großen Besitz jenseits des Rheins bis hinunter ins Rhonedelta.

Mehrmals zog er nach Italien, zum ersten Mal, um sich (1155) zum Kaiser krönen zu lassen, danach, um die Macht der lombardischen Städte zu brechen. Dort hatten sich Handel und Gewerbe mächtig entwickelt und im Verein damit ein selbstbewusstes Bürgertum, das von den alten „Regalien", den Rechten der deutschen Könige nichts mehr wissen wollte. Die Kämpfe wurden mit entsetzlicher Grausamkeit geführt, ganze Landstriche wurden entvölkert, das blühende Mailand in Schutt gelegt. Aber auch Friedrich Barbarossa erlitt Niederlagen, so in der Schlacht von Legnano 1176. Erst 1183 konnte im Frieden von Konstanz der Kampf mit den lombardischen Städten beendet werden. Sechs Jahre zuvor hatte im Frieden von Venedig (1177) auch die alte Auseinandersetzung zwischen Kaiser und Papst um die Frage, wer von wem abhängig sei, ihr vorläufiges Ende gefunden.

Tod auf dem Kreuzzug

Friedrich hatte bereits 1147–1149 an einem Kreuzzug teilgenommen. Im Alter trieb es ihn noch einmal ins Heilige Land. 1189 brach er an der Spitze eines wohlgeordneten Heeres auf, um das 1187 verloren gegangene Jerusalem zurückzuerobern. Ein guter Stern schien über dem Unternehmen zu stehen, bis in die Türkei hinein verlief der Marsch ohne Zwischenfälle. Dann aber ereignete sich das tragische Unglück: Friedrich ertrank beim Baden im Fluss Saleph. Die Hälfte des Heeres kehrte daraufhin um. Die übrigen führte Barbarossas Sohn Friedrich V. von Schwaben mehr schlecht

„Die Schlacht bei Legnano". Gemälde (1860) von Amos Cassioli (1832–1891). Am 29. Mai 1176 fügt der lombardische Städtebund Friedrich I. eine herbe Niederlage zu. Erst 1183 konnte der Kaiser den Kampf mit den lombardischen Städten beenden.

Die Buchminiatur (um 1180) zeigt Kaiser Friedrich I. umgeben von seinen Söhnen König Heinrich VI. (Kaiser 1191–97) und Herzog Friedrich V. von Schwaben. Aus Anlass der Schwertleite seiner beiden Söhne, richtete Friedrich I. in Mainz ein großes Fest aus, zu dem mehr als 40 000 Menschen aus allen Teilen des Reiches angereist sein sollen.

als recht noch bis nach Palästina, wo sie indes wenig ausrichteten. Jerusalem sah niemand von ihnen.

Mainzer Pfingstfest

Ein Höhepunkt der Regierungszeit Friedrich I. Barbarossas war das Pfingstfest in Mainz 1184. Eine beeindruckende Anzahl von geistlichen und weltlichen Fürsten war versammelt, selbst aus Italien, Frankreich, Ungarn und Spanien waren Ritter gekommen. Insgesamt sollen 40 000 Menschen zum Fest „Ohnegleichen", wie ein Chronist sagt, nach Mainz geströmt sein. Zu ihrer Unterbringung errichtete man auf dem rechten Rheinufer gegenüber der Stadt eine riesige Zeltstadt. Der Kaiser zeigte sich als spendabler Gastgeber, riesige Mengen an Geflügel, Schlachtvieh, Brot und Wein standen bereit. Der Anlass des Festes war die Schwertleite, das heißt die Mündigkeit und Waffenfähigkeit der Kaisersöhne Heinrich VI. und Friedrich V. von Schwaben. Diese wurde am zweiten Tag feierlich vollzogen; die Jünglinge zeigten ihr Können in der Führung von Schwert und Lanze, danach zog man in die Kirche, wo Friedrich und Heinrich das Rittergelübde ablegten und ihre Ritterschwerter empfingen.

Eleonore von Aquitanien (um 1122–1204)

Minnesänger und Troubadours feierten sie in glühenden Versen. Eleonore von Aquitanien, geboren um 1122, heiratete 1137 Ludwig VII. von Frankreich, dem sie ein wirtschaftlich hochentwickeltes Herzogtum mit in die Ehe brachte. Als ihr Gatte 1146 das Kreuzzuggelübde ablegte, schloss sie sich an. Während der König eine religiöse Verpflichtung darin sah, war es bei ihr wohl Abenteuerlust. Sie mobilisierte die Ritterschaft ihres westfranzösischen Erblandes, ließ ungeheure Mengen fürstlichen Hausrats auf Wagen verladen und

Die Miniatur aus dem 13. Jahrhundert zeigt Heinrich II. (1133–1189), König von England, und seine Ehefrau Eleonore von Aquitanien zusammen mit ihren Söhnen Heinrich, Richard und Johann. Eleonore unterstützte ihre Söhne bei der Rebellion gegen den Vater, worauf sie vom König unter ständige Beobachtung gestellt wurde.

◀ „Hochzeit Ludwigs VII. mit Eleonore von Aquitanien / Aufbruch zum 2. Kreuzzug 1147", französische Buchmalerei aus dem 14. Jahrhundert.

zog mit in den Kreuzzug. Die Strapazen des Marsches ertrug sie locker, sie ließ es sich auch nicht nehmen, immer vorneweg zu reiten, egal welche Gefahren da lauern mochten. In Syrien begegnete sie ihrem Onkel Raimund von Poitiers, der Fürst von Antiochia geworden war, ein lärmender, immer gutgelaunter Landsknecht, ganz anders als ihr frömmelnder Gatte. Klatschmäuler sagten ihr sofort ein Liebesverhältnis mit dem Haudegen nach. Es kam auch zum Bruch mit Ludwig, allerdings nur über strategische Fragen: Ludwig befolgte die Vorschläge des Landeskenners Raimund nicht. Eleonores brüchige Ehe wurde 1152 geschieden. Noch im selben Jahr heiratete sie Heinrich von Plantagenet, der 1154 als Heinrich II. den englischen Thron bestieg. Die fahrenden Sänger priesen nun die Schönheit der „künegin von engellant“, und einer aus der Zunft verstieg sich in seiner Huldigung an Eleonore gar zu dem wilden Versprechen:

Wäre die ganze Welt mein
von dem Meer bis an den Rhein,
ich wollte gern darauf verzichten,
wenn nur die Königin von Engelland
in meinen Armen läge

Leidenschaft Politik

In ihrer zweiten Ehe brachte Eleonore acht Kinder zur Welt, zusätzlich zu den beiden, die sie von ihrem ersten Mann hatte. Die Ehe mit Heinrich ging 1173 in die Brüche. Grund des Zerwürfnisses war vielleicht ein ehebrecherisches Verhältnis, das ihr Mann mit einer Frau namens Rosamund unterhielt, eher aber wohl die Politik, von der Eleonore nicht lassen konnte: Sie beteiligte sich an einer Revolte der Söhne gegen den Vater. Das trug ihr eine Art Dauerbewachung durch Beauftragte des Königs ein. Nach Heinrichs Tod 1189 und dem Regierungsantritt ihres Sohnes Richard kehrte Eleonore ins politische Leben zurück und blieb dort fast bis zu ihrem Tod tätig. Sie überlebte die meisten ihrer Kinder und vermutlich auch einen Großteil ihrer Verehrer. In der Stille des Klosters Fontevrault starb sie 1204.

In der Abtei Fontevrault im Departement Maine-et-Loire liegt Eleonore von Aquitanien begraben. Die Liegefigur auf dem Sarkophag (13. Jahrhundert) porträtiert sie in einem Buch lesend. Mutige Kreuzfahrerin, umschwärmte Herrin eines Musenhofes, Königin nacheinander von Frankreich und England, prägte diese ungewöhnliche Frau Kultur und Politik ihrer Zeit.

Richard Löwenherz

Um Eleonores Sohn Richard Plantagenet, schon früh als „Cœur de lion“, Löwenherz, bekannt, König von England 1189–1199, ranken sich zahllose Legenden. In ihm fand das Hochmittelalter seinen vollendeten Ritter, mutig und tapfer, edel und großmütig, spendabel und leutselig, eine Männerschönheit und ein Ausbund an Körperstärke. Einer, dem kein Ziel unerreichbar, keine Mauer zu hoch, kein Gegner zu gefährlich war. Dabei hatte sein Land schon mal ziemlich wenig von ihm, er sprach kein Englisch und verbrachte in seiner ganzen Regierungszeit nur ein paar Monate in England. Als 16jähriger fing er mit dem Kriegführen an und kam eigentlich sein Leben lang nicht los davon. Kämpfe mit seinem Vater, mit den Königen von Frankreich, mit abtrünnigen Vasallen, mit den Muslimen im Heiligen Land ... Nur zwischen 1192 und 1194 war Ruhe. Da saß Richard als Staatsgefangener in Deutschland fest und wartete darauf, dass sein Volk eine ungeheure Lösegeldsumme aufbrachte.

König Richard I., genannt Richard Löwenherz, Sohn Eleonores von Aquitanien, von dessen Stärke und Großmut zahlreiche Legenden berichten. Darstellung auf einem Kirchenfenster in der Kirche von Ashby-De-La-Zouch, Leicestershire. ▶

Der deutsche Minnesang

„Minne“ war einer der Hauptbegriffe der ritterlich-höfischen Kultur. Er bedeutete so viel wie „Liebe, liebende Verehrung“, und es rankte sich darum ein ganzes Geflecht von gesellschaftlichen Formen und Normen. „Minnedienst“ meinte die Hingabe des in aussichtsloser Liebe entbrannten Ritters an eine hochgestellte verheiratete Frau. Ihre Unerreichbarkeit spornte gerade zu besonders intensivem und einfallsreichem Werben um ihre Gunst an. Ihr widmete der Ritter seine Kämpfe auf Turnieren und im Krieg, zu ihrem Preis schuf und sang er zur Fidel oder Harfe Lieder, die allerdings nie den Namen der Dame nennen durften und stets gebändigt zu bleiben hatten.

Walther von der Vogelweide, hier abgebildet in der Großen Heidelberger oder Manessischen Liederhandschrift, gilt als der Inbegriff des Minnesängers. Klassisch sein Lob der deutschen Frau: „Tugend und reine Minne, / wer die suchen will,/ der soll kommen in unser Land: da ist der Wonne viel!/ Lang möchte ich leben darinnen!“

Treue und Beständigkeit

Sich-Mäßigen und Bescheiden lautete das Gebot in jeder Situation, „mâze“ hatte der entflammte Ritter zu üben. Weitere Eigenschaften, die er von sich selbst verlangte, waren „triuwe“ (Treue) und „stæte“ (Beständigkeit). Dieser „hohen Minne“ entsprach in direkterer Form die Verehrung von Frauen geringeren Standes („niedere Minne“), wie sie in den etwas später einsetzenden Mädchenliedern mittelhochdeutscher Dichter Ausdruck fand.

Wesentliche Impulse empfing die literarische Form des Minnesangs in kunstvollen Reimstrophen wohl von den südfranzösischen Troubadours (von „trobar“ = finden). Diese wiederum hatten Einflüsse orientalischer Lyrik aufgenommen. Ihre Abenteuer- und Liebesgesänge, in der südfranzösischen Volkssprache, dem Okzitanischen gedichtet, setzten um die Mitte des 11. Jahrhunderts ein, der deutsche Minnesang nahm ein Menschenalter später den Ton auf und erreichte trotz Übernahme vieler formaler Muster eine durchaus eigene lyrische Intensität.

Blüte und Verfall

Die Vertreter des frühen Minnesangs – zu nennen sind der Kürenberger und Dietmar von Aist – bereiteten seit etwa 1180 die Blütezeit vor, die mit Namen wie Friedrich von Hausen, Heinrich von Morungen, Heinrich von Veldeke und Hartmann von Aue verbunden ist. Eine Sonderstellung nimmt Walther von der Vogel-

Am Frankoniabrunnen in Würzburg wurde Walther von der Vogelweide in Stein verewigt. In der fränkischen Stadt liegt der Vermutung nach der größte deutsche Lyriker des Mittelalters begraben.

weide ein. Nachklänge finden sich bei Neidhart von Reuental († um 1240) und bei fahrenden bürgerlichen Sängern, die in ihrer „dörperlichen Dichtung“ noch stärker an Motive der mittellateinischen Vagantendichtung anknüpften, wie sie in der Sammlung „Carmina burana“ aufbewahrt ist. Mit Ulrich von Lichtensteins († 1275) Klage über den Verfall ritterlicher Zucht endete die Epoche des deutschen Minnesangs.

Walther von der Vogelweide

Er gilt als der größte deutschsprachige Lyriker des Mittelalters. Walther von der Vogelweide (um 1170–1230) ließ die Konventionen der Sängerzunft weit hinter sich, bezog Alltagserfahrungen und Naturerlebnisse in seine Dichtung mit ein und war sich nicht zu schade, auch einmal vom Ideal der „hohen Minne“ abzurücken, die Reize der Landmädchen zu preisen und von erotischer Erfüllung zu singen. Von Walther stammen Gedichte, die das Ritterethos feiern und zum Kreuzzug rufen, ebenso aber auch innige Marienlieder und Absagen an „Frau Welt“. Am Ende steht ein Altersrückblick („Owê war sint verswunden alliu mîniu jâr!“), in dem er desillusioniert Abschied von seiner Zeit nimmt. Vollends von seinen dichtenden Standesgenossen hob ihn aber sein politisches Engagement ab. In seinen „Reichssprüchen“ nahm er Stellung zu den brennenden Fragen der Zeit. Der Dichter geißelte die Geldgier der Kirche und den Machtanspruch des Papstes, er mahnte die Herrscher an die Heiligkeit und Würde ihres Königtums und forderte sie zu Frieden und gerechter Regierung auf.

Die Eroberung von Konstantinopel (1204)

Konstantinopel, das heutige Istanbul, präsentierte sich den Westeuropäern, die 1096 mit dem Kreuzzug des Volkes und 1097 mit dem Ersten Kreuzzug eintrafen, als Märchenstadt. Der Abstand der Zivilisationen war damals noch riesengroß. In der Stadt am Bosporus hatten sich die wissenschaftlichen und technischen Errungenschaften und die Lebensformen der hellenistisch-römischen Kultur erhalten, es gab kommunale Einrichtungen aller Art, von Badeanstalten bis zu Spezialkliniken für Chirurgie. Es gab Sportplätze, Turnhallen und eine Universität. Durch die Stadt zogen sich kilometerlange Geschäftsstraßen mit Warenhäusern, Restaurants und Hotels, und auf den Märkten wurden Lebensmittel aus aller Welt angeboten. Über 100 000 Menschen wohnten in Konstantinopel, mehr als in jeder anderen Stadt Europas. In den Palästen der Reichen herrschte ungeheurer Luxus. Die Kirchen quollen über von Kunstwerken, wertvollem Kultgerät und Reliquien.

Fehlgeleiteter Kreuzzug

Der Zusammenprall der Kulturen verlief für Konstantinopel beim ersten Mal noch einigermaßen glimpflich. Die Kreuzfahrer wurden mit Proviant versehen und rasch an der Hauptstadt vorbei auf die asiatische Seite bugsiert. Ein Jahrhundert später dagegen wurde die Stadt selbst in Mitleidenschaft gezogen. Der Vierte Kreuzzug nahm statt aufs Heilige Land Kurs auf Konstantinopel. Im Juni 1203 erschien die Kreuzfahrerflotte vor seinen Seebefestigungen. Sie kam in der Absicht, dem Prätendenten Alexios IV. Angelos zur Krone von Byzanz zu verhelfen. Dahinter stand der Wunsch Venedigs, den Handelskonkurrenten im östlichen Mittelmeer auszuschalten. Die Kreuzfahrer durchbrachen die Sperre vor dem Hafen und bezogen unter den Mauern Stellung. Nach diplomatischem Geplänkel und Thronwirren, die von den Venezianern sorgsam geschürt wurden, kam es in Konstantinopel im Februar zu einer Palastrevolte, die das Regime Alexios' IV. beendete – für die Kreuzfahrer der Anlass, sich der Stadt vollends

In einem Historiengemälde von Jacopo Robusti Tintoretto (1518–1594) wird die Eroberung von Konstantinopel im Jahre 1204 dargestellt. Am 9. April begann der Angriff der Kreuzritter des Vierten Kreuzzugs auf die zu der Zeit größte Stadt Europas.

zu bemächtigen. Am 9. April 1204 begann der große Angriff. Die Mauern wurden überstiegen, nach kurzem Kampf waren die Kreuzfahrer Herren der Stadt.

Kunstraub

Eine Plünderungsorgie begann. In drei Tagen wurden unersetzliche Kulturgüter verschleudert, gestohlen, geschändet und zerstört. Meisterwerke der Kunst des Altertums, die in Konstantinopel jahrhundertelang bewahrt worden waren, verschwanden auf ewig, wurden eingeschmolzen oder in Stücke gehauen. Die einzigen, die mit Sachverstand und Sinn für Werte zu Werke gingen, waren die Venezianer. Auf mehr als 50 Schiffen schafften sie die Schätze weg, die sie in den Kirchen und Palästen erbeutet hatten. Heute noch sichtbares Symbol für den großen Raubzug sind die vier antiken Bronzerosse an der Westfassade des Markusdoms in Venedig; die standen vorher in der Stadt am Bosporus.

Der Erzengel Michael, byzantinische Sakralkunst aus dem 10. Jahrhundert. Das Gemälde wurde während des Vierten Kreuzzugs von den Venezianern aus Konstantinopel verschleppt und befindet sich heute in der Schatzkammer des Markusdoms in Venedig.

Das Lateinische Kaiserreich

Konstantinopel wurde nach der Eroberung durch die Kreuzfahrer zur Hauptstadt des sogenannten Lateinischen Kaiserreiches, das sich allerdings nicht über das gesamte byzantinische Gebiet ausdehnen konnte. In Trapezunt im Osten, in Epirus im Westen und selbst in unmittelbarer Nachbarschaft von Konstantinopel, in Nicäa, hielten sich byzantinische „Nachfolgestaaten", von denen dann auch die Beseitigung der Kreuzfahrerherrschaft in Konstantinopel 1261 ausgehen sollte. 1453 fiel Konstantinopel an die Osmanen. Venedig dagegen konnte seine Eroberungen auf den griechischen Inseln und an der Westküste des griechischen Festlandes noch bis ins 16. Jahrhundert halten.

Im Schutze eines gewaltigen Mauerrings konnte sich Konstantinopel über Jahrhunderte seine Stellung als Handels- und Kulturzentrum erhalten. Noch heute sind Teile der Stadtbefestigung erhalten, die Kaiser Theodosius 413–439 anlegen ließ. ▶

Ständegesellschaft

Den Menschen des Mittelalters schienen die gesellschaftlichen Strukturen dem Willen der Schöpfung zu entsprechen. Zahlreiche lateinische und volkssprachliche Werke, verfasst zumeist von Geistlichen, suchten die Gesetzmäßigkeiten zu benennen, die das harmonische Zusammenwirken der einzelnen Teile regelten. Dabei gingen diese Ständelehren, -predigten und -spiegel gewöhnlich von einem Idealbild aus, beschrieben die Gesellschaft nicht wie sie war, sondern wie sie sein sollte.

Klassenzugehörigkeit per Geburt

In der noch weitgehend agrarisch bestimmten Gesellschaft des hohen Mittelalters war die Unterscheidung zwischen „potentes" und „pauperes" üblich. Potentes waren die, welche die Macht hatten, Herrschaft ausüben und Schutz zu gewähren vermochten. Pauperes dagegen die, welche keine Macht hatten und an der Herrschaftsausübung nicht teilnahmen. Arm, wie „pauper" im Wortsinn meint, mussten sie nicht unbedingt sein, nur eben leibeigen und an die Scholle gebunden. Man wurde als „potens" oder als „pauper" geboren und daran änderte sich nichts, eine Vermischung durch Heirat kam nicht in Frage.

Getrennt von den beiden Gruppen stand die Geistlichkeit, in der die Zugehörigkeit nicht durch Geburt geregelt wurde, sondern durch Eintritt. Ein Leibeigener, der Priester wurde, musste von seinem Herrn freigelassen werden. Der Zölibat, das Gebot der Ehelosigkeit, sicherte der Geistlichkeit ihre Exklusivität. Man spricht daher heute auch von einer Priesterkaste, während „Stand" am besten auf die Herrenschicht der Potentes und „Klasse" auf die leibeigenen Pauperes passt. Gesellschaftliche Mobilität gab es durchaus, man denke etwa an die sogenannten Ministerialen, ehemals Unfreie, die es als Reichsbeamte in die Kreise des Adels schafften.

Luxus- und Kleiderordnungen

Im Spätmittelalter ergaben sich durch die Entwicklung in den Städten neue Schichtenmodelle. Ungeheurer

Ständebaum, Holzschnitt von Hans Weiditz von 1530. Von unten nach oben finden sich Bauern, Handwerker, weltliche und kirchliche Fürsten sowie Kaiser und Könige wieder.

Unter dem Initial C sind die drei Stände Klerus, Adel, hier präsentiert durch einen Ritter, und Bauer zu sehen. Französische Buchmalerei aus der zweiten Hälfte des 13. Jahrhunderts.

Reichtum wurde hier angehäuft, an dem die Menschen ungleich teilhatten. Das soziale Spektrum reichte von den Tagelöhnern über Handwerker und Kaufleute bis zum Patriziat. Sorgfältig versuchte man, Grenzen zwischen den einzelnen Gruppen der Stadtbevölkerung zu ziehen. Luxus- und Kleiderordnungen schrieben haarklein vor, wie viel Aufwand jeder treiben durfte, ohne die Vorrechte der jeweils nächsthöheren Schicht zu verletzen. „Stände" nannte man seit dem Spätmittelalter auch die politischen Repräsentationsorgane, die in den europäischen Staaten dem Königtum gegenübertraten. Es wiederholte sich die bekannte Dreiteilung. Der Adel bildete den ersten, die Geistlichkeit den zweiten, das Bürgertum den dritten Stand, wobei die ersten beiden Stände sich den Löwenanteil an der Macht sicherten.

Des Todes Tanz

Die im Spätmittelalter beliebten Totentänze, sowohl gemalte wie gedichtete, in denen der Tod ohne Erbarmen an alle herantritt, enthalten immer die Mahnung: Denkt an das Ende, der Tod macht alle gleich. Sie liefern aber auch ein genaues Abbild der gesellschaftlichen Gliederung. So erscheinen z.B. in dem 1489 in Lübeck gedruckten Totentanz als Dialogpartner des Knochenmannes nacheinander Papst, Kaiser, Kaiserin, Kardinal, Bischof, Herzog, Abt, Ordensritter, Mönch, Ritter, Domherr, Bürgermeister, Arzt, Junker, Klausner, Bürger, Student, Kaufmann, Klosternonne, Zunfthandwerker, Werkmeister, Bauer, Begine (in einer klosterähnlichen Gemeinschaft lebende Frau), Kriegsknecht, Jungfrau, Handwerksgeselle, Arme mit Kind.

Der Fernhandel

Im Frankenreich hatte sich der wirtschaftliche Schwerpunkt seit dem 7. Jahrhundert vom Südwesten und der mittelmeerischen Küstenregion nach Nordwesten ins Gebiet von Rhein, Maas und Schelde verlagert. Nord- und Ostsee kamen in den Blick des Abendlandes. Der Handel lag hier in den Händen der Küstenbewohner, Flamen und Friesen in der Nordsee, Slawen und Balten in der Ostsee, vor allem aber der Skandinavier, die schiffbautechnisch am entwickeltsten waren und auf ihren schlanken Booten den Atlantik bis nach Grönland und Nordamerika befuhren und in entgegengesetzter Richtung bis zum Ladogasee und an die großen Ströme Russlands gelangten.

Laderaum entscheidet

Bei der Auswahl der Handelsgüter war der nicht besonders große Laderaum eines Wikingerschiffes zu berücksichtigen. In Frage kamen also nicht unbedingt preiswerte Massengüter, sondern eher teure Waren in kleinen Mengen: Leder und Pelze, Walrosselfenbein, Steatit (Speckstein, das Allround-Material zur Herstel-

Der Ausschnitt des Fresko „Die Wirkung einer guten Regierung" von Ambrogio Lorenzetti (ca. 1290–1348) illustriert wie Waren geliefert werden. Durch die Vergrößerung der Städte und das Anwachsen der gewerblichen Produktion, wurde das Handelsgeschäft für die Stadtbürger interessant.

lung von Gebrauchsgegenständen) und Bernstein. Diese „heimischen“ Waren verhandelte der Wikinger-Kaufmann auf den Märkten etwa in Frankreich und nahm dafür Salz und Wein an Bord. In England erwarb er Weizen, Zinn, Honig und Silber, am Rhein Töpfer- und Glaswaren, Textilien und die Produkte der fränkischen Waffenschmieden. Aus den slawischen Gebieten wurden Wachs und Honig importiert. In Byzanz und an den Kreuzungspunkten der Ostroute mit den Handelswegen aus Innerasien und dem Kalifat kaufte er Seide, Gewürze, Goldschmiedearbeiten und Wein.

Um die Jahrtausendwende vollzogen sich in West- und Mitteleuropa bedeutende Entwicklungen. Dank neuer Arbeitsgeräte und Produktionsverfahren in der Landwirtschaft verbesserte sich die Ernährungslage, die Bevölkerungszahl wuchs, das Handwerk trennte sich von der Landwirtschaft und in bestimmten Regionen entstanden Ballungen von Gewerbebetrieben. Handwerker siedelten sich an den Fernhandelsplätzen an, wo sie bessere Bedingungen für die Herstellung und den Absatz ihrer Erzeugnisse fanden.

Die Vergrößerung der Städte und das Anwachsen der gewerblichen Produktion hatte Auswirkungen auf den Handel: er musste jetzt nicht nur Luxuswaren befördern, sondern auch Massengüter, durchaus auch über große Strecken. Das Handelsgeschäft wurde nun auch für die Bürger der Städte selbst interessant. Sie verdrängten die bisherigen friesischen oder skandinavischen Händler und führten ihre Landeserzeugnisse in großem Maßstab aus. Die Wikingerboote hatten ausgedient, der Bürger transportierte seine Waren in dickbauchigen Kähnen, die große Mengen fassen konnten.

Gemäß königlichem Privileg wird in der flandrischen Bischofsstadt Tournai ein Markt abgehalten. Glasfenster des 15. Jahrhunderts an der Kathedrale Notre-Dame in Tournai. Die geistlichen Stadtherrn wussten, was sie an den Kaufleuten hatten.

Standardisierung

Maße und Gewichte waren in Europa alles andere als einheitlich. Selbst wo man dieselben Begriffe verwendete, wie etwa „Pfund“ oder „Last“, handelte es sich nicht um dieselben metrischen Einheiten. Städte und Regionen hatten je ihr eigenes System, und das konnte sich von dem der Nachbarn beträchtlich unterscheiden. Man behalf sich, indem man an den Rathäusern oder in der städtischen Waage Musterstücke aufbewahrte. Wie schwer ein Pfund sei oder welchen Inhalt eine Last habe, war damit für den jeweiligen Handelsplatz festgelegt. Verschiedentlich einigte man sich auch stadt- oder regionenübergreifend. So endete 1356 der Streit zwischen Rostock und Lübeck um die korrekte Größe der Heringstonne damit, dass man je vier Fassreifen von gleicher Stärke anfertigte, die an den Rathäusern aufgehängt wurden. Als „Rostocker Band“ wurde die Norm-Tonne vom Baltikum bis in die Niederlande anerkannt.

Friedrich II. (1194–1250)

„Stupor mundi", das Staunen der Welt, hieß er bei den Zeitgenossen. Gemeint waren damit nicht nur seine politischen und militärischen Fähigkeiten, sondern mehr noch seine immense Bildung und sein von allen religiösen Rücksichten freies Denken.

Als Friedrich II. 1194 in Iesi bei Ancona (Marken) zur Welt kam, stand das Staufergeschlecht auf dem Höhepunkt seiner Macht. Friedrichs Vater Heinrich VI., Kaiser seit 1121, war durch Heirat mit Konstanze, der Erbin des Normannenreichs, auch in den Besitz von Sizilien und Süditalien gelangt. Konturen eines künftigen Großreichs zeichneten sich ab.

Harte Jugend

Vier Jahre später sah alles anders aus. Vater und Mutter waren gestorben, der kleine Friedrich kam unter die Vormundschaft des Papstes Innozenz III., der ihn nach Palermo bringen ließ. Das Kind wurde Spielball eines Machtkampfes zwischen deutschen und päpstlichen Truppenführern und Legaten, einheimischen Baronen und sizilischen Sarazenen, es erlebte Intrigen, Brutalitäten und litt zeitweilig wohl auch materielle Not. Misstrauen, Härte und Verschlagenheit, die später seinen Charakter kennzeichnen sollten, dürften in dieser bitteren Jugendzeit ausgebildet worden sein.

„Die Krönung Kaiser Friedrichs II. im Dom zu Palermo". Kolorierter Holzstich nach einer Zeichnung von Alexander Zick (1845–1907). Nach dem Tode Heinrichs VI. am 28.9.1197 lässt ihn seine Mutter Konstanze zum König von Sizilien krönen.

◀ Friedrich II. und sein Falkenmeister. Das Widmungsbild schmückt die Handschrift von Friedrichs Werk über die Kunst mit Vögeln zu jagen. Der Stauferkaiser zeigt sich darin als kundiger Naturbeobachter.

Der Holzschnitt aus dem 19. Jahrhundert zeigt den friedlichen Einzug Kaiser Friedrich II. in Jerusalem (1229).

Mit 14 Jahren wurde er aus der päpstlichen Vormundschaft entlassen. Es gelang ihm, Adelsaufstände in Sizilien niederzuwerfen und sich in seinen Ländern zu etablieren. Sein Leben lang blieb das Reich in Unteritalien, das er zu einem leistungsfähigen, straff geführten Beamtenstaat umbaute, die eigentliche Basis seiner Herrschaft. Spärlich dagegen seine Anwesenheiten in Deutschland. Immerhin sicherte Friedrich sich 1212 die deutsche Königskrone und setzte auch 1220 die Wahl seines minderjährigen Sohnes Heinrich (VII.) durch.

Im Kirchenbann

Friedrichs bisher gutes Verhältnis zu den Päpsten trübte sich Mitte der 1220er Jahre. Das lag daran, dass er die alten kaiserlichen Rechte in Oberitalien wieder in Kraft setzten wollte und mit den lombardischen Städten, den alten Verbündeten des Papsttums, aneinander geriet, hauptsächlich aber daran, dass er den lange versprochenen Kreuzzug schuldig blieb. Als er ihn endlich 1228 antrat, lastete schon der Kirchenbann auf ihm. Zwar wurde das Unternehmen ein Erfolg, dank geschickter Diplomatie konnte Friedrich in Jerusalem einziehen, aber zurückgekehrt, musste er sogleich gegen päpstliche Truppen ziehen, die in Apulien eingefallen waren. Mit dem Bann, den Papst Gregor IX. im März 1239 über Friedrich aussprach, setzte ein Propagandakrieg von bisher unbekannten Dimensionen ein.

Auf dem Konzil von Lyon (Juli 1245) verkündete Papst Innozenz IV. die Absetzung des Kaisers. In Deutschland wählte die päpstliche Partei den Landgrafen Heinrich Raspe zum Gegenkönig, und als dieser 1247 starb, den Grafen Wilhelm von Holland. Im Begriff, zur Generalabrechnung mit seinen Widersachern im Norden aufzubrechen, verstarb Friedrich II. am 13. Dezember 1250 in Fiorentino bei Lucera (Apulien) an einer ruhrähnlichen Krankheit.

Förderer von Kunst und Wissenschaft

An Friedrichs II. Hof gingen Gelehrte aller Fachgebiete ihren Forschungen nach. Der Kaiser beschäftigte sich mit antiker und arabischer Philosophie und Naturlehre und verfasste ein Buch über die Falkenjagd. Er soll neun Sprachen gesprochen und sieben schriftlich beherrscht haben. Die Dichtkunst blühte, der Staufer steuerte auch selbst Canzonen in der Landessprache bei, auf ihn wird die Entstehung der italienischen Dichtungssprache zurückgeführt. Mit Bauten wie dem Jagdschloss Castel del Monte schrieb er sich in die Kunstgeschichte ein.

Der Streit zwischen Kaiser und Papst eskaliert: Innozenz IV. spricht der Bannfluch über Friedrich II. aus. Kreidelithographie, koloriert, von R. Weibzahl, 1832.

Kampf der Städte um die Selbständigkeit (11./12. Jh.)

Noch um das Jahr 1000 wurde in Europa weitgehend Naturalwirtschaft betrieben: Man tauschte Ware gegen Ware, Geld gab es nicht. Aber ausgehend vom wirtschaftlich fortgeschrittenen Oberitalien änderten sich die Verhältnisse: Das Geld hielt seinen Einzug in Mitteleuropa. Die Städte machten auch hierbei den Vorreiter. In ihnen sammelte sich der Reichtum der neuen Zeit.

Aus kleinen Orten, die sich nur zu Marktzeiten oder „Messen" (so genannt wegen des Zusammenhanges mit Heiligenfesten) gefüllt hatten, waren Städte mit einer dauernd sesshaften Bewohnerschaft geworden. Die Städte erhielten Zuzug von Landbewohnern, die es leid waren, für ihre Grundherren zu ackern und auch noch alle möglichen Dienste für sie zu leisten.

Das Fresko aus dem 15. Jahrhundert zeigt den Stand eines mittelalterlichen Gemüsemarktes. Auf dem Weg zu mehr Selbständigkeit der Städte im Mittelalter nahm die Kaufmannschaft ein führendes Element ein.

Bürger schieben Stadtherren beiseite

In den Städten gab es zwar ursprünglich auch überall Stadtherren, die die Bewohner als ihre Hörigen betrachteten, aber die Entwicklung des Handwerks und des Handels machte die Menschen selbständiger. Die Stadtherren, meistens Bischöfe, förderten dies in der Regel auch, denn auch sie profitierten von den höheren Einkünften. Schließlich aber schoben die Bürger ihre Stadtherrn beiseite und nahmen ihre Sache selbst in die Hand. Das war im 11. und 12. Jahrhundert an vielen Orten der Fall. Die Bürger bildeten eine Verteidigungsgemeinschaft, jeder hatte die Pflicht, sich mit der Waffe in der Hand für das Gemeinwesen einzusetzen. Die Städte verwalteten sich selbst, zumeist führte ein „Rat" die Geschäfte, der von den Berufsgruppen gestellt wurde. So jedenfalls das Ideal, häufig saßen in diesem Gremium aber nur die Angehörigen bestimmter einflussreicher und angesehener Familien, und gewählt wurde nicht, sondern der Rat suchte sich seinen Nachwuchs selbst aus. Führendes Element in der Stadt war fast überall die im Fernhandel tätige Kaufmannschaft, wie es auch schon der Stadtgrundriss klar machte: Die Siedlung gruppierte sich um den Markt. An dem Ort, wo Waren feilgeboten wurden, schlug das Herz der Stadt.

Verpasste Chancen

Die deutschen Städte boten sich als Verbündete des Königtums an; zum ersten Mal war das 1073/74 deutlich geworden, als die Bürger von Worms und Köln Partei für Heinrich IV. ergriffen. Die Stauferherrscher förderten durchaus die Entwicklung des deutschen Städtewesens, doch nur bis zu einem gewissen Grade. Für eine regelrechte Allianz war die Zeit noch nicht reif. Das lag an der staufischen Italienpolitik. Friedrich I. Barbarossa oder seinem Enkel Friedrich II.

Marktplatz mit Zisterne in der toskanischen Stadt San Gimignano. Auf solchen Plätzen eingerahmt von den Versammlungshäusern des Stadtrates, der Kaufmannschaft und der Handwerkerverbände, liefen im Mittelalter die wirtschaftlichen und politischen Fäden zusammen.

traten die italienischen Städte nur als Gegner gegenüber, zu ihrer Bekämpfung setzten die Monarchen auf die Waffenhilfe der deutschen Fürsten – die nun wiederum Konkurrenten der deutschen Städte waren und deren Macht nach Kräften einzudämmen suchten. Eine hoffnungsvolle Entwicklung, mit den Städten als Trägern des Reichsgedankens, wurde auf Jahrhunderte abgeschnitten.

Stadtluft macht frei

Wer länger als ein Jahr in der Stadt lebte, war befreit von allen Bindungen, die er zuvor gehabt haben mochte. „Stadtluft macht frei", hieß das Zauberwort. Es bedeutete, dass sich gesellschaftliche Veränderungen auch rechtlich auswirkten. Die Leibeigenen, die bisher in einer persönlichen Bindung an ihren Herrn gelebt hatten, streiften diese in der Stadt ab, wo innerhalb der Mauern ein anderes Recht galt: das des Bürgers, der nur seiner Stadt verpflichtet war. Mit der Garantie, „über Jahr und Tag" Freiheit zu gewähren – vorausgesetzt, der Herr des Leibeigenen erschien nicht vor Ablauf der Frist, um seinen Mann zurückzufordern –, wurde die Stadt zum Magneten für alle, die es danach drängte, selbständig zu leben und zu wirtschaften.

Die Magna Charta (1215)

König Johann von England (1199–1216) war in seinem Land nicht besonders beliebt. „Lackland", Ohneland nannte man ihn, das kam daher, dass er als jüngster Sohn Heinrichs II. bei der Erbteilung schlecht weggekommen war und nur eine französische Grafschaft und den östlichen Teil Irlands erhalten hatte. Johann war der Bruder des äußerst populären Richard Löwenherz. Während dessen Kreuzfahrt ins Heilige Land führte er die Regentschaft und bestieg nach Richards frühem Tod den englischen Thron. Sogleich verstrickte er sich in verlustreiche Auseinandersetzungen mit Frankreich um die englischen Besitzungen auf dem Festland. Auch mit dem Papsttum legte er sich an, 1213 musste er sich Papst Innozenz III. unterwerfen und sein Land von diesem zu Lehen nehmen. Aus seiner Allianz mit dem deutschen Kaiser Otto IV. erwuchs ihm genauso wenig Heil: Bei Bouvines wurden er und sein Verbündeter 1214 von den Franzosen geschlagen.

Die Opposition formiert sich

Gegen die kostspieligen Unternehmungen Johanns regte sich in England immer deutlicher Widerstand. Als der König 1215 den Krieg in Frankreich wieder

Die Schlacht bei Bouvines, dargestellt in einem Gemälde von Horace Vernet (1789–1863). Der französische König Philipp II. besiegt am 27.Juli 1214 König Johann von England und den deutschen Kaiser Otto IV.

Geburt des modernen Verfassungsstaates: König Johann I. von England unterschreibt die Magna Charta, Juni 1215. Kolorierter Holzschnitt aus dem 19. Jahrhunderts.

aufnehmen wollte und dazu die Steuern erhöhte, verweigerten seine Vasallen die Gefolgschaft. Um ihrer Haltung Nachdruck zu verleihen, sammelten sie Truppen und zogen gegen London. Die Hauptstadt öffnete ihnen die Tore, das Bürgertum verbündete sich mit dem Adel. Johann musste sich zu Verhandlungen mit den Großen seines Landes bequemen, und diese nutzten die Schwäche des Königs, um das Verhältnis zwischen ihnen und dem Monarchen klarzustellen. Im Juni 1215 diktierten die Barone einen Vertragstext, den Johann mit seinem Siegel versehen musste. Das „Magna Charta" genannte Dokument fasste eigentlich nur die hergebrachten Rechtsbeziehungen zwischen König und Untertanen zusammen; Vereinbarungen dieser Art waren beim Antritt eines neuen Herrschers allgemein üblich. Dennoch wurde die Magna Charta vor allem durch spätere Interpretationen zu einer Art Gründungsurkunde des modernen Verfassungsstaates. In den wichtigsten Artikeln erkannte der König das Widerstands- und Steuerbewilligungsrecht der Barone an. Er musste seine Regierungshandlungen von einem baronalen Ausschuss auf ihre Rechtmäßigkeit prüfen

Statue von Robin Hood im heutigen Nottingham, England. Der mittelalterlicher Outlaw schlechthin soll der Legende nach im Sherwood Forest, zu der Zeit als König Johann I. England regierte, gelebt haben. ▶

Illustration aus einem Brief, der Einzelheiten der Magna Charta enthält. Die Briefe mit dem ersten autorisierten Text der Magna Charta wurden zum Zwecke der Publikation ins ganze Land verschickt.

lassen und durfte ohne Zustimmung der Versammlung der Kronvasallen keine Steuern erheben. Aus diesen Abmachungen entwickelte sich das englische Parlament. Und der Rechtsstaat gewann Konturen: Kein Freier, so Artikel 39 der Magna Charta, durfte ohne rechtmäßiges Urteil seiner Standesgenossen gefangengesetzt oder sonst bestraft werden.

Sagenfigur Robin Hood

Er haust zusammen mit anderen Geächteten im Sherwood Forest, trifft unfehlbar mit Pfeil und Bogen, nimmt den Reichen und gibt den Armen: Zahlreiche Balladen und Lieder verherrlichen die Taten des edlen „outlaw" Robin Hood. Aus gutem Hause stammt er und ist nur durch die schurkischen Machenschaften benachbarter normannischer Adliger um seinen Besitz gekommen, so will es die Sage. Zwischen 1160 und 1247 soll er gelebt haben, aber verlässliche Nachrichten gibt es darüber nicht. Einzelzüge der Sage von Robin Hood deuten tatsächlich auf diese Zeit, besonders auf die wirre Epoche, da Johann Ohneland regierte (1199–1216). Der König, immer um Geldmittel verlegen, presste aus seinem Volk Steuern aller Art heraus. Zu Sheriffs, d.h. königlichen Vollzugsbeamten, pflegte er Männer aus seiner Söldnertruppe einzusetzen. Im Sheriff von Nottingham, Robin Hoods Erzfeind, ist dieser Typ des brutalen und skrupellosen Lokalmachthabers genauestens porträtiert.

Die Inquisition (seit dem 12. Jh.)

Die Kirche des Mittelalters ging mit gnadenloser Härte gegen Abweichler in den eigenen Reihen vor, besonders gegen solche, die die Heilige Schrift auf eigene Weise auslegten. Ihr Verbrechen war die Häresie (griechisch „die Wahl, das Gewählte“), der Abfall vom rechten christlichen Glauben. Da die anstaltlich organisierte Kirche integraler Bestandteil der gesellschaftlichen und politischen Ordnung war, hatten religiöse Auseinandersetzungen politische Nebenwirkungen, wie sich auch politische Gegensätze in der Sprache der Religion

„Eine Ketzerin“, Holzstich nach einem Gemälde (1877) von Ferdinand Keller (1842–1922). Als Ketzer wurden von der Kirchenpropaganda jede Art von Dissidenten bezeichnet.

Papst Innozenz III. träumt, dass der heilige Franz von Assisi die vom Einsturz bedrohte Kirche stützt. Das Fresko von Giotto, entstanden am Ende des 13. Jahrhunderts, symbolisiert die stete Sorge der römischen Kirche um ihren Bestand.

zu artikulieren pflegten. Gegen die Häretiker weltliche Machtmittel, Militär und Justiz, zu Hilfe zu rufen, galt demnach als völlig angebracht, ebenso wie den politischen Gegner zum Häretiker zu erklären.

In der Kreuzzugepoche verschärften sich die Kämpfe gegen die Dissidenten. Als erste kamen die Katharer ins Visier der Glaubenswächter. Ihr Name stammt aus dem Griechischen; „katharoi“ sind die Reinen, die kirchliche Gegenpropaganda machte daraus „Ketzer“ als Name für jede Art von Dissidenten. Die Katharer waren eine Sekte, die sich im 12. Jahrhundert vom Balkan aus über Mittel-, West- und Südeuropa ausbreitete. Sie verwarfen das Alte Testament, die Sakramente und den Kult der Kirche, sie propagierten geschlechtliche Enthaltsamkeit und ein Leben in Armut.

Innozenz III. verkündet das Programm

Die Kirche bekämpfte die „Konkurrenz" mit allen Mitteln. Gegen den südfranzösischen Zweig der Katharer, die Albigenser, die um die Stadt Albi im Languedoc regelrechte kirchliche Strukturen geschaffen hatten, rief sie sogar zu Kreuzzügen auf. Aber erst die Schaffung einer eigenen Armutsbewegung innerhalb der Kirche im 13. Jahrhundert (Dominikaner, Franziskaner) vermochte den Einfluss der Katharer wirksam zurückzudrängen. Die Dominikaner (man nannte sie auch „domini canes", Wachhunde des Herrn) wurden zu Trägern der Inquisition, deren Programm Papst Innozenz III. (1198–1216) auf dem IV. Laterankonzil verkündete. Das Konzil, einberufen zum 1. November 1215, sah Innozenz auf dem Gipfel seiner Macht. Die vom Konzil erarbeiteten Reformkonstitutionen betra-

Vertreibung der Katharer aus Carcassonne, französische Buchmalerei aus dem 14. Jahrhundert. Am 15. August 1209 kapitulierten die Katharer nach Belagerung durch die Kreuzritter. Die Stadt in Südfrankreich war bis zum Albigenserkreuzzug eine der Hochburgen der Katharer.

fen nahezu alle Bereiche des kirchlichen Lebens. Besonderen Raum nahm die Bekämpfung der Häresie ein. Aus den Beschlüssen des Konzils erwuchs die Praxis der Inquisitionsprozesse, in denen Geständnisse durch Folter erzwungen werden konnten. In den Verfahren gegen Hexen sollte das später massenhaft umgesetzt werden.

Albigenserkreuzzug

Der erste Kreuzzug von Christen gegen Christen fand 1209–1229 in Südfrankreich statt. Unter starker Beteiligung nordfranzösischer Barone, die im Süden Ländereien ergattern wollten, marschierte ein Heer ins Languedoc ein, wo die Hochburgen der Albigenser-Sekte lagen. Blühende Städte sanken in Schutt und Asche, allerorten brannten die Scheiterhaufen. Der Bürgerkrieg zwischen Nord- und Südfranzosen endete mit dem militärischen Sieg des Nordens. Dennoch hielten sich Albigenser-Gemeinden allen Verfolgungen zum Trotz noch jahrelang. Gegen die von der Kirche ausgesandten Spitzel und Denunzianten bildete sich eine lokale Guerillabewegung, die mit ungeheuerlicher Brutalität niedergeschlagen wurde. Der letzte Kampf der Albigenser fand auf der Bergfeste Montségur in den Pyrenäen statt. Nach monatelanger Belagerung durch ein Heer des französischen Königs ergab sich die Besatzung im März 1244. Über 200 Menschen bestiegen den Scheiterhaufen. Mit den Albigensern wurde auch die eigenständige Kultur Okzitaniens vernichtet.

Gedenkstein bei Montségur in Erinnerung an die 200 Menschen, die im März 1244 auf dem Scheiterhaufen ums Leben kamen. Mit der Massenhinrichtung in den Pyrenäen endete der erste Kreuzzug von Christen gegen Christen.

Symbole und symbolische Handlungen

Im Juni 1155 befindet sich Friedrich I. Barbarossa auf dem Weg nach Rom, wo er sich zum Kaiser krönen lassen will. Ihm entgegen zieht Papst Hadrian IV. Im Städtchen Sutri kommt es zur Begegnung, bei der einiges schief läuft.

Der Papst reitet, umgeben von einem Schwarm von Kardinälen und Bischöfen, in Friedrichs Lager ein, wo er begeistert begrüßt wird. Dann hält er vor dem König. Nach Meinung des Papstes müsste nun der Teil des Protokolls folgen, der mit „Marschall- und Stratordienst" überschrieben ist: Der König führt das Pferd des Papstes ein Stück weit am Zügel und hilft dann dem Papst beim Absitzen, indem er den Steigbügel hält. Genau das verweigert Barbarossa; die Unterwerfungsgeste geht ihm zu weit, sie kann als Lehensabhängigkeit gedeutet werden. Hadrian behält die Nerven, steigt vom Pferd und nimmt auf einem Thronsessel Platz. Der König tritt heran und küsst dem Papst den Fuß – eine Handlung, die mit der herrscherlichen

Friedrich I. Barbarossa wird von Papst Hadrian IV. am 18.6.1155 in Rom zum Kaiser gekrönt.
Holzstich nach einem Gemälde von Heinrich Karl Anton (1806–1891) aus dem 19. Jahrhundert.

Würde vereinbar scheint. Danach erwartet er vom Papst den Friedenskuss, doch den bleibt Hadrian schuldig. Kein Friedenskuss ohne vorherige vollständige Ehrenbezeigung! Hitzige Debatten schließen sich an; mit historischen Nachweisen, wie viele höchste Herrscher schon den Marschall- und Stratordienst geleistet haben, kann endlich der Widerstand Barbarossas gegen die Zeremonie aufgeweicht werden. Die Begegnung wird an einem anderen Ort, am Lago di Monterosi bei Nepi, wiederholt – diesmal in voller Länge.

Der Priester Jojoda salbt König Joas, Buchmalerei aus dem Jahre 1162. Die Salbung, durch die der König göttliche Gnade erfuhr, gab Kunde von der besonderen Stellung des Königs unter den Menschen und gehörte zu den wichtigsten symbolischen Handlungen des Mittelalters.

Kleinigkeiten mit großer Bedeutung

Auch heute laufen Staatsbesuche und Politikerbegegnungen in ausgeklügelten Zeremonien ab. Das Mittelalter hatte allerdings noch einen ganz anderen Begriff von diesen Dingen. Ihm war das Protokoll alles, es ersetzte bisweilen die Politik, zu bereden gab es danach gar nichts mehr; in der Positur, die einer einnahm, in Gebärden, die er machte, in Handlungen, die er vollzog, konnten Machtpositionen ausgedrückt, Rechte beansprucht und Weichen für die Zukunft gestellt werden. Kleine Handlungen konnten unendlich viel bedeuten. So war der Ritterschlag, die kurze Berührung mit dem Schwert, für den jungen Adligen der Eintritt in die Erwachsenenwelt. Die Salbung, ein Tropfen Öl, den ein Bischof auf den Kopf des Königs fallen ließ, gab diesem die göttliche Gnade und eine besondere Stellung unter den Menschen. Und dass der Lehensmann seine gefalteten Hände in die geöffneten Hände des Lehensherren legte, besiegelte das Dienst- und Schutzverhältnis zwischen ihnen auf alle Zeit.

Botschaften in Stein

Die wenigsten konnten lesen und schreiben. Wer im Mittelalter anderen etwas mitteilen wollte, musste es mündlich tun. Daneben gab es aber noch eine andere Form, Botschaften zu vermitteln: durch den Bildschmuck an den Kirchen, die Plastiken an ihren Fassaden und Portalen. Das mag für den Betrachter, der heute vor einer romanischen oder gotischen Kirche steht, seltsam klingen. Er würdigt sie als Kunstwerke, aber sie gehen ihn persönlich wenig an. Für den vom Christentum geprägten Menschen des Mittelalters waren sie mehr. Schon das Kirchengebäude erschien ihm als eine heilige Stadt und Reich der Heiligen. Vollends aber ließ er sich von den Steinfiguren beeindrucken. Sie erzählten ihm die biblische Geschichte, erläuterten ihm die Inhalte seines Glaubens und formten sein Weltbild. Die Propheten des Alten Testaments, die Apostel, Christus als Weltenrichter, Hölle und Paradies, die Fratzen der Verdammten und das Lächeln der Seligen, das alles sah er leibhaftig. Der Stein redete eine deutliche Sprache, und die Menschen verstanden sie.

Die Basilika von Vézelay in Burgund trägt ausdrucksvollen Figurenschmuck. Hier das Jüngste Gericht am Hauptportal der Westfassade. Die Menschen des Mittelalters „lasen“ diese Steinbilder wie ein Buch.

Die soziale Stellung der Frau

Je nach Schichtenzugehörigkeit besaßen Frauen in der mittelalterlichen Gesellschaft wenig oder viele Rechte. Am besten gestellt war die adlige Frau. Sie konnte sogar Anteil an der Herrschaftsausübung erlangen. So sind aus der fränkischen Geschichte oder aus der Zeit, da die Ottonen und Salier auf dem deutschen Thron saßen, genügend Frauen bekannt, die z. B. als Regentinnen für ihre minderjährigen Söhne die Geschicke ganzer Reiche lenkten. Zwar waren auch adlige Frauen der Vormundschaft ihres Mannes oder ihrer Familie unterstellt, aber sie konnten frei über ihren Eigenbesitz verfügen. War der Mann zum Kriegszug unterwegs, was oft genug vorkam, dann herrschte die Frau uneingeschränkt über sein Anwesen.

Das Fresko aus dem 15. Jahrhundert zeigt eine Frau mit großem Sieb beim Worfeln von Getreide. Neben der Tätigkeit in Haus und Garten, half die mittelalterliche Bauersfrau bei Erntearbeiten und Viehzucht.

Gesellschaftsspiel „Frauendienst“

Allerdings nahmen schon im Hochmittelalter die Möglichkeiten für Frauen, Herrschaft auszuüben, ab. Das zur selben Zeit in den Liedern der Minnesänger beschworene Frauenbild sollte man nicht wörtlich nehmen. Die Verehrung, die der höfischen Dame zuteil wurde, der „Frauendienst“, war in erster Linie Gesellschaftsspiel.

In der Schicht des Stadtbürgertums dagegen gab es für die Frau neue rechtliche und wirtschaftliche Möglichkeiten. Seit dem 13. Jahrhundert sind kaufmännische und gewerbliche Aktivitäten von Frauen belegt. Sie schlossen Verträge, machten Geschäfte. Es gab Berufstätige in den traditionellen Frauenberufen wie Hebamme oder Bademagd, aber auch Ärztinnen. Im Handwerk waren Frauen vielfach tätig, wenn auch zumeist als Hilfskräfte. Selbständige Meisterinnen waren wohl eher die Ausnahme. Die Frau eines zünftigen Handwerkers gehörte zu dessen Genossenschaft; beim Tod des Mannes kam die Zunft für ihre Alterssicherung auf, was meist so geregelt wurde, dass sie einen neuen Ehemann bekam, der den Handwerksbetrieb weiterführen durfte. Im Handel spielten sie eine wichtige Rolle als Mitarbeiterinnen ihrer Männer. Sie führten die Bücher und die Korrespondenz und leiteten das Büro, wenn der Mann auf Reisen war.

Die Darstellung von Adam und Eva auf dem Grabower Altar (1379–1383), einem Werk des Meisters Bertram von Minden, illustriert die bäuerliche Arbeitsteilung: Der Mann gräbt auf dem Feld mit der Hacke, die Frau sitzt am Spinnrocken; ihr obliegt Herstellung und Pflege der Textilien.

Härten des Landlebens

In der bäuerlichen Gesellschaft stand die Frau vollständig unter Vormundschaft des Ehemannes, der ihr eingebrachtes Vermögen verwaltete und ihr gegenüber das Züchtigungsrecht besaß. Meist früh verheiratet, hatte sie zahlreiche Geburten zu absolvieren, denn Säuglings- und Kindersterblichkeit waren hoch. Frauen waren tätig in Haus und Garten, daneben nahmen sie an Erntearbeiten und an der Viehzucht teil. Zur ländlichen Frauenarbeit gehörte die Textil- und Kleiderherstellung, zunächst nur zum Eigengebrauch, später auch im Auftrag von Industriellen aus den Städten.

Unn die Wikingerherrin

In den altisländischen Sagas sind Geschichten von Frauen überliefert, die bis zum letzten Tag das Zepter nicht aus der Hand gaben, etwa Unn, genannt „die Weise“. Wenn auch „matt und schwach infolge des Alters“, richtet sie doch noch ein Gelage anlässlich der Hochzeit ihres Enkels aus, ermuntert die Gäste, tüchtig zu trinken, und zieht sich dann in ihre Kammer zurück. Am nächsten Morgen findet man sie tot aufrecht in die Kissen ihres Bettes gelehnt. „Die Leute waren sehr beeindruckt, wie Unn ihre Würde bis zum letzten Tag bewahrt hatte.“ Auch ihr Lebensweg hatte es in sich. Unn war die Gattin eines norwegischen Heerführers, der mit den Seinen nach Schottland ausgewandert war. Nach dem Tod ihres Mannes zog sie zu den Orkneyinseln, von wo sie auf die Färöer und schließlich nach Island übersiedelte. Dort baute sie einen Hof und verteilte das Land ringsum an Männer ihrer Sippe.

Zankapfel Sizilien (1130–1282)

Die den Byzantinern und Arabern auf Sizilien und in Unteritalien abgenommenen Gebiete fassten die Normannen 1130 zu einem Königreich zusammen. Die Insel Sizilien wurde dabei namengebend für den Gesamtstaat, zu dem auch die Provinzen auf dem Festland (Kampanien, Apulien, Kalabrien) gehörten. Im Normannenstaat verbanden sich byzantinische, arabische und franko-normannische Traditionen zu einer einzigartigen Synthese. Die Monarchie beruhte hier auf einer „bürokratischen" Struktur, ein eingespielter

Das zeitgenössische Fresko zeigt die Hochzeit Heinrich VI. mit Konstanze von Sizilien im Jahre 1186.

Kaiser Friedrich II. und seine Familie (v.l.n.r.): Friedrich II. mit dem Lilienzepter, sein Sohn Heinrich, seine zweite Gemahlin Isabella und ihr Sohn Konrad IV. Relief (1229) an der Kanzel in der Kathedrale von Bitonto in Apulien. Nach dem Tod seines Vaters im Jahre 1250 erbte Konrad IV. das Königreich Sizilien.

Beamtenapparat sorgte dafür, dass der herrscherliche Wille auch umgesetzt wurde.

Durch Hochzeit zur Herrschaft

1189 starb König Wilhelm II. Da dieser keine direkten Nachkommen besaß und seine Brüder vor ihm gestorben waren, gelangte das Normannenreich an Wilhelms Tante Konstanze von Sizilien, die seit 1186 mit Barbarossas Sohn Heinrich VI. verheiratet war. Zwar stellten die sizilischen Barone einen eigenen König, Tankred von Lecce, auf, aber es gelang diesem nicht, sich durchzusetzen. 1194 zog Heinrich VI. als Sieger in Palermo, der Hauptstadt des Königreichs, ein. Sein früher Tod im September 1197 machte alle Pläne des Staufers zunichte, sich vom Normannenreich aus eine Vormachtstellung im Mittelmeerraum zu schaffen. Als im folgenden Jahr auch Konstanze starb, übernahm Papst Innozenz III. als testamentarisch bestellter Vormund des minderjährigen Thronfolgers Friedrich II. formal die Regentschaft, tatsächlich brach jedoch eine Zeit der Anarchie an. Zur Ruhe kam das Königreich allerdings erst, als Friedrich, inzwischen in Deutschland zum König gewählt und in Rom zum Kaiser gekrönt, in den Süden zurückkehrte.

Friedrichs II. Söhne

Bei seinem Tod im Dezember 1250 hinterließ Friedrich das Königreich Sizilien seinem Sohn Konrad IV. Der nahm den Kampf um sein Erbe auf und konnte auch im Oktober 1253 siegreich in Neapel einziehen, starb jedoch im folgenden Jahr. Nach ihm wagte sein Halbbruder Manfred noch einmal den Griff nach der Macht; 1258 ließ er sich zum König ausrufen. In der kurzen Regierungszeit Manfreds kam es zu einer Nachblüte staufisch-ritterlicher Kultur. Am 26. Februar 1266 unterlag der Staufer in der Schlacht von Benevent dem französischen Grafen Karl von Anjou, den Papst Klemens IV. 1265 mit Sizilien belehnt hatte.

Karls Herrschaft erlitt aber bereits 16 Jahre später eine schwere Einbuße: Ein Volksaufstand, der am Nachmittag des 30. März 1282 in Palermo ausbrach und als „Sizilianische Vesper" in die Geschichte einging, machte dem französischen Regiment auf der Mittelmeerinsel ein Ende.

Schmelztiegel Palermo

Eine Gründung der Phöniker, war Palermo bereits im Altertum ein bedeutender Mittelmeerhafen. Seit 535 byzantinisch, fiel es 831 an die Sarazenen, die es zur Hauptstadt ihres Reiches auf Sizilien machten. 1072 wurde Palermo von den Normannen erobert. Diese ließen der griechischen wie der muslimischen Bevölkerung weitgehende Freiheit. Dadurch dauerte die kulturelle Prägung der Stadt durch arabische und byzantinische Einflüsse noch lange fort. Kaiser Friedrich II., der in der Vielvölkerstadt entscheidende Jugendjahre

Der italienische Historienmaler Francesco Hayez gibt in seinem Gemälde von 1846 eine stilisierte Interpretation des Geschehens der „Sizilianischen Vesper", dem Volksaufstand gegen die Herrschaft der Franzosen, wieder.

Friedrich II. empfängt an seinem Hof in Palermo eine Gesandtschaft der Araber, Fresko von Hermann Wislicenus (1825–1899).

verbracht hatte, bestimmte den Dom von Palermo als Grablege seines Geschlechts. In dem 1170–1185 erbauten Gotteshaus ruhen in Sarkophagen aus blutrotem Porphyr neben den Gebeinen des Normannenkönigs Roger II. († 1154) auch diejenigen Friedrichs II., seiner Eltern Konstanze und Heinrich VI. und, in einem Marmorsarkophag, die seiner ersten Gattin Konstanze von Aragon.

Der Dom von Palermo, erbaut von 1170–1185, wurde von Kaiser Friedrich II. zur Grablage seines Geschlechts bestimmt. ▶

Spätes Mittelalter I

Die Städte strebten nach mehr Selbstständigkeit, die Nationen lehnten sich gegen die Zentralgewalt auf und brachten die Idee des christlichen Universalreiches zu Fall. Die Nationalstaaten gewannen zunehmend an Macht und schickten den Papst ins Exil.

Aufstieg der Nationalstaaten

An die Stelle des Lehensstaates, der auf dem gegenseitigen Treueverhältnis von Lehensherren und Lehensträger beruhte, trat der Beamtenstaat. Die Nationen fingen an, sich auf sich selbst zu besinnen.

Während des Ringens der beiden höchsten Gewalten der westlichen Christenheit, Kaiser und Papst, war die vom Machtanspruch des Herrschers ausgehende Idee des autonomen, sich selbst bestimmenden Staates entstanden.

Das christliche Universalreich löste sich auf in zahlreiche Nationalstaaten, Territorien und Stadtstaaten. England und Frankreich kamen hier am weitesten. Dem Königtum gelang es hier, seine Vormachtstellung gegenüber den großen Lehensträgern des Reiches zu behaupten. Mehrere Faktoren haben in Frankreich die Stärkung der Zentralgewalt begünstigt: Die Festigung des Erbrechts, die Langlebigkeit der Herrscherdynastie, der systematische Ausbau des Königsgutes vom Mittelpunkt des Pariser Beckens aus, die feste Residenz der Könige in Paris, die aus römischer Rechtstradition erwachsende Bildung eines königlichen Rechtes und eines ihm dienenden Juristenstandes, die uneingeschränkte Verfügbarkeit der ritterlichen Vasallen, schließlich, zum Ende des Mittelalters, die Einführung der „taille“, einer regelmäßig von der königlichen Verwaltung erhobenen Steuer, aus der ein stehendes Heer finanziert werden konnte, und die Festigkeit der Grenzen.

Hundertjähriger Krieg

Dass der Widerstand der großen Vasallen gegen die Zentralgewalt gebrochen werden konnte, erklärt sich aber auch aus dem siegreichen Kampf des Königtums gegen die englischen Eindringlinge im Hundertjährigen Krieg (1339–1453). Er hat die französische Monarchie zwar an den Rand des Abgrunds geführt, Frankreichs endgültiger Triumph bedeutete aber auch die Überwindung seiner inneren Widersacher. Der König hatte in dieser Auseinandersetzung die Generalstände einberufen. Geistlichkeit, Adel, Bürger und Bauern stellten sich hinter den König als die „einzige Autorität neben Gott“. Die bürgerlichen Rechtsberater stärkten die königliche Macht und ebneten den Weg zum Absolutismus.

Ähnliches geschah in England. Auch hier wurde ein Gremium gebildet, das Parlament, dessen sich der König bediente, um seine lehensrechtliche Vormachtstellung gegenüber den großen Vasallen zu wahren. Zu dieser Institution fand bald auch das Bürgertum Zutritt. Zwischen Königtum und Standesvertretung entwickelte sich jedoch eine Rivalität. Das Königtum wollte dem allgemeinen Zug der Entwicklung auf dem Kontinent folgen und strebte die absolutistische Regierungsform an. Während des Hundertjährigen Krieges spaltete sich das Parlament in Unterhaus und Oberhaus. Bürgertum und Adel standen sich nur mehr konkurrierend im Parlament gegenüber, das als Ganzes seine Rechte gegenüber dem durch Kriegs- und Finanznöte geschwächten Königtum erweiterte.

Zerfall der Reichsgewalt

Das Reich lernte das Interregnum, die „kaiserlose, die schreckliche Zeit“ kennen. Ihr folgte die Regentschaft Rudolfs von Habsburg; sein Geschlecht, die Habsburger, stieg zur Vormacht im südlichen Mitteleuropa auf. Es musste im Alpenraum schwere Niederlagen einstecken, die Schweizer schüttelten die Herrschaft der Habsburger ab und begründeten die Eidgenossenschaft, einen Bund selbstverwalteter Kantone, der bald eigene Wege ging. Die hochmittelalterliche Einheit Europas oder wenigstens Mitteleuropas ging verloren. Italien löste sich vom Reich, das in eine Unzahl kleinerer geistlicher und weltlicher Herrschaftsgebiete zerfiel.

Zeitweilig drohte dem Abendland Invasionsgefahr. Die Mongolen, die sich bereits zum Herren Russlands gemacht hatten, drangen bis nach Schlesien und Ungarn vor, wo sie christliche Heere besiegten. Doch führten

König Eduard III. von England erhebt Anspruch auf die französische Krone und untermauert seine Ambitionen mit dem Sieg in der Schlacht von Crécy 1346 (französische Buchmalerei aus dem 15. Jahrhundert).

Bild vorherige Doppelseite:
Blick auf Avignon mit dem Papstpalast. In der französischen Stadt residierten die Päpste von 1309 bis 1376 während der sogenannten „babylonischen Gefangenschaft“.

Thronfolgekämpfe im mongolischen Reich dazu, dass sich die Reiterhorden wieder zurückzogen. Danach änderte sich die Stoßrichtung der Expansion, in Richtung Orient.

Kathedralen als Symbole bürgerlicher Freiheit

Die Städte, im Hochmittelalter zu erster Selbständigkeit gelangt, blühten mächtig auf, der Kaufmannsbund der Hanse richtete im Raum von Ost- und Nordsee ein Netz von Handelsstützpunkten ein. Auf Hansetagen legten die Gesandten der Städte die Grundzüge der gemeinsamen Politik fest. In den Städten wurde die technische Entwicklung vorangetrieben, findige Unternehmer erprobten neue Formen der Organisation von Arbeit wie das Verlagswesen. Der erarbeitete wirtschaftliche Wohlstand kam aber nicht allen gleichmäßig zugute, Bürgerrecht war an Besitz gebunden, viele Bewohner, die von Lohnarbeit lebten, waren deswegen von Mitbestimmung in städtischen Dingen ausgeschlossen.

In der Stadt, auf dem Rathaus und in den Kontoren der Kaufleute, entwickelten sich, seit die Papierfabrikation im 13. Jahrhundert einsetzte, Aktenwesen und Bürokratie. Die königlichen Kanzleien besaßen zu dieser Zeit noch keine Registratur, kein Archiv. Die schriftliche Verwaltung und Aktenführung ist, wie der beginnende Kapitalismus, eine Errungenschaft der Stadt. Das im Mittelalter immer wieder erneuerte Zinsverbot wurde beinah von allen umgangen, man bediente sich dabei der Pfandleihe und des Rentkaufs, der Rentbrief der Städte wurde zum ersten Inhaberpapier. Dass der Zinsfuß trotz des Ideals vom gerechten Preis fast immer ein Wucherzins war, entsprach dem hohen Risiko des Geldgebers.

Es wurde nun auch Sache der Städte, große Kirchenbauten zu errichten. Die gotische Bauweise, „erfunden" in Frankreich und nachgeahmt über den ganzen Kontinent, ließ die Schwere der Romanik hinter sich, der umbaute Raum wurde hell und weit. Die Kathedralen mit ihren alles überragenden Türmen wurden zum Symbol bürgerlicher Freiheiten.

Päpste im Exil

Dem Papsttum hatte sein Sieg über die Stauferkönige wenig genutzt, es geriet in die Abhängigkeit Frankreichs. Fast 70 Jahre saßen die Stellvertreter Christi fern von Rom in Avignon fest, in einer „babylonischen Gefangenschaft", die allerdings gar keine Gefangenschaft war, sondern ein überaus luxuriöses Exil, und das Papsttum nutzte es, um ein Fiskalsystem aufzubauen, das in seiner Zeit einzig dastand.

Die divergierenden geistigen Strömungen des Spätmittelalters, die seelische Unruhe der Mystik, die beginnende Skepsis gegenüber dem kirchlichen Dogmatismus konnten auf die Dauer auch von der Scholastik, die Glaube und Erkennen in einer höheren Einheit zu verschmelzen suchte, nicht gebannt werden. So eindrucksvoll das Gedankengebäude etwa eines Thomas von Aquin für seine Zeit gewesen sein mochte, die geistige Dynamik der Zeit konnte es nicht in Fesseln legen. Vor allem an den Rechtsschulen und Universitäten, die seit dem 13. Jahrhundert entstanden waren, kam es im späten Mittelalter zu einem Aufbruch des Rationalismus.

„Schwarzer Tod"

Eine Katastrophe erinnerte die Menschen an die Nichtigkeit allen irdischen Strebens. Die Beulenpest raffte Millionen dahin. Niemand war imstande, die Ursachen zu erkennen, und zur Bekämpfung konnte man wenig mehr tun, als die Kranken zu isolieren. Der „Schwarze Tod" führte zu einer Lähmung des Wirtschaftslebens – der dann eine Periode des Aufschwungs und der Modernisierung folgte, da sich große Kapitalmengen auf einmal in der Hand einiger weniger Erben fanden, die das Geld gezielt einsetzen konnten –, er hatte aber auch Wirkungen auf das gesellschaftliche Gefüge, massenhaft kam es zu Ausbrüchen religiöser Hysterie und zur Verfolgung von Juden, die man für die Schuldigen an der Epidemie hielt.

Am 1. August 1291 schlossen sich die Urkantone Schwyz, Uri und Unterwalden zu einem „Ewigen Bund" zusammen. Die Illustration aus dem 19. Jahrhundert zeigt den Schwur auf der Rütliwiese über dem Vierwaldstätter See.

Die Scholastik (11.– Anfang 14. Jh.)

Scholastik ist der Sammelbegriff für die schulgebundene (lat. „schola" = Schule) Wissenschaft des Mittelalters seit dem 9. Jahrhundert, im engeren Sinne meint er die Philosophie und Theologie dieser Zeit. Deren Zentralthema war, die christliche Lehre in ein rationales System der Welterklärung zu verwandeln, das Geglaubte mit dem Gewussten in Einklang zu bringen.

Argumente für und wider

Nach Anfängen in der Zeit der Karolinger blühte die Scholastik im 11. Jahrhundert auf. Grundlage war die Ausbildung des Städtewesens. Der Wissenschaftsbetrieb fand nicht länger nur in Klöstern oder an Königshöfen statt, sondern an städtischen Kathedralschulen, die sich größere geistige Unabhängigkeit leisten konnten. Laon, Melun, Chartres und Paris wurden die Zentren. Die naturwissenschaftlichen Schriften des Aristoteles sowie die Werke arabischer und jüdischer Gelehrter (Averroes, Avicenna, Maimonides) wurden bekannt. Petrus Abälard (1079–1142) entwickelte die scholastische Methode: Zu einem Problem werden alle Argumente für und wider zusammengetragen, um bestätigend auf die Glaubenswahrheit zurückzuführen. Anselm von Canterbury (1033–1109) fand mit der Formel „credo, ut intelligam" (ich glaube, damit ich verstehe), die vermittelnde Lösung im Streit, ob Vernunft oder (kirchliche) Autorität über die Wahrheit zu entscheiden hätten.

Thomas von Aquin

In der Hochscholastik (13. bis frühes 14. Jahrhundert) kam es durch den Eintritt von Franziskanern und Dominikanern in das wissenschaftliche Leben zu einer stärkeren Abhebung der Theologie von der Philosophie. Die Philosophie galt nur mehr als Magd der Theologie. Wissenschaftliche Theologie war danach

Der Renaissancemaler Filippino Lippi feiert in einem Gemälde den Triumph des Thomas von Aquin. Der große Scholastiker thront zwischen der Philosophie, Astronomie, Theologie und Grammatik, die als weibliche Figuren dargestellt sind. Zu seinen Füßen der arabische Philosoph Averroes.

In der göttlichen Komödie (um 1320) beschreibt Dante seine von der mittelalterlichen Philosophie inspirierte Vision des Lebens nach dem Tode. Albertus Magnus hat darin als Lehrer Thomas von Aquins einen prominenten Auftritt. In der Decke des Dante-Saals im römischen Casino Massimo hielt Philipp Veit (1793–1877) in seinem Fresko „Das Empyreum und Gestalten aus den acht Himmeln des Paradieses“ (1820/24) den Sonnenhimmel u. a. mit Dante und Beatrice, Thomas von Aquin, Petrus Lombardus und Albertus Magnus fest.

die streng logische Fassung der christlichen Lehre. Im Dominikaner Thomas von Aquin (1225–1274), als „doctor angelicus“ (engelhafter Lehrer) verehrt, fand die Scholastik ihren klassischen Vertreter. Nach seinen Worten war die Theorie, dass die Existenz Gottes von Anfang an (d. h. ohne sich auf die Erfahrung stützen zu können) bewiesen werden könne, unrichtig: „Gerade unser Wissen um die Wirklichkeit führt uns zu dem Schluss, dass Gott existiert.“ Die Wirkungen der Scholastik reichten weit: Die auch von Thomas formulierte Lehre von der dienenden Funktion der Philosophie (er sah sie als nützliches Instrument, um theologische Probleme zu erläutern) blieb in der katholischen Schultheologie bis in die jüngste Zeit wirksam.

Albertus Magnus, ein deutscher Scholastiker

Er war eine der wissenschaftlichen Leuchten seines Jahrhunderts; da blieb nicht aus, dass die Nachwelt ihm bald den Ruf eines Zauberers anhing. So soll er einst am Dreikönigstag, in Schnee und Eis, in seinem Garten ein Gastmahl veranstaltet haben, bei dem er solche Hitze zu erzeugen wusste, dass Sommer herrschte und die Gäste im Freien speisen konnten: Albertus Magnus, geboren um 1200 in Lauingen an der Donau, gestorben 1280 in Köln, Mitglied des Dominikanerordens, studierte in Padua und lehrte später an verschiedenen deutschen Städten und auch in Paris. Sein berühmtester Schüler war Thomas von Aquin. Als Gutachter und Friedensstifter half er Streitigkeiten schlichten, unter anderem wirkte er führend am „Großen Schied“ zwischen dem Erzbischof und der Stadt Köln (1258) mit. Der „doctor universalis“, wie man ihn nannte, beherrschte das gesamte philosophische und naturwissenschaftliche Wissen seiner Zeit; aristotelisches, jüdisches und arabisches Gedankengut floss durch ihn ins Denken des christlichen Abendlandes ein.

Dschingis-Khan (um 1155–1227)

Eigentlich hieß er Temüdschin, was „Schmied" bedeutet. Den Beinamen Dschingis-Khan („ozeangleicher Herrscher") erhielt er, als er Herr über die Mongolei geworden war. Eine Prophezeiung hatte ihm die Weltherrschaft verheißen.

Dschingis-Khan, Großkhan der Mongolen, chinesische Malerei, Kaiserbilder der Yuan Dynastie aus dem 14. Jahrhundert

Die Mongolen lebten als Nomaden im Gebiet des Baikalsees in Sibirien. Temüdschin-Dschingis-Khan, geboren um 1155, war ursprünglich nur einer von vielen Häuptlingen. Seit 1188 aber einigte er die zerstrittenen Stämme und stellte, nachdem ihn die Reichsversammlung 1206 als Alleinherrscher bestätigt hatte, ein schlagkräftiges Heer auf. Aus dem als erstes unterworfenen Volk der Uiguren gewannen die Mongolen Fachkräfte für Schrift- und Kanzleiwesen. Überläufer aus China und den arabischen Staaten vermittelten ihnen wichtige Kenntnisse im Kriegswesen. Und nicht nur benutzten die Mongolen unbefangen das Know-how der Fremden, sie gliederten ihrem Heer auch unbedenklich ausländische Kontingente ein. So gerüstet konnte Dschingis-Khan das Gebiet der Steppenvölker verlassen und einen beispiellosen Eroberungsfeldzug beginnen. Nordchina fiel, ebenso Nordpersien und das westliche Zentralasien. Beim Tod Dschingis-Khans 1227 erstreckte sich das Mongolenreich bereits von China bis zur Schwelle Russlands. Seine Nachfolger Batu und Ögödei setzten das Eroberungswerk fort. Sie machten sich ganz China untertan und schickten dann ihre Heere nach Westen, wo sie Russland besetzten.

Strenge Zucht

Ein ungeheurer Schrecken eilte den Mongolen voraus, man hielt sie für unbesiegbar. „Geißel Gottes" nannte sich Dschingis-Khan bei einer Predigt in der Hauptmoschee von Buchara. Die militärischen Erfolge der Mongolen erklären sich aus der strengen Zucht, der die Krieger unterlagen. Beute war Gemeinbesitz, Flucht und Verlassen des Kampffeldes galt als Kapitalverbrechen. Kommandostellen wurden nach Leistung und nicht nach Herkunft vergeben. In der Strategie und Taktik überließen sie nichts dem Zufall, jeder Feldzug wurde sorgfältig geplant und durch Spionage vorbereitet. Und wie ihr Führer Dschingis-Khan sich für den

Dschingis-Khan auf der Falkenjagd. Chinesische Seidenmalerei. Der Mongolenherrscher, ursprünglich nur ein schlichter Stammeshäuptling, vermochte in kurzer Zeit ein Reich zu gründen, das von China bis nach Russland reichte.

geborenen Weltherrscher hielt, so glaubten auch die Mongolen, einer auserwählten Rasse anzugehören. Dazu kam, nach den Worten des britischen Militärhistorikers John Keegan, „ein erbarmungsloses Heidentum, das keine der in monotheistischen Religionen oder im Buddhismus geläufigen Ideen wie Barmherzigkeit gegenüber Fremden oder das Streben nach moralischer Vollkommenheit anerkannte".

Die Goldene Horde in Russland

Dschingis-Khans Enkel Batu richtete 1237 in weiten Teilen Russlands einen mongolischen Staat ein, der sich bis 1502 hielt. Er wurde das Reich der Goldenen Horde benannt, nach den goldenen Deckplatten des Herrscherzelts (russisch „orda"). Hauptstadt des Reiches war Ssarai, in der Nähe des heutigen Wolgograd gelegen.

Die Regenten der Goldenen Horde waren religiös tolerant, sie ließen der russisch-orthodoxen Kirche weitgehend ihre Privilegien, und die Kirche vermochte auch die Einheit des Volkes und das christlich-byzantinische Erbe gegenüber der mongolischen Kultur zu bewahren. Dennoch hinterließ die mehr als zweieinhalb Jahrhunderte währende Fremdherrschaft ihre Spuren.

Die Mongolen pflegten ein Tributsystem, d.h. sie ließen sich und ihre Herrschaft von den Unterworfenen finanzieren, und im Laufe der Zeit zogen sie zum Eintreiben der Tribute immer mehr die einheimischen Fürsten und deren Beamte heran, die auf diese Weise zu Handlangern der Mongolenherrscher wurden. Eine Knechtsgesinnung entstand, von der nicht einmal die höchsten Kreise frei waren.

Batu Khan (um 1205–1255), Führer der Goldenen Horde, die 1237 in Russland einen mongolischen Staat einrichtete. Zeichnung nach einer chinesischen Miniatur.

In Zonjin Boldog östlich von Ulan Bator steht diese 40 Meter hohe Statue zu Ehren des großen Mongolenführers Dschingis-Khan. ▶

Mongolen bedrohen Europa (13. Jh.)

1237 begann ein neuer Westfeldzug der Mongolen, der das Abendland in ernste Gefahr brachte. Im Frühjahr 1241 besiegten die Reiterschwärme in zeitlich und räumlich aufeinander abgestimmten Operationen ein polnisch-deutsches Ritterheer bei Liegnitz (9. April 1241) und ein Aufgebot des ungarischen Königs Bela IV. bei Mohi (11. April 1241). Die Kunde von den fürchterlichen Niederlagen verbreitete sich rasch in Europa. Kaiser Friedrich II. rief die Herrscher des Abendlandes in flammenden Manifesten zu einer gemeinsamen Aktion auf, unternahm darüber hinaus jedoch nichts, ging auch nicht auf das Angebot König Belas ein, der ihm die Lehensoberhoheit über Ungarn versprach, falls er das Land von der Mongolengefahr befreie. Die Gründe für sein Zögern teilte er in Briefen an seine Anhänger mit: Bei den fortdauernden Kämpfen mit dem Papst und den lombardischen Städten sei es nicht möglich, ein Heer ins Ausland zu schicken, die Feinde daheim würden keineswegs so lange still halten.

Abzug aus Ungarn und Polen

Die weiteren Ereignisse ließen Friedrichs Abwarten gerechtfertigt erscheinen. Ein geplanter Vorstoß der Mongolen gegen Nowgorod und die Ostsee unterblieb, der gegen Schlesien gerichtete Angriffskeil bog nach der Schlacht von Liegnitz nach Süden ab, wo ihm König Wenzel I. von Böhmen mit Erfolg entgegentrat. Der Tod des Großkhans Ögödei am 11. Dezember 1241 veranlasste die Mongolen zum Abzug aus Ungarn und Polen, womit die akute Bedrohung des Abendlandes erst einmal aufhörte.

Papst Gregor IX. hatte 1241 das Kreuz gegen die „Tataren" – so nannte man die Mongolen zumeist – gepredigt, aber eher widerwillig, seinerseits auch völlig vom Kampf gegen den Stauferkaiser in Anspruch genommen. Erst unter Innozenz IV. nahm die Kirche sich des Mongolenproblems gründlicher an. Auf dem Konzil

Die Mongolen an den Grenzen des Abendlandes: In der Schlacht von Liegnitz in Schlesien besiegten sie 1241 ein polnisch-deutsches Ritterheer. Die Abbildung „Große Niederlage der Christen, so sie von den Tataren erlitten" stammt von Matthäus Merian d. Ä., 1630. Mongolen und Tataren wurden damals in eins gesetzt.

von Lyon (1245) wurde beschlossen, Gesandtschaften loszuschicken, die die Mongolen zur Einstellung aller Angriffe und zur Annahme der Taufe bewegen sollten. Die Emissäre brachten wertvolle Nachrichten zurück, mit denen der bisher in Europa grassierenden Ahnungslosigkeit bezüglich der Völker Asiens ein wenig abgeholfen werden konnte, aber zu einem befriedigenden Austausch kam es nicht, da die Mongolen vom Papst Unterwerfung und Anerkennung ihrer Weltherrschaft forderten, die Kirche dagegen den Übertritt zum Christentum als erste Bedingung einer künftigen Allianz stellte.

Die nächsten Invasionen der Mongolen galten dann nicht mehr dem Abendland, sondern dem Orient.

◀ Einfall der Mongolen (1241–1242), Miniatur aus einer Chronik um 1370. Am 11. April 1241 besiegten die Mongolen das Aufgebot des ungarischen Königs Bela IV. bei Mohi.

Mongolen und Kreuzfahrer

Während die Mongolen im Abendland nur als Wiedergänger der Hunnen aus der Zeit der Völkerwanderung galten, sah die Sache für die Christen im Heiligen Land anders aus: Die Mongolen schickten sich an, die islamischen Reiche zu zertrümmern. Auf Christen hatten sie es nicht abgesehen, sie waren sogar zum Teil selbst welche. Unter den Mongolen befanden sich viele sogenannte Nestorianer, Anhänger einer in Persien beheimateten christlichen Sekte. 1258 fiel Bagdad, 1259 erschienen die Mongolen in Syrien. Gegen sie rückte die Streitmacht der ägyptischen Mamelucken heran. Die christlichen Ritter in Palästina konnten sich auf keine klare Parteinahme einigen, schließlich entschieden sie sich dafür abzuwarten, wie der Kampf zwischen Muslimen und Mongolen ausgehen würde. In der Entscheidungsschlacht von Ain-Dschalud im September 1260 siegten die Muslime. Die Mongolen zogen sich aus dem Vorderen Orient zurück.

Rudolf von Habsburg beendet das Interregnum (1273)

Im Mai 1254 starb in Italien Konrad IV., der Sohn Kaiser Friedrichs II. Die Zeit vom Tod des letzten Staufers, der die deutsche Königskrone trug, bis zum Beginn der Regierung Rudolfs I. von Habsburg (1273) wird als Interregnum, Zwischenherrschaft, bezeichnet. Das ist nicht ganz korrekt, der deutsche Thron war durchaus besetzt, manchmal sogar mit zwei Herrschern gleichzeitig: Nach dem Tod des 1247 gegen Konrad aufgestellten Wilhelm von Holland wurden 1257 Richard von Cornwall († 1272) und Alfons X. von Kastilien († 1284) in zwiespältiger Wahl zu Königen erhoben. Allerdings ließ sich Richard nur einige Male in Deutschland sehen, und Alfons überhaupt nicht.

Rudolf von Habsburg setzt den Landfrieden ein und verurteilt die Raubritter. Gemäldeentwurf von Julius Schnorr von Carolsfeld für die Fresken in der Münchener Residenz, um 1838.

„Ottokars Sohn Wenzel bittet Rudolf von Habsburg um die Leiche seines 1278 in der Schlacht von Dürnkrut gefallenen Vaters". Gemälde (1826) von Anton Petter (1781–1858). Bei der Neuregelung der territorialen Verhältnisse, überließ Rudolf von Habsburg Wenzel Böhmen und Mähren

Fürsten profitieren

Das Fehlen einer starken Königsgewalt während des Interregnums kam den deutschen Fürsten zugute, die Reichsgut und politische Rechte an sich zogen und ihre Landesherrschaften ausbauten. Es nützte auch den Städten, die erste Zusammenschlüsse organisierten, um den Landfrieden zu erhalten und sich gegen Zollforderungen zu sichern. Der Mann, den die deutschen Fürsten 1273 zum König wählten, war schon äußerlich ein Kind der neuen bürgerlichen Zeit. Im grauen Wams trat er auf. Derbheit, Tüchtigkeit und Sparsamkeit zeichneten ihn aus. Von der Gloriole des Rittertums wusste er nichts mehr, Minnesänger fanden an seinem Hof kein Gehör, er bevorzugte lieber die bürgerlichen Meister.

Rudolf I. von Habsburg besaß Ländereien im Aar- und Zürichgau sowie im Elsass und im Breisgau. An der Aare, bei Brugg, stand auch der Stammsitz seines Geschlechtes, die Habsburg. Im deutschen Südwesten galt er als der vermögendste Territorialherr. Dennoch konnte er sich kaum mit der Macht Ottokars II. von Böhmen, seines mächtigsten Widersachers messen, der sich über den „armen kleinen Grafen" lustig machte und sich weigerte ihm zu huldigen. Indem Rudolf jedoch seinem Gegner den unrechtmäßigen Besitz von Reichslehen nachwies, gelang es ihm Ottokar politisch zu Fall zu bringen. In der Schlacht auf dem Marchfeld bei Dürnkrut 1278 besiegte er ihn auch militärisch.

Hausmacht im Südosten

Danach wurden die territorialen Verhältnisse neu geregelt: Der Sohn des im Kampf gefallenen Ottokar, Wenzel, durfte Böhmen und Mähren behalten. Österreich und Steiermark gingen an die beiden Söhne Rudolfs I., Albrecht I. und Rudolf. Das legte den Grund für die habsburgische Hausmacht im Südosten des Reiches, die bis 1918 dauern sollte.

Konradins Tod

In der Zeit des Interregnums ereignete sich in Italien die Tragödie des letzten Staufers: Konradin, Enkel des Kaisers Friedrich II., zog 1267 als Sechzehnjähriger mit einer Schar deutscher Ritter nach Süden, um das sizilische Königreich wieder zu erobern, das inzwischen an den vom Papst unterstützten französischen Grafen Karl von Anjou gefallen war. Das deutsche Heer traf am 23. August 1268 bei Tagliacozzo auf die französischen

▲ Das Gemälde (1784) von Johann Heinrich Wilhelm Tischbein (1751–1829) zeigt Konradin von Schwaben und Friedrich von Österreich, die beim Schachspiel ihr Todesurteil vernehmen. Mit dem Tod des Enkels von Kaiser Friedrich II. endete die Zeit der Staufer.

◀ Grabplatte Rudolfs I. im Speyerer Dom, wo der König nach seinem Tod am 15. Juli 1291 neben seinen salischen Vorgängern beigesetzt wurde.

Truppen und unterlag. Konradin floh mit wenigen Getreuen. Bei Astura an der Küste südlich von Anzio wurde er Anfang September gefangengenommen und an Karl von Anjou ausgeliefert, der ihn in Neapel als „Räuber, Empörer, Aufwiegler und Verräter“ zum Tod verurteilen ließ. Zusammen mit seinem Freund Friedrich von Österreich und einigen anderen Gefährten musste Konradin das Blutgerüst besteigen. Nach dem Bericht eines Chronisten waren seine letzten Worte im Gedenken an seine Mutter Elisabeth von Wittelsbach: „O Mutter, welches Leiden bereite ich dir!“

Das Handwerk

Auf dem Land – und dort lebten im Mittelalter die meisten Menschen – stand die Selbstversorgung im Vordergrund. Das galt nicht nur für Ernährung, Unterbringung, Wärme und Licht. Auch was der Mensch an Werkzeug, Arbeitsgerät, Haushaltwaren und Kleidung brauchte, stellte er sich zumeist selbst her. Diese Form des Handwerks als bäuerliche Nebentätigkeit wird in Zinsregistern sichtbar, etwa wenn abhängigen Bauern auferlegt wurde, fertige Backwaren, gesägte Bretter oder gewebte Leintücher abzugeben.

Dort aber, wo Menschen in größerer Zahl zusammenlebten, in den Klöstern, den großen Gutshöfen und in den Städten, kam es zur Ausbildung von differenzierten Handwerken. Spezialisten, die von der täglichen Nahrungsmittelbeschaffung befreit waren, widmeten sich der Herstellung oder Bearbeitung bestimmter Güter, die am Ort Verwendung fanden oder auf Märkten in der Nachbarschaft verkauft bzw. vom Handel weitervertrieben wurden.

Hufschmied beim Beschlagen eines Pferdes. Eine der vielen Handwerksdarstellungen des Mittelalters, hier auf einem Glasfenster des 13. Jahrhunderts an der Kathedrale Notre-Dame in Chartres.

Bau einer Stadt, französische Buchmalerei aus dem 14. Jahrhundert. An Orten, wo viele Menschen zusammenlebten, kam es zur Ausbildung von differenzierten Handwerken.

Der Klosterplan von St. Gallen aus dem Jahr 820 (siehe S. 28) – zwar ein Idealgrundriss, aber wahrscheinlich nicht weit entfernt von der Wirklichkeit der damaligen Welt – zählt die verschiedenen Handwerke auf, die zu einem ökonomischen Zentrum gehören konnten: Schuster, Sattler, Schwertfeger, Schildmacher, Drechsler, Gerber, Goldschmiede, Eisenschmiede und Walker sind mit ihren Werkstätten in einem großen Gebäude versammelt, das nur einen einzigen Eingang besitzt, offenbar, um die Auslieferung fertiger Waren kontrollieren zu können. Abseits davon befinden sich noch Werkstätten für weitere Drechsler sowie für Böttcher und Küfer, die vermutlich für die Klosterbrauerei arbeiten. Eine andere Quelle nennt als Beschäftigte auf den Reichshöfen Grob-, Gold- und Silberschmiede, Schuster, Drechsler, Stellmacher, Schildmacher, Fischer, Falkner, Seifensieder, Brauer, Bäcker, Netzmacher „und sonstige Dienstleute".

Regionale Schwerpunkte

Je nach den örtlichen Bedingungen, etwa wenn ergiebige Rohstoffquellen oder Möglichkeiten der Energieerzeugung (Wasserkraft) vorhanden waren, bildeten sich regionale Schwerpunkte, in denen das Handwerk in Gewerbe und schon beinahe industrielle Fertigung überging. Das galt für die Töpferei, die Eisengewinnung und -verarbeitung, die Glasherstellung und die Anfertigung von Mahlsteinen, besonders aber für die Tuchherstellung, die etwa in Flandern im Spätmittelalter einer ganzen Region den wirtschaftlichen Stempel aufdrückte.

Zünfte

Handwerkergenossenschaften in den Städten nannte man im Mittelalter Zünfte. Zugrunde lag solchen Zusammenschlüssen stets ein Eid, den sich die Genossen untereinander schworen. Kennzeichen der Zünfte war die Selbstverwaltung. Die Qualitätskontrolle der hergestellten Waren war Sache der Zunft; wer sie auf dem Markt verkaufen wollte, musste Mitglied einer Zunft sein und sich die Aufsicht durch die Zunftmeister gefallen lassen. Dafür konnte er sicher sein, in jeder Hinsicht unterstützt zu werden. Wo etwa die familiäre Alterssicherung nicht ausreichte, sprangen die Zunftkassen ein. Bei kirchlichen Feiern traten die Zünfte geschlossen auf, sie sorgten für ein würdiges Begräbnis verstorbener Mitglieder und ließen Messen für sie lesen. Der religiöse Aspekt darf nicht unterschätzt werden, für den mittelalterlichen Menschen war es ungemein wichtig, in einer Glaubensgemeinschaft aufgehoben zu sein. Am Ursprung vieler Zünfte steht dann auch die Gründung einer religiösen Bruderschaft.

◀ Das Handwerk des Bäckers, dargestellt in einem Fresko aus dem 15. Jahrhundert.

Ehemalige Zunfthäuser aus dem 16. Jahrhundert am Grote Markt in Antwerpen. Wie hier organisierte sich das mittelalterliche Handwerk in Genossenschaften (Zünften). Kennzeichen der Handwerksgemeinschaften in den Städten war die Selbstverwaltung, die unter anderem eine Qualitätskontrolle der eigenen Waren vorsah. ▶

DEN BENGEL
DE KONINCK

Die Schweizer Eidgenossenschaft

Der Eid spielte im Mittelalter eine große Rolle. Eide wurden nicht nur vor Gericht geschworen, auch gesellschaftliche und politische Zusammenschlüsse wurden so bekräftigt. Die Schwurgemeinschaft war die Form, in der sich Kaufleute oder Handwerker organisierten. Nicht anders verfuhren Gemeinden und Städte oder ganze Länder.

Wallfahrtsort Rütliwiese

Eine solche Schwurgemeinschaft war auch die der Schweizer Urkantone Schwyz, Uri und Unterwalden, die sich am 1. August 1291 zu einem „Ewigen Bund" zusammenschlossen. Hintergrund war die Politik der Habsburger, die ihre Besitzungen im Schweizer Raum

Der legendäre Schwur der Schweizer Eidgenossen auf dem Rütli. Kolorierter Holzstich nach einer Zeichnung von Adolf Ehrhardt, um 1860.

Die Rütliwiese im Kanton Uri, hoch über dem Vierwaldstätter See. Hier soll der Bund zwischen den Urkantonen Schwyz, Uri und Unterwalden gestiftet worden sein. Heute ist die Bergwiese Wallfahrtsort der Schweizer.

ausbauen wollten. Die betroffenen Bauerngemeinden, „Waldstätte“ genannt, behaupteten dagegen zäh ihre Selbständigkeit. Sie konnten sich dabei auf Privilegien Kaiser Friedrichs II. berufen, die ihnen Reichsunmittelbarkeit zusicherten. Die Schwurszene auf dem Rütli ist von Friedrich Schiller in seinem Drama „Wilhelm Tell“ (1804) breit ausgemalt worden. Sprichwörtlich seitdem der Eidestext: „Wir wollen sein ein einzig Volk von Brüdern, / In keiner Not uns trennen und Gefahr.“ Die Bergwiese über dem Vierwaldstätter See, auf der der Bund gestiftet wurde, ist heute Wallfahrtsort der Schweizer, auch wenn nicht gesichert ist, dass sich die Eidgenossen dort wirklich im Jahre 1291 versammelten. Die Bewährungsprobe für die bäuerliche Schwurgemeinschaft kam 1315. Ein Heer unter Herzog Leopold von Österreich rückte an, um die Freiheit der Waldstätte zu beenden. Den Kern der habsburgischen Streitmacht bildeten 2000 bis 3000 gepanzerte Ritter. Am Morgarten lauerten ihnen am 15. November ca. 1000 leicht bewaffnete Schweizer auf, die aus einer günstigen Stellung das zwischen dem See, einem Sumpf und dem Gebirge eingeklemmte Heer überfielen und vernichteten.

Trennung vom Reich

Nach dem Sieg schlossen die drei Landgemeinden im Dezember 1315 einen neuen Bund, dem 1332 die Stadt Luzern beitrat, womit die Eidgenossenschaft Kontrolle über die Gotthardroute, den wichtigsten Alpen-Transitweg bekam. Durch den Beitritt von Zürich, Glarus, Bern und Zug wuchs die Gemeinschaft bis 1353 auf acht Mitglieder an. Man sprach nunmehr von der Eidgenossenschaft der „Acht alten Orte", Schwyz wurde zur Gesamtbezeichnung. Trotz des Gegensatzes zu den Habsburgern betrachtete sich die Eidgenossenschaft noch als Teil des Reiches. Erst nach dem „Schwabenkrieg" von 1499 erfolgte die de-facto-Trennung, im Westfälischen Frieden von 1648 dann die endgültige.

Die Tell-Sage

Der biedere Landmann Wilhelm Tell, der so gut mit der Armbrust umzugehen versteht, weigert sich, einen Hut zu grüßen, den der Habsburger Landvogt Gessler auf eine Stange gepflanzt hat. Darauf wird er gezwungen, seinem Sohn einen Apfel vom Kopf zu schießen,

„Tells Meisterschuss", Farblithographie (1908) nach einer Zeichnung von Johannes Gehrts (1855–1921). Auf Anordnung des Landvogtes Gessler muss Tell vom Haupt seines Sohnes einen Apfel schießen.

Sieg über das Ritterheer Leopolds III. von Österreich in der Schlacht bei Sempach am 9. Juli 1386, Holzschnitt (spätere Kolorierung) von Niklaus Manuel Deutsch (um 1484–1530).

und obwohl ihm das Kunststück gelingt, wird er in Fesseln weggeführt. Er kann sich befreien und rächt sich für das, was man ihm angetan, indem er den schurkischen Landvogt in einem Hohlweg bei Küsnacht mit seiner nie fehlenden Armbrust erschießt. Das ist das Signal für den allgemeinen Aufstand gegen die Habsburger. Ein historischer Tell ist nicht belegt.

Die Sage von dem Meisterschützen und Tyrannenmörder gewann erst im 15. Jahrhundert Gestalt und wurde noch lange in verschiedenen Versionen erzählt, bis ihr der Schweizer Historiker und Staatsmann Ägidius Tschudi (1505–1572) in seinem „Chronicon Helveticum“ die heute geläufige Fassung gab, der auch Friedrich Schiller in seinem Tell-Drama von 1804 folgte.

Der Fall von Akkon (1291)

Ende des 13. Jahrhunderts war das Königreich Jerusalem infolge der muslimischen Offensiven auf einige Hafenstädte an der Mittelmeerküste geschrumpft. Die bedeutendste unter ihnen war Akkon. Im April 1291 erschien eine riesige Streitmacht der Mamelucken aus Ägypten vor der Stadt, es sollen 60 000 Berittene und 160 000 Mann Fußvolk gewesen sein. An die hundert Belagerungsmaschinen gingen in Stellung, darunter zwei Katapulte namens „der Siegreiche" und „der Wütende" und leichte Steinschleudern von besonderer Wirksamkeit, genannt „die schwarzen Ochsen". Tag für Tag flogen Steine sowie Spreng- und Brandsätze aller Art gegen die Mauern, dazu Wolken von Pfeilen, und unter der Erde schoben sich zahllose Minengänge an die Fundamente der Befestigungen heran.

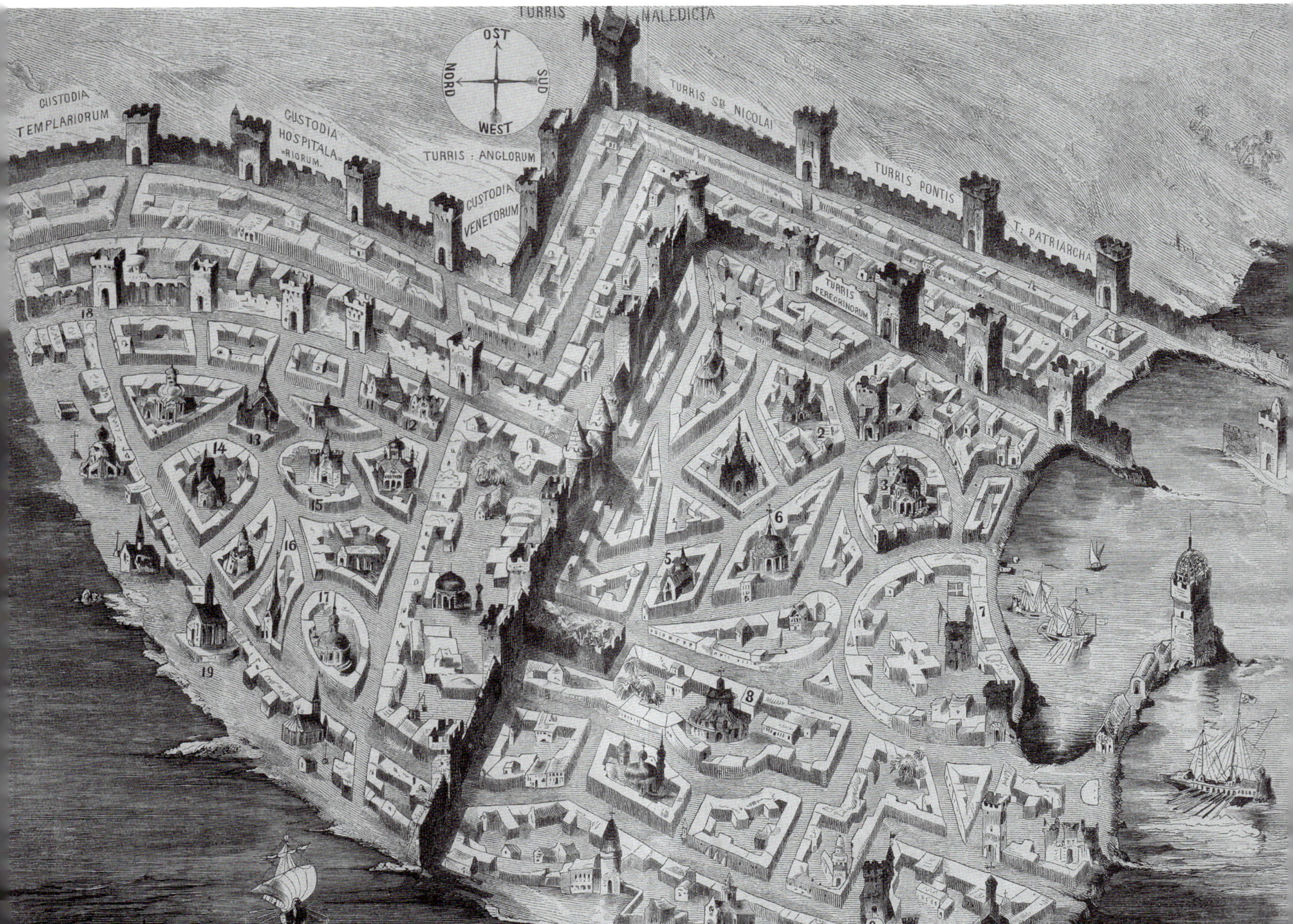

Der Holzschnitt nach Gustave Dore (1832–1883) illustriert den Kinderkreuzzug von 1212.

Ungeduld des Sultans

Der letzte Akt spielte sich im Ordenshaus der Templer ab. Hierhin hatten sich die überlebenden Tempelritter und eine Anzahl von Bürgern geflüchtet. Wieder traten des Sultans Pioniere in Aktion, sie untergruben eine ganze Seite des Gebäudes. Als die Mauern zu wanken begannen, trieb der ungeduldige Sultan zweitausend Mann zum Angriff hinein. Unter ihrem Gewicht brach das Bauwerk völlig zusammen und begrub dabei Freund und Feind unter sich. Das geschah am 28. Mai 1291. Akkon wurde von den Muslimen planmäßig entvölkert und verwüstet. Als ein deutscher Pilger vierzig Jahre später den Ort aufsuchte, fand er vom Glanz und Reichtum der letzten Hauptstadt Outremers nichts mehr vor. Zwischen den Trümmern der alten Paläste weideten die Schafe und Ziegen einiger armer Bauern und Hirten.

Ordensritter vergessen Rivalitäten

Die Christen waren zahlenmäßig weit unterlegen, die Zivilbevölkerung mochte 30 000 bis 40 000 Menschen betragen, dazu kamen nicht mehr als 800 Ritter und 14 000 Fußsoldaten. In seinem letzten Kampf auf palästinensischem Boden aber wuchs das abendländische Kriegertum noch einmal über sich selbst hinaus. Templer, Johanniter und Deutscher Orden, die sich in Akkon zuvor häufiger in die Haare geraten waren, kämpften Seite an Seite, als hätte es zwischen ihnen nie Konkurrenz gegeben. In der ersten Maihälfte zeigte die Wühlarbeit der muslimischen Pioniere Wirkung, mehrere Türme stürzten ein. Am Freitag, dem 18. Mai, bei Tagesanbruch, begann der allgemeine Sturm. Unter Trompetengeschmetter und den dröhnenden Schlägen von dreihundert kamelberittenen Trommlern drangen die Angreifer gegen die Befestigungen vor. Um einzelne Abschnitte wurde stundenlang gerungen, schließlich gewannen die Muslime durch das St.-Nikolaus-Tor Zugang zur Stadt. Der Kampf setzte sich in den Straßen fort.

◀ Der Vogelschauplan (Holzstich von 1859) rekonstruiert das Erscheinungsbild des Kreuzfahrerstützpunktes Akkon. Am Nordende der Bucht von Haifa gelegen, bot der Hafen als einziger an der Küste Palästinas der Schifffahrt Schutz bei jedem Wetter.

Kinder unterwegs

In der an Bizarrerien nicht armen Geschichte der Kreuzzüge sticht ein Ereignis besonders heraus: der Kinderkreuzzug von 1212. Legenden ranken sich darum, Dichter haben sich an dem Stoff versucht, obwohl – oder vielleicht gerade weil – die zeitgenössischen Quellen fast gar nichts dazu sagen. Ein Jugendlicher, Nikolaus aus Köln, wird als Anführer genannt. Er sammelte zu Ostern oder Pfingsten 1212 seine Scharen, und im August kam der Zug in Genua an. Geld für einen Schiffstransport hatte keiner, das Meer würde sich ja vor ihnen öffnen, so glaubten sie. Wo die Tausende dann abblieben, als das Meer sich nicht öffnete, ist ungewiss. In die Heimat kehrten nur wenige zurück. Nikolaus war nicht darunter. Ein Teil gelangte zum Heiligen Vater nach Rom. Innozenz III. soll gesagt haben: „Diese Knaben beschämen uns. Sie ziehen aus, um das Heilige Land zu erobern, und wir schlafen."

Der Deutsche Orden

Im Heiligen Land bildeten sich während der Kreuzzüge religiös-militärische Gemeinschaften, die Ritterorden. Sie sahen ihre Aufgabe in der Pflege der Kranken und Schwachen, im Schutz der Pilger und im Kampf gegen die Glaubensfeinde. Den Anfang machten 1120/29 die Templer. Ihnen folgten die Johanniter (nach 1135). Als letzter wurde Ende des 12. Jahrhunderts der Deutsche Orden gegründet.

Schwertbrüder des Deutschen Ordens in einem Historienbild aus dem 13. Jahrhundert.

Statuten vom Papst bestätigt

Er entstand aus einer Hospitalbruderschaft, die sich während der Belagerung von Akkon 1189/90 gebildet hatte. Sehr rasch fand er zu fester Konsolidierung, was auf Förderung durch die staufischen Kaiser zurückgeführt wird. 1198 wurden seine Statuten von Papst Innozenz III. bestätigt. Die Regeln, nach denen die Ordensbrüder lebten, entsprachen denen der älteren Orden, wobei für den Kampf gegen die Heiden das Vorbild der Templer, für die Hospitalpflege das der Johanniter maßgeblich war. Was die neue Gründung allenfalls auszeichnete, war die nationale Prägung. Wie schon im Namen erkennbar – „Ordo Theutonicorum" lautete die gebräuchliche Bezeichnung – handelte es sich um einen deutschen Verband. Dem Orden wuchs durch Schenkungen bald ein beträchtlicher Besitz zu. Seine Hochmeister residierten zunächst in Akkon, später in Montfort und nach dessen Fall (1271) wieder in Akkon. 1291 ging der Ordensbesitz im Heiligen Land endgültig verloren.

Schaffung eines eigenen Staates

Längst aber hatte eine Neuorientierung auf Nordosteuropa eingesetzt. Bereits unter dem Hochmeister Hermann von Salza (1209–1239) gab es Versuche, in Ungarn Fuß zu fassen. 1225/26 erging ein Hilferuf des polnischen Herzogs Konrad von Masowien an den Orden, ihn im Kampf gegen die heidnischen Prussen zu unterstützen. Dies wurde zum Ausgangspunkt der Eroberung Preußens durch den Orden und zur Schaffung eines eigenen Staates der Kreuzritter im Osten

„Papst Innozenz III. verleiht Hochmeister Hermann von Salza den Siegelring". Gemälde (1826) von Karl Wilhelm Kolbe d.J. (1781–1853), Wiederholung des Glasfensters in der Marienburg. ▶

Deutschlands. Durch Zusammenschluss mit dem in Livland ansässigen Schwertbrüderorden (1237) gewann der Deutsche Orden ein weiteres Herrschaftsgebiet dazu. Der Kreuzzuggedanke lebte hier fort; noch bis weit ins 14. Jahrhundert hinein wurde im Reich und in Westeuropa für die „Preußenreise", den Kampf gegen die heidnischen Nachbarn, vor allem die Litauer, geworben. Als die Litauer nach 1377 zum Christentum übertraten, war die eigentliche Existenzberechtigung des Ordens entfallen. Die Niederlage in der Schlacht von Tannenberg gegen die verbündeten Polen und Litauer (1410) stürzte ihn in eine schwere Krise. Nach weiteren Kämpfen musste der Deutsche Orden im Thorner Frieden 1466 große Teile seines Gebietes abtreten und für den verbleibenden Rest dem polnischen König huldigen.

Karl Steffeck malte 1885 das Bild vom Einzug der Ordensritter in die Marienburg.

Die Federlithographie (1862) von Johann Nepomuk Geiger (1805–1880) illustriert die Schlacht bei Tannenberg 1410. Die Niederlage des Deutschen Ordens gegen Polen und Litauer stürzte ihn in eine schwere Krise.

Die Marienburg

Sitz des Hochmeisters und Verwaltungszentrum des Deutschen Ordens in Preußen war seit 1309 die Marienburg (heute polnisch Malbork) an der Nogat. Der 1393 vollendete spätgotische Hochmeisterpalast im Zentrum der Anlage stellt eines der bedeutendsten Werke deutschen Backsteinbaus dar. Letzte Zuflucht der Ordensritter nach der Niederlage von 1410 bei Tannenberg, wurde die Marienburg 1457 von den eigenen Truppen des Ordens geplündert und an den Polenkönig verkauft. In der Folgezeit verkam sie und drohte gänzlich zu verfallen, bis sie im 19. Jahrhundert als Kleinod mittelalterlicher Baukunst wiederentdeckt und restauriert wurde. Im Zweiten Weltkrieg erlitt die Burg erneut schwere Zerstörungen. 1961 begann der Wiederaufbau. 1997 deklarierte die UNESCO die Marienburg zum Weltkulturerbe.

Die Marienburg (heute polnisch Malbork) an der Nogat war seit 1309 Sitz des Hochmeisters und Verwaltungszentrum des Deutschen Ordens in Preußen. ▶

Die Kunst der Gotik (12.–15. Jh.)

Noch heute gehören Zeugnisse der mit dem Namen Gotik belegten kunstgeschichtlichen Epoche zu den bekanntesten Erscheinungen und Wahrzeichen vieler Städte, man denke an das Straßburger oder das Ulmer Münster, den Kölner oder den Mailänder Dom, oder auch an die zahllosen neugotischen Nachbildungen im Kirchenbau und selbst in Verwaltungs- und Schulgebäuden des 19. Jahrhunderts. Gotik als rein äußerliches Formmuster ist dadurch in fast jeder Kleinstadt vertreten. Diese allgemeine Vertrautheit mit gotischen Bauformen, zumeist allerdings beschränkt auf die Vorstellung von Spitzbögen und himmelragenden Türmen, ist ein Überrest der Gotik-Begeisterung und Mittelalter-Schwärmerei, die von der Romantik um 1800 ausgelöst wurde. Zuvor war „gotisch" eher ein abfälliger Ausdruck, er stand für „ungeschlacht" und „barbarisch", und man pflegte damit alles zu bezeichnen, was in den dunklen Jahrhunderten zwischen Altertum und Renaissance entstanden war. Die Epoche der Gotik reicht von der Mitte des 12. Jahrhunderts bis weit ins 15. Jahrhundert. Ihre Meister griffen auf einprägsame Gestalten und Vorstellungen zurück, die aus der Fantasie des Volkes stammten. Ihre Kunst spiegelte die tiefen und schroffen Widersprüche der Zeit wider und war innerlich selbst widersprüchlich. Vor allem in der Plastik und der Malerei verflochten sich Züge des Realismus auf wunderliche Weise mit frommer Rührung und Ausbrüchen religiöser Ekstase.

Formenreichtum

In der Baukunst nahm der Anteil der Profanbauten zu. Ihre Zweckbestimmungen wurden vielfältiger, ihre Formen reicher. Außer Rathäusern und großen Räumen für Kaufmannsvereinigungen (etwa der Gürzenich in Köln) errichtete man steinerne Wohn- und Geschäftshäuser in den Städten, es bildete sich der mehrgeschossige Bau des Stadthauses heraus. Auch Stadtbefestigungen, Burgen und Schlösser erhielten ihre unverkennbar gotische Formung.

Seine klassische Verkörperung indes erlangte der gotische Stil in der Kirchenbaukunst. Die grandiosen Maße der städtischen Kathedralen, die Vollkommenheit der Konstruktion, in der alle Schwere aufgelöst ist, und die Fülle des plastischen Schmucks fasste man nicht nur als Bestätigung der Erhabenheit und Größe der Religion, sondern auch als Symbol des Reichtums und der Macht der Städte auf.

„Erzengel Michael die Seelen der Auferstandenen wägend", Ausschnitt aus dem Altarbild „Das jüngste Gericht" (1448–1451) von Rogier van der Weyden (um 1399/1400–1464). In der Malerei verflochten sich die Züge des Realismus mit Ausbrüchen religiöser Ekstase.

Notre-Dame de Paris

Im Deutschen heißt der 1831 erschienene Roman „Der Glöckner von Notre-Dame“, aber nicht von ungefähr gab ihm sein französischer Verfasser Victor Hugo (1802–1885) den Titel „Notre-Dame de Paris“. In dem mehrfach verfilmten Buch spielt die gotische Kirche die Hauptrolle. Hugo, Romantiker durch und durch, wollte seine Landsleute, die gerade dabei waren, das mittelalterliche Paris in großem Stil abzureißen, auf den drohenden Verlust ehrwürdiger Kulturdenkmäler hinweisen. Notre-Dame ist für ihn die „greise Königin unter den Domen“, das Antlitz „von Narben und Runzeln zerklüftet“. Als „gewaltige Steinsymphonie“, als „Stein gewordener Gedanke“ erscheint ihm die Hauptkirche von Paris, und er vergleicht sie mit den Pyramiden und den Hindupagoden: „Bauten ihrer Art beweisen, dass die Erzeugnisse dieser Kunst weniger Werke einzelner Menschen als vielmehr ganzer Gesellschaften waren. Sie sind daher die Schatzkammer der Nation, die Aufspeicherung einer jahrhundertelangen Entwicklung, der allmähliche Niederschlag sozialer Gärungen, der Extrakt der Bildungsformen. Unter dem Spülen der Zeitwogen lagerte sich Schicht auf Schicht aufeinanderfolgender Generationen, von denen jede ihren Beitrag gab. Hier baute der Mensch gleich der Biene, dem Biber.“

◀ Inneres der Kirche Sainte-Chapelle, die 1243–1248 als Teil des Pariser Königspalastes errichtet wurde. Die Baukunst der Gotik mit ihrem System der Strebepfeiler machte massives Mauerwerk entbehrlich. An seine Stelle konnten große bemalte Glasfenster treten.

Die Kathedrale Notre-Dame de Paris, erbaut von 1163 bis 1245, ist eines der wichtigsten Beispiele der frühen gotischen Baukunst. Die Hauptkirche von Paris wurde von Victor Hugo bewundert, der seinen 1831 erschienenen Roman nach ihr benannte. ▶

Die Seidenstraße

China war nicht unerreichbar. Schon zu Zeiten des Römischen Reiches wanderten Handelskarawanen zwischen dem Reich der Mitte und Europa hin und her. Sie benutzten ein System von Straßen und Pfaden, das als Seidenstraße bekannt ist. Es begann in China in Tunhwang am oberen Hwangho und führte zum Salzsee Lop nor, wo es sich in zwei Routen teilte, die eine nördlich, die andere südlich am Tarimbecken entlang. Bei Kaschgar vereinigten sich die Routen wieder. Über Fergana und Samarkand im heutigen Usbekistan ging es weiter nach Merw in Turkmenistan, dann durch Persien nach Bagdad und schließlich nach Damaskus. In den syrischen Mittelmeerhäfen konnte die Ware auf Schiffe umgeschlagen werden. Unterwegs gab es Abzweigungen, etwa von Kaschgar nach Indien oder von Samarkand nach Trapezunt am Schwarzen Meer, wo wiederum Anschluss an den Schiffsverkehr bestand.

Der Westen lieferte nach China Gold, Jade, Pferde, Metall und Delikatessen und erhielt Tee, Porzellan und als Hauptimportgut Seide. Die Herstellung der kostbaren Faser, zu der die Seidenraupe den Grundstoff lieferte, war Staatsgeheimnis in China. Erst im 6. nachchristlichen Jahrhundert soll es Kaufleuten aus Konstantinopel gelungen sein, Eier der Seidenraupe nach Europa zu schmuggeln. In Gegenden, die sich klimatisch dafür eigneten, v.a. in Süditalien und Andalusien, wurde seitdem Seidenraupenzucht betrieben, wodurch das chinesische Monopol gebrochen war.

Durch Gebirge, Steppen und Wüsten

Der Handel auf der Seidenstraße kam deswegen nicht zum Erliegen. Bis zur Öffnung des Seeweges nach Indien Ende des 15. Jahrhunderts blieb der Karawanenweg die einzige Route, auf der ein Warenaustausch zwischen Ost und West stattfinden konnte. Der Verkehr blühte auch und gerade in der Zeit, da die Mongolen sich in Vorderasien ausbreiteten; sie ließen dem Handel freie Hand. Das Abendland bekam, vermittelt durch

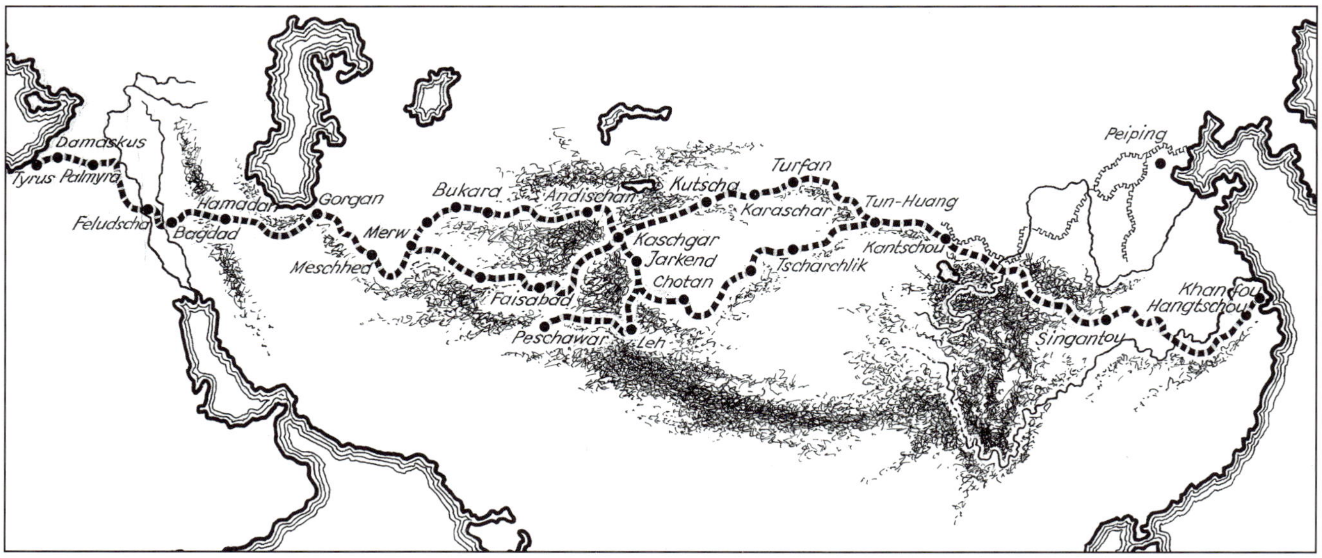

Verlauf der Seidenstraße von Damaskus bis Khanfou. Bis zur Öffnung des Seeweges nach Indien Ende des 15. Jahrhunderts, fand über diesen Weg der Warenaustausch zwischen Ost und West statt.

Marco Polo unterwegs mit einer Karawane. Illustration aus dem Katalanischen Atlas, um 1375. Der venezianische Reisende brachte die Kenntnis des Abendlandes über die Verhältnisse in Ostasien bedeutend voran.

islamische Zwischenhändler, die Waren und Güter, die es daheim nicht gab: Räucherwerk, Färbemittel, exotische Gewürze, Porzellan und – chinesische Seide, die natürlich nach wie vor ihre Liebhaber hatte.

Marco Polo

Sein Vater Nicolò Polo und sein Onkel Matteo, Kaufleute aus Venedig, waren bereits 1260–1269 beim Großkhan Kubilai in China gewesen und mit dem Auftrag zurückgekehrt, europäische Gelehrte zu einer Reise nach China zu bewegen und Öl von der Lampe am Grab Christi mitzubringen. Als die Polos 1271 wieder nach Fernost aufbrachen, war Nicolòs Sohn Marco (1254–1324) mit dabei. Mit Briefen und Geschenken des Papstes reisten sie auf dem Landweg über Persien, Afghanistan und durch die Wüste Gobi zur Residenz des Großkhans in Peking. Marco Polo, der rasch die chinesische Sprache und Schrift lernte, erwarb sich die Zuneigung des Mongolenherrschers, der ihn mit Kurierdiensten betraute und schließlich sogar zum Provinzstatthalter ernannte. Nach 17 Jahren ließ der Khan seine venezianischen Gäste wieder heimreisen. In Diensten des Khans hatte Marco Polo tiefe Kenntnisse über das Reich der Mitte erworben, doch erst eine erzwungene Muße als Gefangener der Genueser im Krieg von 1298/99 gab ihm Gelegenheit, seine Reiseerlebnisse zu Papier zu bringen. Sie wurden zu einem der meistgelesenen Bücher des Mittelalters, auch wenn die Zeitgenossen die Angaben über die Bevölkerungszahlen der chinesischen Städte nicht recht glauben mochten und dem weitgereisten Mann den Spitznamen „messer miglione", Herr der Millionen, anhängten.

Die Templer (um 1120–1312)

Im Jahr 1118 erhielt der Ritter Hugo von Payens von König Balduin I. die Erlaubnis, sich mit einigen Genossen in einem Flügel des Königspalastes in Jerusalem, dem ehemaligen Templum Salomonis, niederzulassen. Zwei Jahre später gründete Hugo hier einen Ritterorden, der sich nach seinem Wohnsitz bald Orden der Templer nannte. Die Ritter im weißen Mantel mit dem roten Kreuz machten sich zur Aufgabe, die seit dem Ersten Kreuzzug (1096–1099) nach Jerusalem strömenden Pilger vor Überfällen zu schützen. Sie hielten sich ständig bereit für militärische Einsätze und bildeten so eine Frühform des stehenden Heeres – das den Kreuzfahrerstaaten in den ewigen Kämpfen mit den muslimischen Nachbarn bitter nötig war. Allerdings pochten sie auf ihre Unabhängigkeit, über sich erkannten sie nur den Papst an.

Finanzexperten

Die Templer bauten in West- und Mitteleuropa ein dichtes Netz von Ordenshäusern auf. Hier wurden die Geldmittel gesammelt und durch kluge wirtschaftliche Unternehmungen vermehrt, und hier wurde unter dem heimischen Adel der Nachwuchs für den Einsatz im Orient rekrutiert. Der ausgedehnte Ost-West-Verkehr zwischen den Ordensniederlassungen mit gewaltigen Geldtransfers machte die Ordensleute zu wahren Finanzexperten. Wie Bankiers wickelten sie nicht bloß die eigenen Geschäfte, sondern auch die der Pilger und der großen Herren ab, verwahrten und verliehen Geld. Der immense Reichtum sollte schließlich ihr Verhängnis werden. Im Oktober 1307, mehr als anderthalb Jahrzehnte nach dem Ende der fränkischen Herrschaft in Outremer, ließ der französische König Philipp IV. der Schöne in einer Polizeiaktion größten Stils die Templer in Frankreich verhaften und vor Gericht stellen. Die Anklage lautete auf Gotteslästerung, Götzendienst, obszöne Riten und Homosexualität. Diesbezügliche Geständnisse wurden auf der Folter erpresst. Papst Klemens V. sekundierte mit der 1312 verfügten Aufhebung des Ordens.

Die Fürsten Europas bemächtigten sich des Ordensbesitzes, allen voran natürlich der französische König. Aber entweder hatten die Gerüchte übertrieben, oder die staatlichen Finanzbeamten fanden tatsächlich nicht alles, jedenfalls wollte und will die Mär von versteckten und vergrabenen Schätzen bis heute nicht enden.

Tempelritter verfolgt fliehende Gegner, dargestellt auf einem Fresko aus dem 12. Jahrhundert. Die Ritter des Tempelordens hatten es sich zur Aufgabe gemacht, Pilger vor Überfällen zu schützen.

Der König und seine Höflinge beobachten die Verbrennung der Templer. Miniatur aus den „Chroniques de France", aus der zweiten Hälfte des 14. Jahrhunderts. Insgesamt 56 Tempelritter wurden 1310 bzw. 1314 als Ketzer zum Feuertod verurteilt.

Der heilige Gral

Geheimnisumwittert wie die Templer ist ein Gegenstand, den diese zeitweilig gehütet haben sollen: der Gral, in dem die Abendmahlsschüssel oder das Gefäß gesehen wird, das Christi Blut bei der Kreuzigung auffing. Seinem Besitzer verheißt der Gral alles himmlische und irdische Glück, aber nur dem Reinen ist er erreichbar. Die Gralssage wurde im 12. Jahrhundert in Frankreich zuerst von dem Dichter Chrétien de Troyes aufgeschrieben und dann von anderen, darunter Wolfram von Eschenbach in seinem „Parzival", weitergesponnen, wobei die Sagen von König Artus' Tafelrunde mit einbezogen wurden. In jüngster Zeit (1982) setzten drei Journalisten der BBC eine neue Variante in die Welt: Sie deuteten das altfranzösische „San Greal" (heiliger Gral) als Sang real = königliches Blut, womit nicht bloß das Blut Jesu Christi, sondern seine leibliche Nachkommenschaft gemeint sei. Die Sünderin Maria Magdalena sei in Wahrheit Jesu Geliebte oder Ehefrau gewesen, die nach der Flucht aus Jerusalem ein Kind von ihm geboren habe, und eine Geheimgesellschaft namens Prieuré de Sion habe bis auf den heutigen Tag Jesu Nachfahren bewacht und geschützt. Darauf fußt wiederum der Bestseller „The Da Vinci Code" von Dan Brown, der 2005 unter dem Titel „Sakrileg" in die Kinos kam.

Das Wahrzeichen des südenglischen Städtchens Glastonbury: Das Glastonbury Tor und der Turm, der durch ein Erdbeben zerstörten Kirche St. Michael aus dem 14. Jahrhundert. Am Fuß des Glastonbury Tors soll der Heilige Gral vergraben sein. Noch heute findet sich dort der „Blood Spring", eine Quelle, die Jahrhunderte lang das Ziel von Pilgern war, die Genesung von ihren Leiden durch das heilende Wasser suchten ▶

Das Papsttum im Avignonesischen Exil (1309–1376)

Das Ende der Staufer Mitte des 13. Jahrhunderts schien den endgültigen Triumph des Papsttums zu bedeuten. Der Niedergang des Reiches beraubte die Päpste jedoch ihrer weltlichen Stütze. Bald zeigte sich, dass die päpstliche Macht hauptsächlich auf der Schiedsrichterrolle zwischen den Gewalten beruht hatte; eine ausreichende weltliche Machtbasis war nicht vorhanden. Die päpstliche Lehenshoheit hatte in dieser Zeit mehr und mehr nur symbolische Bedeutung. Die Entwicklung zum Landesstaat, die gerade in der staufischen Epoche deutlich wird, führte immer klarer zur inneren Aushöhlung des Lehenssystems.

Bulle „Unam sanctam"

Bonifaz VIII. (Benedetto Caetani), 1294 zum Papst gewählt, versuchte noch einmal das Ruder herumzureißen und den Primat des Papstes mit aller Deutlichkeit zu demonstrieren. Statt im geistlichen Ornat trat er bisweilen mit den Reichsinsignien geschmückt auf. Er deklarierte das Jahr 1300 zum Jubeljahr (erstes Heiliges Jahr der Kirche). Die Huldigungen, die er dabei auch von Fürsten und hohen Herren erfuhr, und der große Strom der Pilger, der Rom überschwemmte, ließen ihn jedes Maß verlieren.

Bonifaz' Gegner war der französische König Philipp IV. der Schöne (1285–1313). Im November 1302 verkündete Bonifaz in der Bulle „Unam sanctam" die weltliche Vorherrschaft des Papsttums. Als der König Protest einlegte, beschied ihn Bonifaz kühl, dass er nicht die Herrschaft über Frankreich beanspruche, wohl aber die über seinen Herrscher. Damit hatte er seine Karte

Bonifaz VIII. (um 1253–1303), Statue von Arnolfo di Cambio (1296/1300), zu sehen im Museo dell'Opera del Duomo in Florenz.

Klemens V. ließ sich am 5.6.1305 in Lyon zum Papst krönen und verlegte 1309 seine Residenz nach Avignon – der Beginn der sogenannten babylonischen Gefangenschaft der Päpste. Französische Buchmalerei, aus den „Chroniques de France".

überreizt. Philipp organisierte im Bund mit der italienischen Fürstenfamilie Colonna einen Putsch gegen den Papst mit dem Ziel, ihn nach Frankreich zu bringen, damit er sich vor einem Konzil verantworte.

Daraus wurde vorerst nichts, weil aufgebrachte Bürger von Anagni den Papst, der sich in ihrer Stadt, übrigens seinem Heimatort, aufhielt, vor dem Zugriff schützten. Bonifaz starb wenig später, als gebrochener Mann. Mit Klemens V. (Bertrand de Got), der 1305 den Stuhl Petri bestieg, fand König Philipp den gefügigen Mann, den er brauchte; allerdings hatte er diesmal bei der Wahl auch mit viel Geld nachgeholfen. Klemens, selbst Franzose und Erzbischof von Bordeaux, folgte dem Gebot des französischen Königs und zog 1309 mit der päpstlichen Hofhaltung nach Avignon um. In der Stadt an der Rhone begann das Exil der Päpste, auch „babylonische Gefangenschaft der Kirche" genannt, das bis 1376 dauern sollte.

Üppige Hofhaltung

Das Exil der Päpste in Avignon war ein bequemes, von „Gefangenschaft“, wie gerne behauptet wurde, konnte keine Rede sein. Um die Kirche St-Étienne wurde ein Palast errichtet, der Platz für eine üppige Hofhaltung bot. Kunstsinnige Päpste ließen ihn mit wertvollen Fresken versehen. Auch für die Kirchenorganisation war der Aufenthalt in Avignon von Vorteil. Hier nämlich bekam die päpstliche Finanzverwaltung erst ihre volle Ausbildung. Ein Heer von Sekretären, Notaren, Auditoren und Pönitentiaren wachte darüber, dass die aus der christlichen Welt zusammenlaufenden Einnahmen richtig verbucht wurden. Aus den persönlichen Nachlässen der Geistlichen, aus Jahrgeldern der Ämter, aus Gebühren für Gnadenbriefe und Privilegien zog das Papsttum großen Gewinn. Auch in die Besoldung der Arbeitskräfte hielt das Geldwesen nun Einzug. Früher war das Personal nur mit Naturalien entlohnt worden, die Geistlichen mit Benefizien, d.h. den Erträgen kirchlicher Pfründen. Nun erhielten sie in bestimmten Abständen Gehalt, inklusive Zuschüssen für Kleidung und Wohnen.

◀ Die französische Buchmalerei vom Ende des 14. Jahrhunderts zeigt eine Ratssitzung des französischen Königs Philipp IV. des Schönen in Paris anlässlich seines Konfliktes mit Papst Bonifaz VIII.

▲ Der Papstpalast in Avignon, Residenz der Päpste und Verwaltungszentrum der Kirche zwischen 1309 und 1376, wurde 1995 von der UNESCO in die Liste des Welterbes aufgenommen.

Die Pestepidemie von 1348–1350

Die Anzeichen der Krankheit sind unheimlich: Geschwülste von der Größe eines Apfels oder eines Eies zuerst an den Weichen oder in den Armhöhlen, dann sich über den ganzen Körper ausbreitend, dazu schwarze und blaue Flecken. Kein Arzt kann helfen, der Kranke stirbt binnen weniger Tage. Die Friedhöfe reichen nicht aus für die Toten, man wirft sie in rasch angelegte Massengräber ... Das berichten uns die spätmittelalterlichen Chroniken von der Pest der Jahre 1348 bis 1350. Und sie fügen hinzu, welche Auswirkungen die Epidemie auf das Leben der Gemeinschaft hat: Alle Bande sind aufgelöst, Familien zerfallen, die Kranken werden ausgestoßen. Besonders dies war eine schreckliche Erfahrung in einer Gesellschaft, der verwandtschaftliche Bindungen und gegenseitige Hilfeleistung sonst als das Allerwichtigste erschienen.

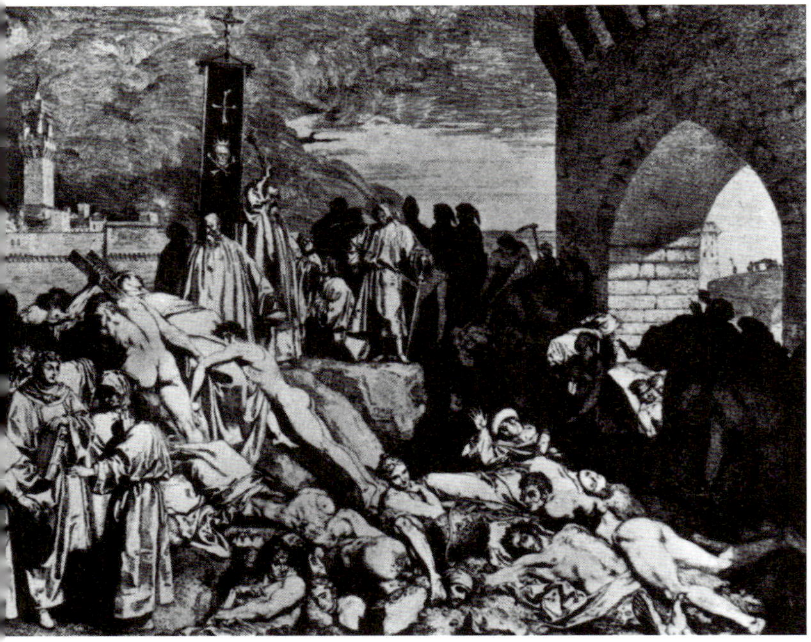

Die Pest in Florenz im Jahre 1348, dargestellt in einem Gemälde von Giuseppe Sabatelli aus dem 19. Jahrhundert. In den Jahren 1348–1350 wurden in Europa an die 25 Millionen Menschen Opfer der Epidemie.

25 Millionen Opfer

Seuchen mit hohen Opferzahlen hatte es oft schon gegeben, auch im Altertum und frühen Mittelalter. Die Pest aber, die im Jahr 1348 vermutlich aus dem Orient nach Italien und Südfrankreich eingeschleppt wurde und im folgenden Jahr Deutschland erreichte, stellte alle früheren Epidemien in den Schatten. In einzelnen Städten löschte die Pest die Hälfte der Einwohnerzahl aus, auf dem Land verödeten unzählige Dörfer, zurück blieben „Wüstungen“, in denen keiner mehr wohnen mochte. Insgesamt starben in Europa wohl 25 Millionen Menschen. Als schwarzen Reiter, der verderbenbringend übers Land braust, so stellte man sich die Epidemie vor. Daher der Name „Schwarzer Tod“. Man wusste damals nichts über den Erreger (das Bakterium Yersinia pestis, das durch Rattenflöhe übertragen wird, entdeckten Forscher erst 1894), sah in der Epidemie vielmehr ein göttliches Strafgericht. Vielerorts brach religiöse Erregung aus, Scharen von sogenannten Geißlern waren unterwegs, Menschen, die sich mit Ruten schlugen, um sich für ihre Sünden zu strafen. Und man jagte Sündenböcke: Die Juden wurden verdächtigt, das Wasser in den Brunnen vergiftet und dadurch die Pest hervorgerufen zu haben. Es kam zu Pogromen.

Erben profitieren

Die Wirkungen der Pest auf das Wirtschaftsleben bestanden zunächst in einer Lähmung. Langfristig jedoch veränderte sie die ökonomischen Rahmenbedingungen. Im Handwerk konnten die „Übriggebliebenen“ bessere Konditionen herausholen; man spricht heute von einem „goldenen Zeitalter der Lohnarbeit“. Einzelne erbten ungeheure Vermögen, was eine Kapitalbildung in großem Stil erlaubte. Gelder für den Bau von Bergwerken oder den Handel mit Übersee ließen sich leichter und in größeren Mengen als zuvor auftreiben.

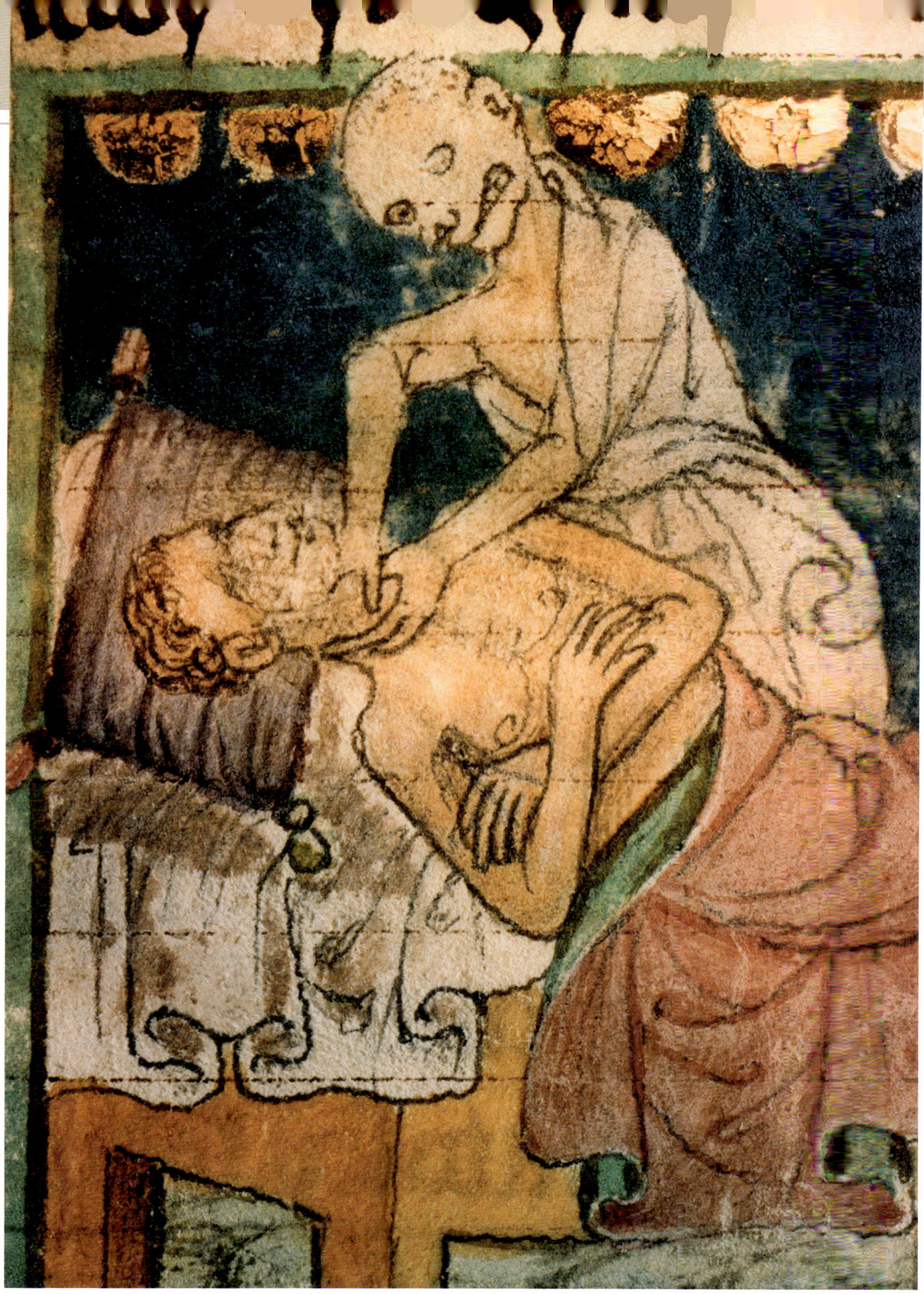

Der Tod erwürgt ein Pestopfer. In der böhmischen Buchmalerei des 14. Jahrhunderts kommt das Grauen vor der Macht des Schwarzen Todes auf unbeholfene Weise, aber umso drastischer zum Ausdruck.

Seuchen

Der Mensch des Mittelalters musste jederzeit damit rechnen, Opfer einer Epidemie zu werden. Typhus, Ruhr, Pocken, Tuberkulose, Lepra, Skorbut und Beulenpest waren die typischen Krankheiten des Hochmittelalters, später traten vermehrt auch der grippeähnliche sogenannte Englische Schweiß, die Frambösie (eine Schmierinfektion) und Geschlechtskrankheiten wie die Syphilis auf. Eine bedeutende Rolle spielte weiter das Antoniusfeuer, eine Pilzvergiftung, die durch Roggenbrot verbreitet wurde. Beim Wechsel in andere Klimazonen (z.B. bei den Kreuzzügen) machten die Menschen zudem Bekanntschaft mit daheim unbekannten Krankheiten wie der Malaria. Wenn auch das Seuchengeschehen oftmals genau beobachtet wurde, so war man doch von einer Klarheit über Entstehung und Übertragung weit entfernt, Seuchenbekämpfung bestand zumeist in nichts anderem als in Isolierung der Erkrankten.

Die Schlacht von Crécy (1346)

Im Juli 1346 landet der englische König Eduard III. bei Cherbourg. Er zieht durch die Normandie nach Norden, um sich mit seinen flämischen Verbündeten zu vereinen. Am 24. August überquert das englische Heer die Somme, auf seinen Fersen das französische Aufgebot unter König Philipp VI. Obwohl Eduard nur über ca. 8000 Mann verfügt, gegenüber den 20 000, die hinter ihm her sind, beschließt er, sich dem Gegner zu stellen. Bei der Ortschaft Crécy-en-Ponthieu besetzt er eine strategisch günstige Anhöhe. Philipps Truppen erreichen die englische Stellung am Nachmittag des 26. August. Sie greifen sofort an. Zwar ist es noch taghell, doch müssen die Franzosen gegen die untergehende Sonne kämpfen. Außerdem hat es zuvor stundenlang geregnet. Der Boden ist aufgeweicht, für einen Reiterangriff denkbar ungeeignet. Im Regen haben auch die Waffen der französischen Armbrustschützen gelitten. Die britischen Bogner sind besser dran, sie haben die Sehnen ihrer Waffen trocken gehalten. Ein Langbogen hat fast Mannshöhe, seine Geschosse können den Stahl einer Ritterrüstung durchschlagen. Und der Bogen erlaubt raschen Salventakt. In der Zeit, die man fürs Laden und Spannen der Armbrust braucht, hat ein gutgedrillter Bogenschütze schon mehrmals durchgezogen.

Kaltblütig warten die „archers“ ab, bis ihre Gegner die ersten kümmerlichen Schüsse getan haben. Dann treten sie in Aktion. Unter ihrem Pfeilhagel weichen die französischen Schützen zurück. Den Reitern, die nun ihre Attacken beginnen, ergeht es nicht besser. Welle auf Welle brandet gegen die Anhöhe, doch was den Pfeilschauern entgangen ist, rennt sich an den Lanzen der abgesessenen englischen Ritter fest. König Eduards Männer weichen nicht von der Stelle, und die Franzosen tun ihnen den Gefallen, immer nur frontal anzugreifen. Das ist Rittermanier, der Ritter kennt nur eine Angriffstaktik: gerade drauflos.
Auf dem Höhepunkt der Schlacht erhält König Eduard die Meldung, auf dem Posten, wo sein 16jähriger Sohn Eduard kämpfe, stünde es schlecht; dringend sei Verstärkung nötig. Ob sein Sohn selbst um Hilfe rufe, will der König wissen. Das wird verneint. Dann sei die Lage auch nicht kritisch, befindet der König und schickt die Boten ohne die erbetene Verstärkung fort.

Ritterdämmerung

Spät am Abend geben die Franzosen auf. Zu Tausenden liegen ihre Leichen auf dem Feld. Das englische Heer hat dagegen nur geringe Verluste. Crécy war eine der Schlachten, wie sie im 14. Jahrhundert häufiger geschlagen wurden. Ein Ritterheer traf auf eine mit Fernwaffen ausgerüstete, klug geführte Infanterie und ging trotz unbestreitbarer persönlicher Tapferkeit des einzelnen Reiters unter. Die Dämmerung des abendländischen Rittertums hatte begonnen.

Im Alter von 15 Jahren wird Eduard III. am 25. Dezember 1326 in der Westminster Abbey zum König von England gekrönt. Illustration zur Chronik des Jean Froissart.

Die Schlacht vor Crécy in einer französischen Buchmalerei des 14. Jahrhunderts. Anders als vom Künstler dargestellt, kam es nicht zum Kampf Reiter gegen Reiter; nur die Franzosen setzten Kavallerie ein.

Der Hundertjährige Krieg

Zwischen 1339 und 1453 herrschte (mit einigen Unterbrechungen) Krieg zwischen England und Frankreich. Englands König Eduard III. erhob Anspruch auf die französische Krone. Seine Mutter gehörte zur französischen Königsfamilie, die 1328 im Mannesstamm erloschen war. Nach englischem Recht konnten in solchem Fall auch Frauen (und dann deren Söhne!) das Erbe antreten, nach französischem nicht. Daher war die Krone an Philipp VI. aus dem Hause Valois gekommen, dem sie Eduard streitig machte. Daneben ging es um die Absatzmärkte für englische Wolle in Flandern. Nach dem Ableben der Protagonisten fanden sich stets neue, die den Krieg fortsetzten. Auch wenn die Kampfhandlungen 1453 mit dem Rückzug der Engländer aus Frankreich endeten, konnte ein Friede erst 1475 geschlossen werden.

Die Unterschichten

In den Städten des Spätmittelalters lebten viele Menschen nahe dem Existenzminimum und manche auch darunter. Man schätzt, dass die unteren Schichten der Gesellschaft bis zu 60 Prozent der Stadtbevölkerung ausmachten. Die Städte zogen ja alle an, die aus unerfreulichen Verhältnissen weg wollten, aber nicht jeder kam auf den grünen Zweig dabei. Ökonomische Veränderungen, technische Umwälzungen, das Auf und Ab der Konjunktur, Konkurrenzdruck konnten den sozialen Abstieg bewirken. Anderseits war das Vorhandensein einer großen Reserve von Arbeitskräften, aus denen man sich die billigsten heraussuchen konnte, durchaus im Interesse von Arbeitgebern, etwa Handelsherren oder reichen Handwerkern.

Stadtarmut

Einteilen lassen sich die Unterschichten in drei Hauptgruppen. Erstens verarmte Handwerksmeister, die aber noch in eigener Werkstatt und mit eigenen Geräten arbeiteten, und in Genossenschaften zusammengeschlossene Transport- und Bauarbeiter, die das Bürgerrecht besaßen. Zweitens unselbständige Arbeiter ohne eigene Produktionsmittel, Tagelöhner, Handwerksgesellen, Mägde und Knechte. Drittens die Nichttätigen, wie Arme, Kranke, Bettler, in den Quellen meist summarisch als „Stadtarmut" bezeichnet. Die Mehrheit der Unterschicht-Angehörigen besaß kein Bürgerrecht, sie galten nur als „Einwohner", hatten deshalb politisch nichts zu bestimmen und waren vor Gericht nicht einmal zeugnisfähig.

Die Wohnverhältnisse waren kärglich. Nicht einmal die Mittelschichten, also Handwerker und kleinere Kaufleute, lebten üppig, Verglasung an den Fenstern, Porzellan auf dem Tisch und Daunenbetten kannten auch sie nicht, aber immerhin verfügten sie über ein Haus oder eine Wohnung mit mehreren Zimmern und einigen Hausrat. Die Unterschichten dagegen hausten in Buden und Katen oder in den Kellergewölben fester Häuser, wo es feucht und kalt war. Ihre Unterkünfte lagen oft in der Nähe von Höfen, Scheunen und Ställen und waren von Schmutz und Gestank umgeben. Krankheiten und Seuchen fanden dem gemäß hier die meisten Opfer. Das Einkommen der unteren Schichten reichte nur hin, den Lebensunterhalt zu bestreiten, Steuern zu zahlen war den meisten unmöglich. Durch ihre soziale Stellung bedingt, blieben nicht selten Mägde, Knechte und Gesellen ehelos oder lebten in „wilder Ehe" ohne den Segen der Kirche.

Der Holzschnitt aus dem 15. Jahrhundert zeigt einen Bettelmann, der sein Weib im Karren fährt. Arme, Kranke und Bettler bildeten im Mittelalter die Stadtarmut. Die Mehrheit von ihnen besaß kein Bürgerrecht und hatte politisch nichts zu bestimmen.

Der heilige Antonius schenkt sein Vermögen den Armen. Florentiner Gemälde aus der zweiten Hälfte des 14. Jahrhunderts. Arme Leute waren auf die Mildtätigkeit der Reichen angewiesen; für diese wiederum gehörte das Spenden zu den „guten Werken", die ewige Seligkeit garantierten.

Altersversorgung

Versicherungen gab es nicht. Bei den Wohlhabenden war es die Familie, die sich um die Alten kümmerte, ebenso berufsständische Organisationen, wie z.B. Kaufleutevereinigungen. Auch bei den Handwerkern hatten die Kinder für die Versorgung der Alten aufzukommen. In den Ordnungen, die für die Handwerker erlassen wurden, ist dem Interesse an der Aufrechterhaltung eines einmal eingeführten Handwerksbetriebes Rechnung getragen: Handwerkersöhnen wurde die Erlangung der Meisterwürde erleichtert, Witwen durften das Geschäft ihres Mannes weiterführen usw. Das Prinzip der Altersversorgung durch die nächste Generation wurde auch bei städtischen Angestellten üblich. Bewerber bekamen eine Stelle erst, wenn sie sich verpflichteten, den Vorgänger oder dessen Witwe mit zu ernähren. Die Armen in einer Stadt waren jedoch zumeist auf die Mildtätigkeit der Reichen angewiesen. Diese war allerdings nicht unbedingt von einem solidarischen Gedanken geleitet. Die Spenden, die einer gab, die Stiftungen, die er in seinem Testament aussetzte, dienten seinem eigenen Seelenheil. Die „guten Werke" waren es, an denen der mittelalterliche Mensch die Stärke seines Glaubens maß.

Die Goldene Bulle (1356)

Im Deutschen Reich galt im Mittelalter das Prinzip des Wahlkönigtums, wenn auch zunächst unter Beachtung des Geblütsrechts; man hielt sich daran, Mitglieder einer bestimmten Familie zu wählen. So kamen die Ottonen, Salier und Staufer auf den Thron. Die Wahl selbst verlief ohne fest geregeltes Wahlverfahren, aber letztlich in der Weise, dass der Stammesadel der vier Hauptstämme (Franken, Schwaben, Sachsen, Bayern) das Stimmrecht ausübte. Auch die geistlichen Fürsten wählten zunächst als Angehörige ihrer Stämme; erst im 11. Jahrhundert bildeten sie einen eigenen Wahlkörper. Dazu muss man wissen, dass ein geistlicher Fürst (z.B. ein Erzbischof) genauso Ländereien besaß und Lehensherr war wie ein weltlicher Fürst.

Wahl durch die Kurfürsten

Im Lauf der Zeit schälte sich eine Gruppe von zunächst vier, dann sechs, schließlich sieben Fürsten heraus, die bei einer Wahl unbedingt dabei sein sollten. Es waren die Erzbischöfe von Köln, Mainz und Trier, der Pfalzgraf bei Rhein, der Herzog von Sachsen, der Markgraf von Brandenburg und der König von Böhmen. Da die übrigen Fürsten immer weniger Interesse an der Königswahl zeigten, verengte sich der Kreis der Wähler letztlich auf die sieben, die man „Kurfürsten“ (von „küren“ = wählen) nannte. Dies Verfahren wurde bei den Königswahlen von 1257 erstmals praktiziert. Aus dem alleinigen Wahlrecht der Kurfürsten leiteten diese

Beratung der sieben Kurfürsten zur Königswahl Heinrichs VII. im Jahre 1308, Buchmalerei (um 1350) aus dem Codex Balduini Trevirensis.

Zur 650-Jahrfeier der Goldenen Bulle zeigt ein Mitarbeiter des Frankfurter Instituts für Stadtgeschichte im September 2006 ein Exemplar des Verfassungsdokumentes. Frankfurt wird darin als Wahlort der deutschen Könige benannt.

dann bald das Recht zur Absetzung des Königs ab. Beim Kurverein von Rhense (1338) traten sie zum ersten Mal als organisierte Körperschaft auf. Mit der „Goldenen Bulle“ von 1356, die das alleinige Wahlrecht der Kurfürsten bestätigte, wurde der Schlusspunkt unter die Entwicklung gesetzt. Bei der Wahl galt fortan das Mehrheitsprinzip. Außerdem erhielt der König automatisch den Kaisertitel, der Zug nach Rom war nicht mehr nötig. Für den gegenwärtig regierenden deutschen Monarchen, Karl IV., kam diese Regelung zu spät, er hatte sich gerade im Jahr zuvor zum Kaiser krönen lassen. Die Goldene Bulle (sie hieß so wegen des goldenen Siegels), verkündet auf den Reichstagen von Nürnberg und Metz, blieb bis zum Zerfall des Heiligen Römischen Reiches Deutscher Nation (1806) in Kraft und war damit das in seiner Wirkung bedeutendste Gesetz, sozusagen das „Grundgesetz“ des ersten Kaiserreiches.

Kulturzentrum Prag

Kaiser Karl IV. gehörte zum Geschlecht der Luxemburger, doch ihren Hauptbesitz hatten diese in Böhmen.

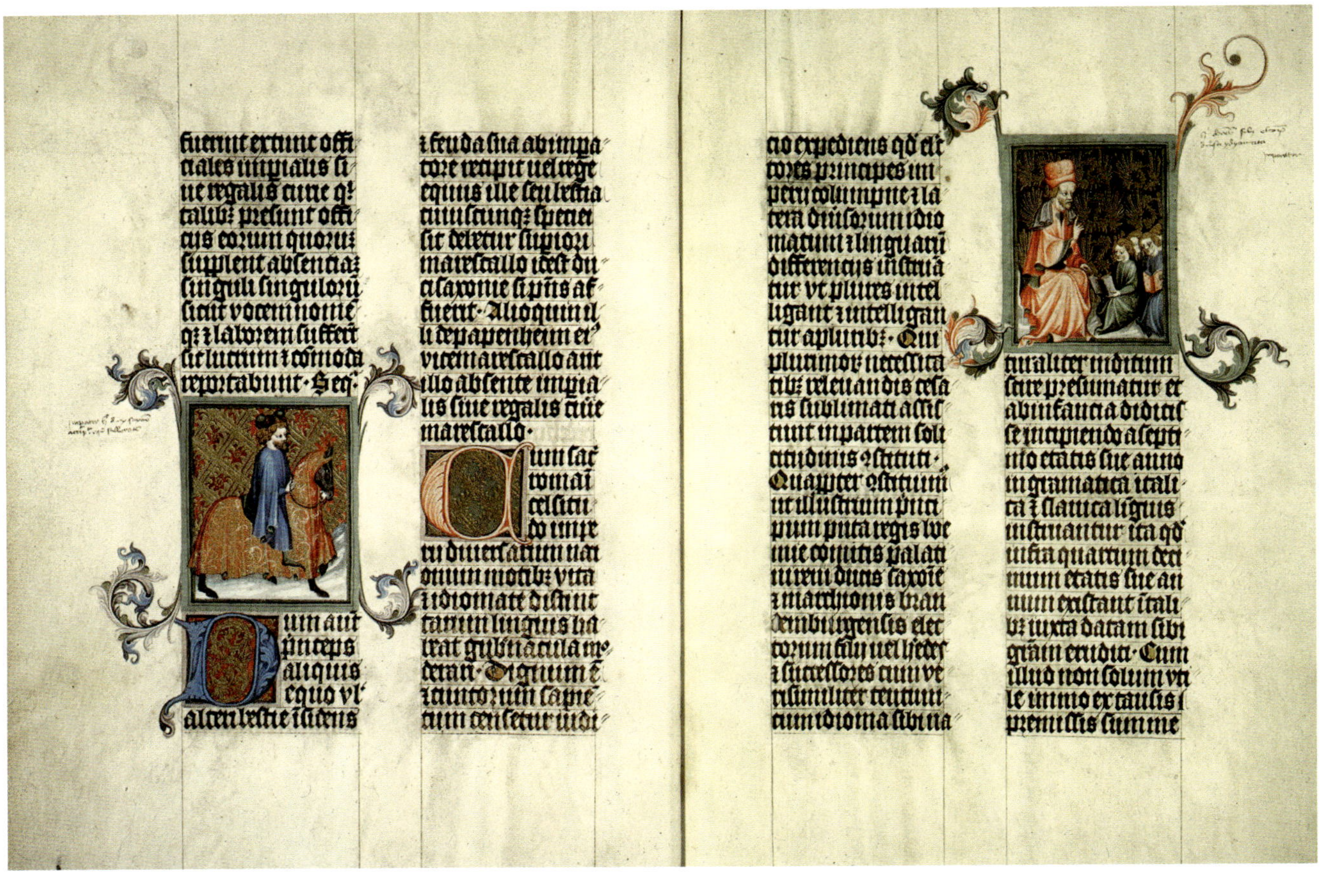

Illuminierte Seite der Prachtausgabe der Goldenen Bulle, von König Wenzel, Sohn und Nachfolger Karls IV., in Auftrag gegeben und im Jahr 1400 vollendet.

Dementsprechend wählte Karl die böhmische Hauptstadt zur Residenz. In seiner langen Regierungszeit als deutscher König (1346–1378) blühte Prag mächtig auf und wurde zur „Goldenen Stadt". Das bisherige Bistum wurde Erzbistum, man begann mit dem Bau des monumentalen Veitsdomes, der Steinernen Brücke über die Moldau und der Prager Neustadt. Karl gründete die erste deutsche Universität (1348) sowie das Collegium Carolinum (1366). Von besonderer Bedeutung war die Ernennung des Theologen Johann von Neumarkt (um 1310–1380) zum Kanzler. Neumarkt stand im Briefwechsel mit Humanisten in Italien und übersetzte deren Werke ins Deutsche. Er prägte als glänzender Stilist nachhaltig den deutschen Kanzleistil und hatte beträchtlichen Anteil an der Entstehung der neuhochdeutschen Schriftsprache. Amts- und Wissenschaftssprache war im Reich bisher hauptsächlich das Lateinische gewesen, Mittelhochdeutsch blieb Dichtersprache. Zwar gab es das Mittelniederdeutsche als brauchbares Medium für die schriftliche Mitteilung, doch war seine Kenntnis und Verbreitung auf den Norden beschränkt.

Während seiner Regierungszeit als deutscher König (1346–1378) residierte Karl IV. in Prag, das unter ihm zur „Goldenen Stadt" aufblühte. Dazu gehörte auch die Gründung der Prager Universität 1348, vor der noch heute dieses Denkmal zu Ehren Karls IV. steht. ▶

Bild nächste Doppelseite:
Blick auf die Prager Altstadt mit der Steinernen Brücke (Karlsbrücke) und dem Veitsdom im Hintergrund. 1357 legte Karl IV. den Grundstein für die 10 m breite und 520 m lange Brücke, die sich auf 16 Bögen über die Moldau spannt.

Die Anfänge der Hanse (12./13. Jh.)

Hanse bedeutet „Schar“, es meinte ursprünglich den Zusammenschluss von Personen. Kaufleute schlossen sich zusammen, um gemeinsam die Gefahren einer Reise in die Fremde zu bestehen; aus der Verfolgung gleicher Ziele erwuchs eine Genossenschaft mit festen Regeln, schließlich ein Bund von Handelsstädten, der den Staaten West-, Nord- und Osteuropas gegenüber als gleichberechtigter Partner auftreten konnte.

Privilegien von Richard Löwenherz

In der Stauferzeit gewann der Bund Kontur. Um 1157 besaßen die Kölner Kaufleute ein eigenes Haus in London, die Guildhall. 1194 gestattete Richard Löwenherz ihnen den freien Verkehr und Marktbesuch im ganzen Land, auch Hamburger und Lübecker Kaufleute gründeten Niederlassungen in England. Im Zusammenhang mit der deutschen Ostsiedlung entstanden, beginnend mit Lübeck, zahlreiche Handelsstädte entlang der Ostsee. Über die Insel Gotland lief der Handel mit dem russischen Nowgorod, das seinerseits zentraler Markt für die Waren aus dem russischen Hinterland (vor allem Pelze) war. Die Genossenschaft der deutschen Gotlandfahrer trug dann auch wesentlich dazu bei, dass sich die Hanse zu einer überregionalen Organisation entwickelte. Aus Schweden bezogen die deutschen Kaufleute vornehmlich die Produkte des eben erschlossenen Bergbaus.

Wichtigstes Handelsgut, geradezu ein Symbol der Hanse, war der Hering. Die Dänen fingen ihn in den Gewässern vor der Südwestküste Schonens, deutsche

Das Siegel der Stadt Lübeck, hier in der Ausführung von 1466, zeigt den Gründungsakt der Hanse: An Bord einer Kogge bilden landfahrender (links) und seefahrender Kaufmann durch den Schwur eine Fahrgenossenschaft.

„Im Hafen einer Hansestadt", Farblithographie aus einer Serie kulturgeschichtlicher Bilder (um 1909).

Händler kaufen ihn, mit Lüneburger Salz wurde er haltbar gemacht und in Rostocker Tonnen zu den Verbrauchern befördert. Auch mit Norwegen gab es Handelsbeziehungen, Bremer Kaufleute unterhielten schon früh eine Niederlassung in Bergen, im 13. Jahrhundert wurde der Ort auch in das System des Ostseehandels einbezogen. Norwegen lieferte den Stockfisch, das heißt an der Luft getrockneter Kabeljau, der vor allem in Fastenzeiten in der christlichen Welt nachgefragt wurde. Im Austausch brachten die Deutschen Getreide, das in dem kargen Nordland oftmals dringend gebraucht wurde.

Flandern mit seiner reichen Tuchproduktion war ein weiteres Handelsziel, das Kontor in Brügge sollte zu einem der wichtigsten ausländischen Stützpunkte der Hanse werden. Von dort führten Handelswege weiter nach Frankreich und zur Iberischen Halbinsel. Um

„Braunschweig demütigt sich vor der Hanse". Holzschnitt (um 1850) nach einer Zeichnung von Adolf Ehrhardt. Nach dem Ausschluss aus der Hanse sechs Jahre zuvor, erreicht die Stadt Braunschweig 1380 die Wiederaufnahme in den Hansebund.

1280 war die Bildung der Gesamthanse unter Lübecker Führung abgeschlossen, mit Handelssperren gegen Brügge (1280/1282) und gegen Norwegen (1284/1284) zeigte die Organisation, welche Macht sie inzwischen gewonnen hatte.

Lübeck

Metropole des Nordens und Führungsmacht der Hanse war Lübeck, eine Gründung des Holsteiner Grafen Adolfs II. (1143), der Heinrich der Löwe seit 1160 zum Aufstieg verhalf. Um 1300 betrug Lübecks Einwohnerzahl ca. 15 000. 1226 erhielt Lübeck von Kaiser Friedrich II. die Reichsfreiheit verliehen (sie galt bis 1937). Über seinen Hafen verliefen bedeutende Handelsströme, sowohl in Nord-Süd-, als auch in Ost-West-Richtung. Salz, Heringe, Tuche waren die hauptsächlich umgeschlagenen Waren, dazu kamen Aktivitäten in Zusammenhang mit der Missionstätigkeit des Deutschen Ordens. Was Venedig für die Pilgertransporte ins Heilige Land bedeutete, das stellte Lübeck als Ein- und Ausschiffungshafen für den Verkehr mit Preußen dar. Ein weiterer, hochbedeutender „Exportartikel" war das Lübische Recht. Lübecks Verfassung, ganz auf die Interessen der tonangebenden Fernhändlerschicht zugeschnitten, wurde von mehr als 100 Städten im Ostseeraum übernommen.

Holstentor in Lübeck, 1461–1476 errichtet, Abgrenzung der damals ummauerten Innenstadt nach Westen und Wahrzeichen der Stadt. Das mehrmals aufwändig restaurierte Gebäude präsentiert sich im Mittelteil als vornehmes Bürgerhaus mit Giebel, das von zwei imposanten Türmen flankiert wird. ▶

CONCORDIA DOMI FORIS PAX

Schiffbau

Im mediterranen Raum führte der Schiffbau im Mittelalter mehr oder weniger die antiken Traditionen fort. Man baute zwar nicht mehr die riesigen Transporter, mit denen das Getreide aus Nordafrika nach Rom verschifft worden war, oder die Kriegsschiffe, mit denen die großen Seeschlachten ausgefochten worden waren. Aber es war immer noch der Schiffstyp der Römer und Griechen, die Galeere, die im Mittelmeer verkehrte. Die immer unsicheren Windverhältnisse in diesen Breiten ließen nicht ratsam erscheinen, sich auf Segel allein zu verlassen. Deshalb hatte die Galeere auch einen Antrieb durch Ruder, die paarweise und in Rei-

Replik einer Hansekogge unter vollen Segeln auf einem Ostseetörn. Vorlage für den Nachbau war das Wrack, das 1962 aus dem Schlick bei Bremen gezogen wurde und dessen Reste im Schifffahrtsmuseum Bremerhaven aufbewahrt werden.

hen, teilweise sogar mehreren Reihen übereinander, angeordnet waren.

Einbaum als Grundlage

Im Norden Europas verlief die schiffbautechnische Entwicklung anders. Man fing sozusagen ganz von vorne an, mit dem Einbaum, dem auf der ganzen Welt verbreiteten Ur-Boot aus einem der Länge nach halbierten und ausgekehlten Baumstamm. Der Einbaum wurde aufgespreizt, den Seitenwänden wurden Planken angesetzt, die einander wie Dachziegelreihen überlappten (daher die Bezeichnung „Klinkerbauweise"). Die Spreizung nach außen bewirkte eine Verbreiterung des Schiffsquerschnitts, je höher die Seitenwände wurden. Für den Halt der Seitenwände sorgten in den Schiffsboden eingesenkte Rippen, die mit Tauwerk an den Innenseiten der Planken festgebunden waren. Ergebnis war eine Art Groß-Kanu, das mit Paddeln fortbewegt wurde.

Das Nydam-Boot vom Ende des 4. Jahrhunderts weist erstmals eiserne Nieten auf, mit denen die Planken untereinander verbunden wurden; das hochseegängige Schiff wurde nicht mehr gepaddelt, sondern gerudert. Der Schritt hin zum Segelschiff wurde zwischen dem 6. und dem 8. Jahrhundert gemacht. Die Skandinavier schufen sich, als sie ihre schlanken Ruderboote endlich mit Segeln ausrüsteten, einen neuen Typ von Schiff, den Renner, der in einem bis dahin ungeahnten Tempo große Distanzen zurücklegen konnte.

Kraweelbau

Die Entwicklung ging weiter zu bauchigen, geräumigen Formen, um größere Mengen Fracht transportieren zu können, etwa Ritter mit ihren Pferden auf der Fahrt ins Heilige Land, oder die Massengüter der Hansekaufleute. Die Schiffe erhielten geschlossene Decks und Aufbauten mit Unterkunftsmöglichkeiten. Gegen Ende des Mittelalters wurde dann auch die Klinkerbauweise vom Kraweelbau ersetzt, man fügte die Planken zu glatten Flächen zusammen, nicht mehr überlappend wie beim Klinker und sparte so Holz.

Schiffsbau auf der Werft in Venedig, kolorierter Holzschnitt (1490) zur Reisebeschreibung des Bernhard von Breidenbach.

Der Lastesel der Hansezeit

Klassischer Schiffstyp der Hanse war die Kogge. Der Fund eines Schiffswracks vom Ende des 14. Jahrhunderts in der Weser bei Bremen im Jahr 1962 gab Aufschluss über die Konstruktion. Danach bestand bautechnisch noch Ähnlichkeit mit dem Wikingerschiff, auch die Kogge wurde von außen nach innen gebaut, d.h. man fing an mit dem Kiel und den Bordwänden, die in Klinkerbauweise errichtet wurden, Versteifungen wie Spanten und Deckbalken wurden später eingezogen. Die Kogge besaß einen Mast, der ein Rahsegel in Trapezform trug. Gesteuert wurde mit einem seitlich angebrachten Ruder, später wurde das Heckruder üblich. Über dem Achterschiff erhob sich ein Aufbau mit den Quartieren der Schiffsführung. Ein Nachbau von 1991, die „Ubena von Bremen", bewies, dass der Lastesel der Hansezeit durchaus passable Segeleigenschaften besaß. Eine Kogge konnte durchschnittlich 200 Tonnen Ladung tragen, das war das Sechsfache von dem, was die Segler der Wikinger befördert hatten.

Erfindungen

A und O der Technik im Mittelalter war die Kraftübertragung. Menschliche und tierische Kraft als Antriebsenergie dominierten zwar noch über Jahrhunderte, z.B. beim Tretkran, den man im Bauwesen einsetzte, doch wurden mehr und mehr Wasser und Wind über immer ausgefeiltere Vorrichtungen als neue Energien genutzt.

Die Wassermühle hatten bereits die Römer gekannt. Im Laufe des Mittelalters wurde sie von allen romanischen, germanischen und slawischen Völkern übernommen. Die Windmühle gelangte im 12. Jahrhundert aus dem Orient ins nördliche Europa. Das Problem, eine Windmühle in die wechselnden Richtungen des Windes zu drehen, löste man zunächst, indem man das ganze Mühlengebäude mit den Windflügeln auf einem Bock drehbar montierte. Die „klassische" Form, nämlich als festen Bau mit einem drehbaren Dach, an dem die Flügel montiert sind, erfanden erst die Niederländer im 16. Jahrhundert. Die Windmühle eignete sich zum Mahlen von Getreide, zu Be- und Entwässerungsarbeiten, zum Betrieb von Wasserhebemaschinen im Bergbau und als Antriebsmaschine für eine Vielzahl von Mechanismen. Mit ihren ineinander greifenden Rädern, Zähnen und Wellen gab die Mühle Anregungen zu immer weiteren neuen Konstruktionen von Transmissionen.

Die Miniatur aus dem 14. Jahrhundert illustriert eine Frau am Spinnrad. Mit der Erfindung des Handspinnrads begann die Mechanisierung in der Textilindustrie.

Zeitmessung

Unter anderem profitierte die Entwicklung der mechanischen Uhr davon. Über die Sand- und Wasseruhren der Römer führte der Weg zur Gewichtsräderuhr, die die Schwingungen und Umdrehungen zu zählen vermochte. Um 1350 hatte die Räderuhr ihre für Jahrhunderte gültige Gestalt gefunden. An den Kirchtürmen angebracht, maß sie die Zeit und gab dem Alltagsleben Struktur.

Dem Nürnberger Goldschmied Peter Henlein gelang es um 1510 die Bauteile der Uhr so weit zu verkleinern, dass man sie in der Hosentasche unterbringen konnte. Seine „Sackuhr" besaß allerdings weder Pendel noch elastische Spiralfedern.

Bereits im 13. Jahrhundert war die Brille erfunden worden. Da man aber das Material, Glas, Bergkristalle oder Berylle, vorerst nur konvex zu schleifen vermochte, hatten nur Weitsichtige etwas davon.

Im gleichen Jahrhundert kam es mit der Erfindung des Handspinnrades zu einer Mechanisierung der Textilproduktion. Hand- oder später Treträder trieben auch die Drehbank des Drechslers oder sorgten in der Schmiede für das Öffnen und Schließen des Blasebalges.

◀ Peter Henlein, Skulptur von Max Meissner (geb. 1859). Der Nürnberger Schlosser und Feinmechaniker stellte um 1510 die erste dosenförmige Taschenuhr her.

Windmühlen bei Consuegra, Spanien. Die ersten Windmühlen haben möglicherweise in Babylon gestanden. Jedenfalls werden solche Anlagen schon um 1750 v. Chr. in einem Gesetzbuch von König Hammurabi erwähnt. ▶

Espartero

Zeitgenössische Darstellung einer Bombarde, eines spätmittelalterlichen Pulvergeschützes, das vor allem im Festungskrieg zum Durchbrechen von Mauern eingesetzt wurde.

Pulverwaffen

Schon im Altertum wussten die Chinesen aus Salpeter, Schwefel und Kohle ein explosives Gemisch herzustellen, das Raketen treiben konnte. Es blieb aber dem Abendland vorbehalten, die Schusswaffen zu entwickeln, in denen das Pulver erst richtig Wirkung entfalten konnte. Grundlage war die in der ersten Hälfte des 14. Jahrhunderts gewonnene Erkenntnis, dass die beim Abbrennen des Pulvers freigesetzte Kraft durch Verdämmen in eine bestimmte Richtung gelenkt und so zur Bewegungsenergie für ein Geschoss gemacht werden kann. Die ersten „Geschütze" bestanden dementsprechend aus einem Rohr, das am hinteren Ende geschlossen war. Dort wurde eine Pulverladung festgestopft, davor kam eine Steinkugel mit einem gegenüber dem Rohrquerschnitt etwas geringeren Durchmesser. Durch ein kleines Loch in der Oberseite des Rohres wurde eine brennende Lunte eingeführt, die das Pulver zur Explosion brachte, was die Kugel mit großer Kraft aus dem Rohr trieb. In Form von Kanonen, die Steinkugeln bis 80 cm Durchmesser verschießen konnten, oder auch als kleine „Handröhren" mit Bleimunition kamen diese Waffen hauptsächlich im Festungskrieg zum Einsatz.

Auf dem Vergil-Porträt (um 1538) des Malers Ludger tom Ring trägt der altrömische Dichter eine Lesebrille. Deren konvexer Glasschliff war den Technikern des Spätmittelalters möglich; so konnte immerhin der Altersweitsichtigkeit abgeholfen werden. ▶

VIRGILIVS POETARVM EXCELLENTISSIMVS

Das Verlagssystem (13./14. Jh.)

Es gab im Mittelalter noch keine Fabrikarbeit, und auch die Manufakturen existierten noch nicht, die im 17. und 18. Jahrhundert zur Arbeitsstätte von Hunderttausenden werden sollten. Aber es gab schon eine Art Hausindustrie, die heute mit dem Begriff „Verlagssystem" bezeichnet wird. Im 13. Jahrhundert ist sie vor allem im Raum Flandern zu erkennen, danach auch in anderen Regionen. Ihr Charakteristikum ist, dass die produktive Arbeit zwar von vielen in der gleichen Weise, aber dezentral erledigt wird.

Das Verlagssystem ging einher mit Bevölkerungswachstum, Siedlungsverdichtung, Differenzierung von Gewerbe und Fernhandel und einer gestiegenen Nachfrage nach den Gütern des täglichen Bedarfs. Das städtische Handwerk konnte nicht die Mengen produzieren, die nachgefragt wurden, und hatte auch das Kapital für Betriebserweiterungen nicht. Hier schlug die Stunde des Handels. Er war der Herr der Rohstoffe, er hatte das Geld, um in Massen einzukaufen. Da lag es nahe, dass er auch die Verarbeitung und den Verkauf

Das Fresko aus dem Rathaus von Siena in der Toskana zeigt einen Tuchmacher bei der Arbeit. Das Textilgewerbe bot gute Möglichkeiten für eine Organisation der Arbeit nach dem Prinzip des Verlagswesens.

der fertigen Ware in die Hand nahm. Das System des „Verlages“ sah dann so aus, dass z.B. ein Wollhändler aus Köln die zuvor etwa in England in großer Menge eingekaufte Ware an bestimmte Weber in seiner Stadt oder im Umland verteilte, die bereit waren für ihn zu arbeiten, und die fertigen Tuche anschließend nach Lübeck oder anderswohin verfrachtete. Der Handwerker hatte mit Einkauf und Verkauf nichts mehr zu tun und erhielt lediglich einen Arbeitslohn.

Entlohnung in Naturalien

Die Abhängigkeit konnte noch weiter gehen. Dann finanzierte der Händler dem Handwerker die Anschaffung seines Arbeitsgeräts; der Webstuhl blieb bis zur Bezahlung, die vielleicht nie erfolgte, im Eigentum des Händlers. Oft gehörte dem Händler auch das Haus, in dem der Handwerker wohnte und arbeitete; dieser musste dann Miete zahlen, die mit seinem Lohn verrechnet wurde. Oder es gab überhaupt keine Entlohnung in Geld, sondern in Naturalien; „Trucksystem“ ist dafür heute der Begriff. Manche Händler bauten sich so ein regelrechtes Wirtschaftsimperium auf. Die Zünfte leisteten nicht grundsätzlich Widerstand. Hier und dort machten sie beim Verlagssystem mit, indem sie ihre Mitglieder geschlossen in die Zusammenarbeit mit den Verlegern führten und auf diese Weise mehr für sie heraushelten, als diese es einzeln vermocht hätten. Dennoch hielten sich die Verleger meist an unzünftige Handwerker, die keiner Organisation angehörten.

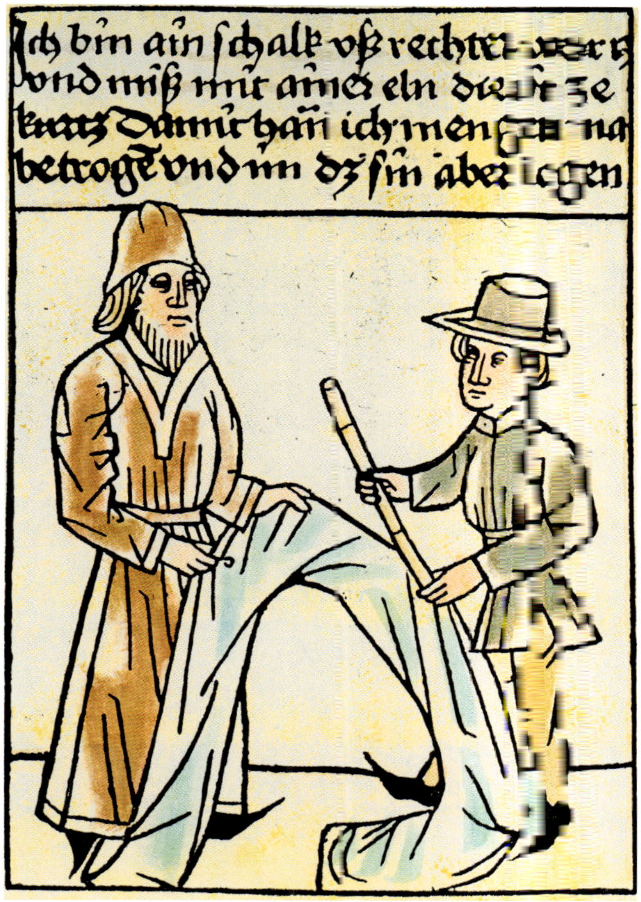

Betrügerischer Tuchhändler mit zu kurzer Elle, kolorierter Holzschnitt aus dem 15. Jahrhundert. Das Verlagssystem gab Händlern in einem viel weiteren Maße die Möglichkeit zur Übervorteilung, wie es Jehan Boinebroke mit seinem Imperium unter Beweis stellte.

Das Imperium des Jehan Boinebroke

Einen „echten Industriebanditen“ nennt ihn ein französischer Forscher: Jehan Boinebroke († 1285 oder 1286), Tuchhändler, Grundbesitzer und Schöffe in Douai in Flandern, zog aus dem Verlagssystem maximalen Nutzen. Er betrieb Warenhandel und Geldverleih in Flandern, England und Schottland und beschäftigte zahlreiche Arbeiter und Handwerker. Aus erhalten gebliebenen Prozessakten lassen sich seine ausbeuterischen Praktiken rekonstruieren. Er bestimmte nämlich in seinem Testament, dass jeder, dem er geschadet habe, sich an seine Erben wenden könne. Und die Geschädigten meldeten sich: Lieferanten, die er übervorteilt hatte, Schuldner, von denen er hohe Pfänder verlangt und die ihre Schulden vor der Zeit hatten zurückzahlen müssen, Arbeiter, denen er den Lohn gekürzt, Mieter, die er wegen rückständiger Zahlung aus ihren Wohnungen geworfen hatte, vor allem aber die kleinen Handwerker, die in seinen Häusern wohnten, ihre Werkzeuge von ihm bezogen, die Rohstoffe zugeteilt bekamen und ihre fertigen Waren nicht selbst verkaufen durften.

Die Eidgenossenschaft in der großen Politik

Im letzten Viertel des 14. Jahrhunderts trat an die Schweizer Eidgenossenschaft, inzwischen angewachsen auf acht Kantone, erneut die Notwendigkeit heran, sich gegen einen Angriff der Habsburger zu wappnen.

Luzern hatte 1385 einen Zug gegen die österreichische Festung Rotenburg unternommen. Das nahm Herzog Leopold III. von Österreich zum Anlass, gegen die Eidgenossenschaft insgesamt vorzugehen. Am 9. Juli 1386

Das Schmuckbild (ca. 1860) verherrlicht den Sieg der Schweizer in der Schlacht von Sempach im Jahre 1386. Der Sage nach soll dabei ein Mann namens Arnold von Winkelried seinen Genossen den Einbruch in die gegnerische Schlachtreihe ermöglicht haben, indem er mehrere feindliche Lanzen gegen die eigene Brust lenkte.

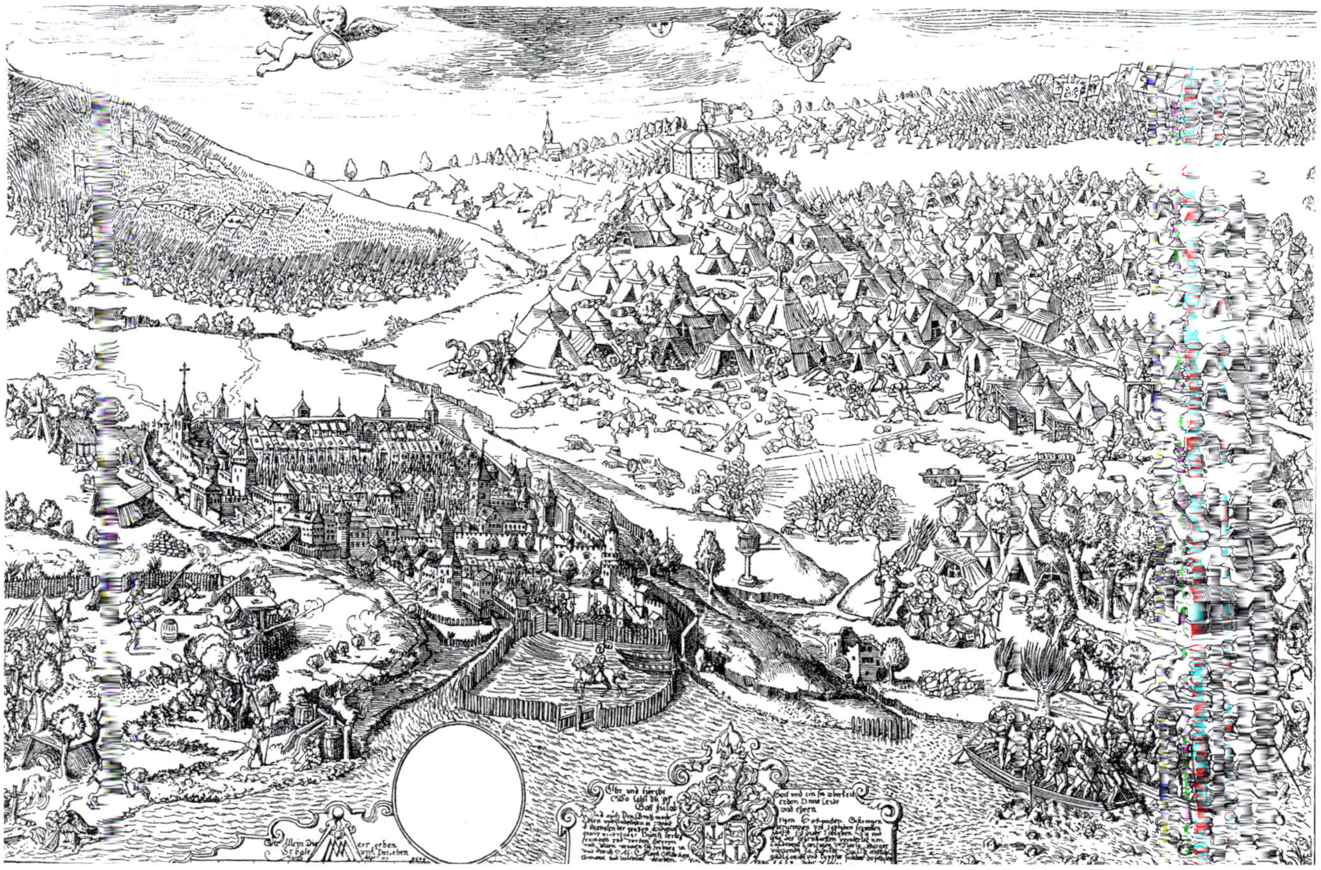

Während der Schlacht bei Grandson plündern die Schweizer das burgundische Lager.
Zeitgenössischer Holzschnitt aus dem 15. Jahrhundert.

trafen beim Städtchen Sempach nördlich von Luzern rund 4000 Österreicher auf ein zahlenmäßig deutlich kleineres Heer der Schweizer (rund 1600 Mann). Herzog Leopold fiel bereits im Kampf der Vorhuten, den endgültigen vernichtenden Sieg der Schweizer brachte dann der Flankenangriff eines sogenannten Gewalthaufens. Das war ein dicht geschlossener Block von Infanteristen, die mit langen Spießen bewaffnet waren. Die Eidgenossenschaft erhielt nach diesem Sieg (und einem zweiten bei Näfels 1388) beträchtlichen Zuwachs. Als „zugewandte Orte“ schlossen sich u.a. Wallis, Appenzell und St. Gallen an, dazu machten die Eidgenossen Eroberungen, die an die alten Kantone angegliedert bzw. als „gemeine Herrschaft“ verwaltet wurden.

Mit den Habsburgern wurde 1476 endlich ein Frieden geschlossen, die „Ewige Richtung“, mit Frankreich ein Soldvertrag: Die Eidgenossen stiegen ein in den Krieg Frankreichs und des Deutschen Reiches gegen den Burgunderherzog Karl den Kühnen. In den Schlachten von Grandson und Murten (1476) sowie Nancy (1477) bewährten sich die Schweizer wieder als begabte Soldaten. Der Ruf ihrer militärischen Tüchtigkeit verbreitete sich über ganz Europa, es wurde Mode, in der Schweiz Söldner anzuwerben, egal für welche Kriege auch immer.

Schweizergarden

Ihre eigene Expansionspolitik, vornehmlich in Richtung Italien, gab die Eidgenossenschaft nach der Niederlage von Marignano gegen die Franzosen und Venezianer (1515) auf und verlegte sich fortan ganz auf den Export militärischer Fachkräfte. Europas Königshäuser hielten sich Schweizergarden als Leibwachen, der Papst hat heute noch eine solche Schutztruppe aus Söhnen der Alpenrepublik.

Söldner

Wie das Altertum, kannte auch das Mittelalter den Krieger, der gegen Bezahlung kämpft. Legendär die Warägergarde der byzantinischen Kaiser, eine Truppe hochgewachsener Wikinger, die in Konstantinopel den Kaiserpalast hüteten. Normannen verdingten sich in den Städten Unteritaliens. Kaiser Friedrich Barbarossa beschäftigte die Brabanzonen, eine Horde von Söldnern aus Brabant, die sich durch Plünderzüge und Kriegführung auf eigene Faust einen schlimmen Namen machten. Aus der Zeit der Kreuzzüge ist das Wirken einer „Katalanischen Kompanie“ bekannt, die jeder mieten konnte, der genug Geld besaß. Im 14. und

„Rückzug von Marignano“. Gemälde (1899) von Ferdinand Hodler (1853–1918). 1515 besiegt Franz I. die Schweizer im Dienst des Herzogs von Mailand. ▶

◀ „Der Tod Karls des Kühnen in der Schlacht von Nancy“. Gemälde (1831) von Eugene Delacroix (1798–1863). Nach der Niederlage Karls des Kühnen gegen Frankreich und das Deutsche Reich, wird der Burgunderherzog auf der Flucht erschlagen. In der Schlacht von Nancy bewährten sich die Eidgenossen erneut als begabte Soldaten.

15. Jahrhundert entstand das Landsknechtswesen. Zunächst in der Schweiz, dann auch in anderen europäischen Ländern sammelten sich die mit Langspießen oder Hellebarden ausgerüsteten Infanteristen, die mit jedem Ritterheer fertig wurden. Der Krieg, eben noch Sache gutbetuchter Leute, die sich Pferde und teure Waffen leisten konnten, wurde zu einem Handwerk, das jeder üben konnte, sofern er bereit war, sich einzuordnen. Die Landsknechte verstanden sich als Zunft und entwickelten eine eigene Kultur. Sie hielten Vollversammlungen ab, übten Strafjustiz untereinander, wählten ihre Unterführer selbst und wahrten Mitspracherechte. „Reislaufen“ (von reise = Feldzug), das heißt der Solddienst in einem auswärtigen Heer, wurde zum Erwerbszweck, auf den viele Menschen aus den unteren Schichten ihren Lebensunterhalt gründeten.

Die Schweizergarden, bereits im Mittelalter als Söldnertruppe entstanden und als Schutztruppe europäischer Königshäuser beliebt, bilden noch heute die Leibwache des Papstes ▶

Spätes Mittelalter II

Das Ende des Feudalwesens, die Etablierung des Bankwesens und die Erfindung des Buchdrucks unterstützten den Einzelnen in seinem Drang nach Besitz und Wissen. Der Entdeckergeist erwachte und mit ihm ging es über die alten Grenzen hinaus in die neue Welt.

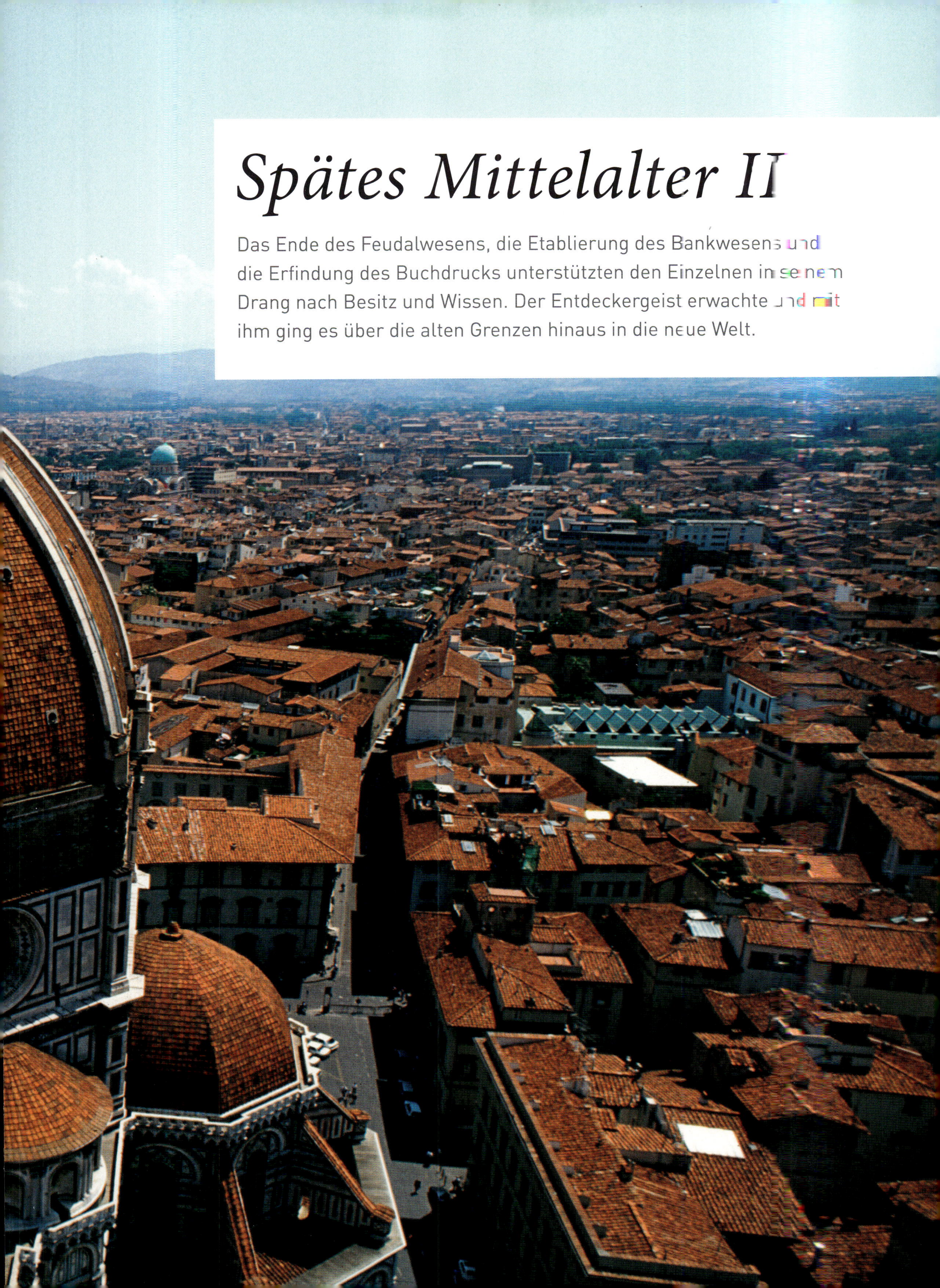

Auflösung der alten Ordnungen

War das Leben der Menschen bisher von den vielfältigen Gemeinschaften bestimmt, denen sie angehörten, dem Stand, den beruflichen und religiösen Verbänden, der Familie, rückte nun das Individuum mit seinen Ansprüchen und Möglichkeiten in den Vordergrund.

Das späte Mittelalter war eine Zeit der ökonomischen und sozialen Umwälzungen. Die Welt des Feudalismus, des Lehenswesens, ging unter und mit ihr die ständische Gliederung. Das Rittertum verlor mit dem Niedergang des Reiches seine Lebensaufgabe und damit seine Daseinsberechtigung. Ohne eine politische Mission versank es in Landjunker- und Raubrittertum, und seine Burgen boten ihm keine Sicherheit, seitdem die Gegner Kanonen besaßen, mit denen auch die festesten Mauern niedergelegt werden konnten.

An die Stelle des alten ständischen Systems, das den Boden nur einer bestimmten politischen Funktion, einem politischen Auftrag als Lehen zuordnete, trat nun der Besitz als Eigentum, traten Grund und Boden als politisch maßgebende und Recht setzende Wirklichkeiten. Diese Entwicklung vollzog sich auch innerhalb des Stadtbürgertums, bei dem Macht allerdings weniger aus Grundbesitz, sondern eher aus Güterreichtum erwuchs, den ein Handwerker oder Händler mit seiner Arbeit erzielte.

Kapitalistische Wirtschaftsweise

Die Geldwirtschaft entfaltete sich, die ersten Banken wurden gegründet, Soll und Haben wurden in genauer Buchführung erfasst, und die Kaufleute lernten, ihre Geschäfte abzuwickeln ohne dass dabei harte Münze auf den Tisch gelegt wurde, ja selbst ohne dass sie persönlich ihre Waren begleiten mussten, vom heimatlichen Kontor aus erledigten sie alles schriftlich.

Bild vorherige Seite:
Blick vom Glockenturm (Campanile) auf die Kuppel von Santa Maria del Fiore der Kathedrale von Florenz.

◀ Sichtbares Symbol einer erstarkten Bürgerschaft: Mit den sogenannten Geschlechtertürmen versuchten die wohlhabenden städtischen Patrizier ihre Macht zu demonstrieren – je höher der Turm, desto größer der Einfluss der Familie. Im toskanischen San Gimignano haben sich noch 15 von einst über 70 dieser Turmbauten erhalten, die in anderen Städten im Verlauf der nachfolgenden Jahrhunderte zum weitaus größten Teil abgetragen wurden.

Der spätmittelalterliche Geburtsadel verschmolz mit dem Großbürgertum der Handelsmetropolen zu einer neuen Handelsaristokratie, und es entstand der Unternehmertyp der Bankherren und Großkaufleute. Die kapitalistische Wirtschaftsweise von Familienunternehmungen oder genossenschaftlichen Organisationen beseitigte die Reste der mittelalterlichen Naturalwirtschaft und untergrub auch die nach Zünften geordnete handwerklich-gewerbliche Wirtschaft. Die neuen Methoden des Geschäftsverkehrs stammten aus Italien. Die Stadtstaaten auf der Apennin-Halbinsel, schon in der Stauferzeit wichtige wirtschaftliche Mächte, waren das Labor, in dem die Neuerungen erprobt wurden.

Humanismus und Renaissance

Von Italien aus trat auch der Humanismus seinen Weg durch Europa an. In den Studierstuben italienischer Gelehrter und Dichter wurde das Ideal des Menschen entworfen, der frei über sich selbst bestimmt. Mit Begeisterung widmete man sich dem Studium römischer und griechischer Texte, las Vergil und Horaz, Platon und Aristoteles im Original, und die im Schutt der italienischen Städte gefundenen antiken Statuen wurden zu Vorbildern der eigenen Kunst. „Rinascitá", Wiedergeburt, lautete die Parole. In der französischen Form „Renaissance" ist uns die Kunstbewegung heute geläufig, die unbefangen die Natur studierte und die Schönheit des menschlichen Körpers zum Maß der Dinge machte.

In der Beschäftigung mit der Antike, mit dem Wesen des antiken Menschen und seines Staates suchte und fand man eine historische Bestätigung der angestrebten neuen politischen und sozialen Lebensform. Die griechische Polis erschien als Urbild der autonomen Stadtrepublik, die Begegnung mit den Klassikern vermittelte ein Weltbild, das frei von religiöser Bevormundung gleichsam selbstverständlich zu sein schien.

Dass in dem Leitbild der autonomen Persönlichkeit aber auch Gefahren steckten, machte das Wirken der aus Spanien nach Rom eingewanderten Familie Borgia deutlich. Sittliche Bindungen galten ihr nichts.

Alexander, der Vater, der zum Papst aufstieg, und sein Sohn Cesare, der den Kirchenstaat zu seiner persönlichen Machtbasis umzugestalten versuchte, wandten zur Erreichung ihrer Ziele bedenkenlos alle Mittel von der Bestechung bis zum Meuchelmord an.

Erfindung des Buchdrucks

Das Erfinden und Entdecken, das Forschen und die politisch-wirtschaftliche Expansion wurden zu Hauptzwecken aller geistigen und materiellen Anstrengungen. Dabei blieben die Erfinder und Entdecker selbst oft im Dunkeln, und nicht immer ist klar, ob überhaupt die Neuerung einem einzelnen Menschen zuzuschreiben ist und ob es nicht überhaupt nur ein Wiederfinden eines anderswo längst Entdeckten ist. Beim Schießpulver, jener bahnbrechenden Erfindung des europäischen Spätmittelalters, war dies wohl der Fall. Mit Feuerwerkskörpern hatten Chinesen schon Jahrhunderte zuvor experimentiert.

Originär dagegen das Werk des Buchdruckers Johannes Gutenberg. Er schuf in seiner Offizin in Mainz die Voraussetzung für eine Wissensrevolution. Der Druck mit beweglichen Lettern erlaubte die Massenherstellung und -verbreitung von Texten. Nicht länger mussten Bücher von Hand abgeschrieben werden, wie es Jahrhunderte lang in der Abgeschiedenheit klösterlicher Skriptorien geschehen war, und nicht länger kamen Bücher dann nur in den Besitz weniger Auserwählter. Gutenbergs Druckerpresse erledigte an einem Tag, was Heerscharen von Mönchen nicht in Monaten geschafft hätten, und lieferte dabei Ergebnisse in stets gleichbleibender Qualität, denn die Lettern, in Metall gegossen, nutzen sich beim Druck kaum ab. Wissen war nun leichter als zuvor unter die Leute zu bringen, Bildungsanstalten wie Schulen und Universitäten konnten Aufschwung nehmen.

Neues Weltbild

Die Wissenschaft löste sich aus den religiösen Bindungen, nicht mehr das Dogma zählte, sondern Vernunft und Erfahrung. Das alte Weltbild von der Erde, um die sich alles bewegt, mit Jerusalem, dem Ort der Passion Christi, in der Mitte, wurde abgelöst. Nikolaus Kopernikus wies nach, dass sich die Erde um die Sonne drehte – eine Sicht der Dinge, vor der die Kirche lange Zeit die Augen verschloss und die sich auch im allgemeinen Bewusstsein nur langsam durchsetzte. Das galt auch für die Erkenntnis, dass die Erde eine Kugel ist. Kolumbus, der den Seeweg nach Indien auf einer Route um den Erdball herum suchen wollte, wurde als Phantast verlacht, und selbst unter der Mannschaft, die er für seine Fahrt zusammenbrachte, kursierten noch abergläubische Vorstellungen von einem Rand der Welt, über den die Schiffe in das Nichts stürzen würden. Kolumbus fand nicht, was er suchte, dafür entdeckte er einen neuen Erdteil, Amerika. Seine spanischen Auftraggeber errichteten dort ein Kolonialreich.

Zuvor bereits hatten portugiesische Seefahrer die Küsten Afrikas erkundet, gleichfalls mit dem Ziel Indien. Der Türkeneinbruch im Nahen Osten war der Auslöser gewesen, nach dem Fall Konstantinopels 1453 waren die normalen Handelsrouten nach Asien nicht mehr zugänglich. Die Reisen im Auftrag des Prinzen Heinrichs des Seefahrers stützten sich auf sorgfältige geographische und nautische Vorbereitung, antike und mittelalterliche Vorurteile und Irrlehren über den Atlantik konnten widerlegt werden. Ende des 15. Jahrhunderts gelang es Vasco da Gama, um Afrika herum bis nach Indien zu segeln; beladen mit kostbarsten Gewürzen kehrte er heim. Weitere Entdeckungsfahrten der Portugiesen folgten, schließlich die erste Weltumseglung, die den vollen Umfang des Planeten deutlich machte. Europa griff aus in die Welt, das Mittelalter war zu Ende.

Mit der Rückbesinnung auf die Antike (Renaissance) und dem Aufkommen des Humanismus rückt der Mensch verstärkt in den Mittelpunkt des wissenschaftlichen und künstlerischen Interesses. Leonardo da Vinci, Proportionsstudie des menschlichen Körpers (sog. Vitruvmann), um 1490, Federzeichnung, Tinte und Wasserfarbe, Venedig, Galleria dell Accademia. ▶

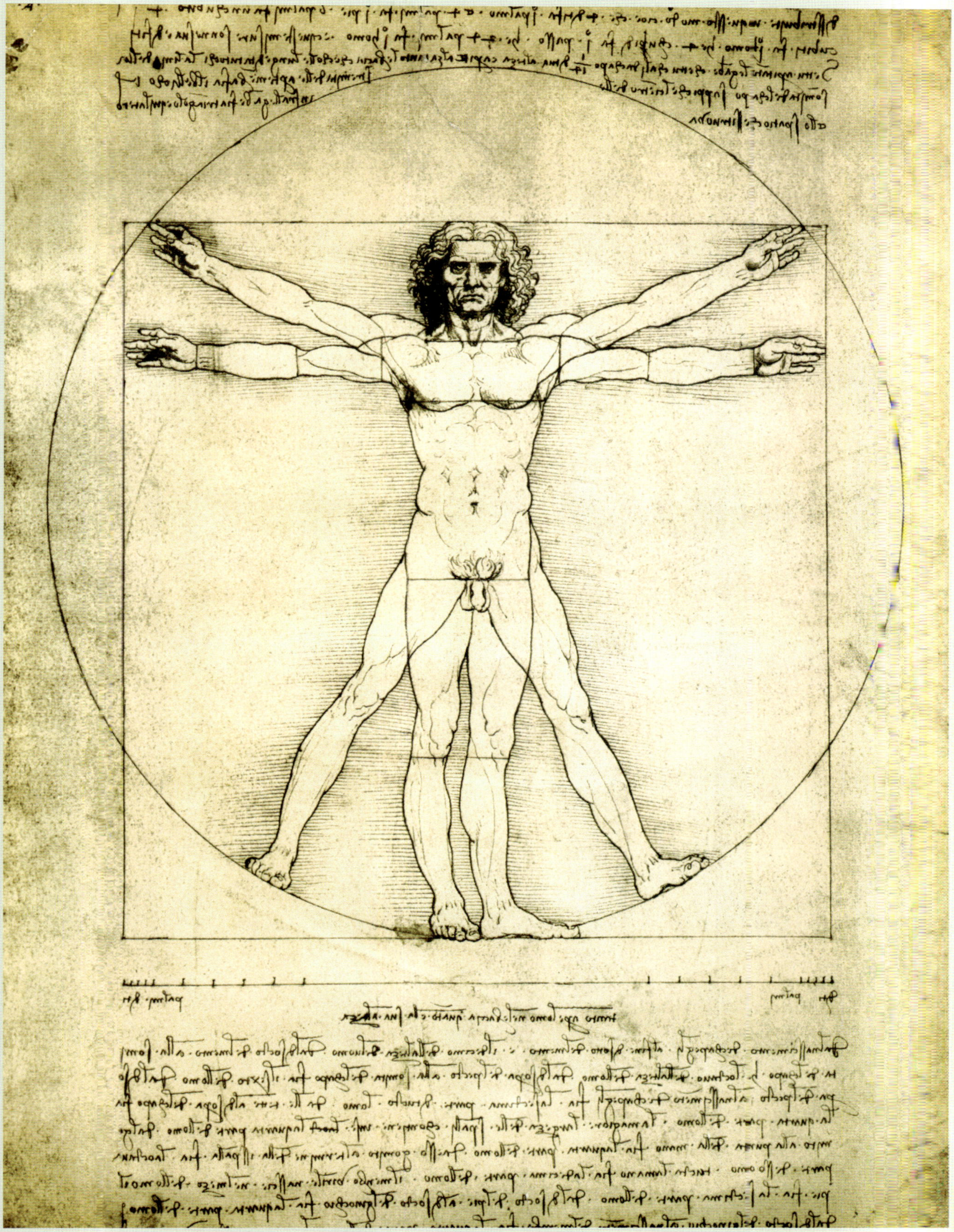

Italienische Stadtrepubliken

Italien erlebte im Hochmittelalter eine Art Wirtschaftswunder. Besserung der klimatischen Bedingungen, Rückgang der Seuchen, Nachlassen der Invasionen und Raubzüge aus dem slawischen Osten und dem islamischen Bereich führten zu erheblichem Bevölkerungswachstum, zur Intensivierung der Landwirtschaft und Gewinnung neuen Kulturlandes. Am deutlichsten war der Aufschwung sichtbar in Oberitalien, wo seit alters her die Handelsverbindungen zusammenliefen und Gewerbe und Handwerk in den Städten konzentriert waren. Hier fand ein Prozess der „Urbanisierung" statt, die Städte wurden zu Magneten für das Umland, ihre Einwohnerzahl schwoll an, es bildete sich eine neue, selbstbewusste Klasse heraus: das Bürgertum.

Vogelschauplan der Stadt Venedig, Ausschnitt aus dem Gemälde von Joseph Heintz d.J. (um 1600 bis nach 1678). Die Stadtrepublik Venedig wahrte die Führung im Levantehandel und erwarb im 13. und 14. Jahrhundert eine Kette von festen Stützpunkten auf dem Weg nach Konstantinopel.

Entmachtung der Stadtherren

Im Schatten des Investiturstreits (1075–1122), der die kaiserliche Macht in Italien weitgehend lahm legte, entstanden neue Formen der Selbstverwaltung, die Bürger nahmen die Stadtherrschaft selbst in die Hand, die geistlichen Stadtherren und Lehensträger wurden entmachtet. Mitte des 12. Jahrhunderts präsentierten sich Mailand, Vicenza, Padua und andere als mächtige Stadtstaaten, die sich niemandem mehr untertan fühlten.

Die Entwicklung ging weiter zur Ausbildung von Adelsrepubliken bzw. kleinen Territorialstaaten, in denen meist Tyrannen die Macht an sich rissen und Dynastien gründeten. Ersteres war der Fall in Venedig, das die Führung im Levantehandel wahrte und im 13. und 14. Jahrhundert eine Kette von festen Stützpunkten auf dem Weg nach Konstantinopel erwarb. Mailand dagegen sah den Aufstieg der Visconti, die in der Lombardei einen modernen Zentralstaat schufen und sich seit 1395 auch Herzöge nennen durften.

Nur wenige Jahre nachdem die Zünfte die Macht in Florenz an sich gerissen hatten, wurde 1299 mit dem Bau des Palazzo Vecchio als Ratsgebäude begonnen. Sein Turm prägt bis heute als imposantes Ausrufezeichen weltlicher Macht die Silhouette der toskanischen Stadt.

Die Medici

Am längsten hielt die großbürgerliche Schicht in Florenz ihre Herrschaft aufrecht. Die wirtschaftliche Blüte der Stadt beruhte auf dem Tuchgewerbe und dem Bankwesen. Florentinische Niederlassungen reichten von London bis in die Levante. Aber auch hier stiegen Mitte des 15. Jahrhunderts aus einer Schicht sehr reicher, sich oligarchisch immer enger abschließender Familien die Medici auf, die ihre Stellung zur landesüblichen Signorie, der Herrschaft eines Geschlechtes ausgestalteten. Geschickte Bankgeschäfte und Spekulationen verschafften der Familie beträchtlichen Reichtum. Als Kunstmäzene und Förderer der Wissenschaft machten sich Cosimo der Alte (1389–1464) und Lorenzo I. der Prächtige (1449–1492) einen Namen. Andere Medici bestiegen den Papstthron, so Giovanni (Leo X., 1513–1521) und Giulio (Klemens VII., 1523–1534).

Condottieri

Die Rivalitäten der italienischen Kleinstaaten führten zu immer neuen Bündnissen und Kriegen untereinander. Dabei bildete sich der Typ des Condottiere heraus, des Kriegsunternehmers. Durch Denkmäler, die man ihnen errichtete, sind besonders Gattamelata (eigentlich Erasmo da Narni, um 1370–1443), Bartolomeo Colleoni (1400–1475) und Giovanni Acuto (eigentlich John Hawkwood, 1329–1394) bekannt. Zum Condottiere gehört die vollständige Gewissenlosigkeit, er und seine Leute wollen nur anständig bezahlt werden. „Unter solchen Umständen können Söldner dem Auftraggeber gefährlicher werden als der Feind", sagt der Kriegshistoriker John Keegan, „bei internen Streitigkeiten ergreifen sie Partei, sie streiken wegen ausstehendem Sold oder erpressen ihren Auftraggeber." Manche Condottieri vermieteten dann auch ohne Bedenken ihre Heere an den, der eben noch ihr Feind gewesen war, oder ergriffen selbst die Macht und stiegen zu Landesherren auf.

◀ Er legte den Grundstein für die spätere Macht und den Einfluss seiner Familie: Cosimo de Medici, genannt der Ältere (1389–1464). Das Porträt des Kunstmäzen und Förderers der Wissenschaften brachte Jacomo Pontormo um 1518 auf die Leinwand. Florenz, Galleria degli Uffizi.

Im Reiterstandbild des Bartolomeo Colleoni auf der Piazza S. Giovanni e Paolo in Venedig, geschaffen 1479–1488 von Andrea del Verrocchio, hat der Typus des Condottiere, des unabhängigen Kriegsunternehmers, gültig Gestalt gefunden. ▶

Fürst Lazars Untergang (1389)

Konstantinopel, die Hauptstadt des Byzantinischen Reiches, fiel bekanntlich erst 1453 an die Türken. Aber knapp an ihr vorbei, beinahe unter ihren Mauern, liefen schon seit der Mitte des 14. Jahrhunderts die Eroberungszüge der Osmanen, die um 1300 die Nachfolge der Seldschuken als Führungsmacht in der Türkei angetreten hatten und sich nun anschickten, die christliche Herrschaft über Kleinasien zu beenden und nach Europa auszugreifen. Dadurch verlor das Byzantinische Reich ständig an Substanz.1352 fiel mit Tzympe am Marmarameer die erste Festung auf dem Balkan. Türkische Heere eroberten Ortschaften in Thrakien. 1361 war Adrianopel an der Reihe. Die Expansion folgte der alten römischen Heerstraße, der Via Egnatia. 1385 erreichte sie die albanische Küste. Thessalonike gelangte in die Hand der Türken, Makedonien wurde tributpflichtig.

Das serbische Historiengemälde, hier als Farbdruck des 20. Jahrhunderts wiedergegeben, beschwört den Mythos vom Amselfeld: Wenn es um die Verteidigung des Abendlandes geht, kämpfen die Serben immer in der ersten Reihe.

Um das Königreich der Himmel

In Serbien regierte in dieser Zeit Fürst Lazar Hrebeljanovic´. Es gelang ihm, den serbischen Adel zum Kampf gegen die türkischen Invasoren zu einigen. Am 28. Juni 1389, dem St.-Veits-Tag, traf das serbische Ritterheer, verstärkt durch ein Kontingent aus Bosnien, auf dem Amselfeld (Kosovo polje) bei Priština auf die muslimische Armee unter Sultan Murad I. Nach der Legende bot dieser eine hohe Belohnung an, falls Lazar sich ergäbe. Doch dem erschien der Prophet Elias und mahnte, dass es nicht um irdische Güter, sondern um das Königreich des Himmels gehe. Daraufhin lehnte der Serbe die Kapitulation ab.

Die Schlacht verlief äußerst blutig, die Zahl der Gefallenen, die die zeitgenössische Chronistik nennt (20 000 Tote auf beiden Seiten), ist jedoch sicher zu hoch gegriffen. Beide Heerführer kamen im Kampf ums Leben. Der Sieg allerdings gehörte den Türken, die fortan die Oberhoheit über Serbien ausübten. Ein Kreuzzug, den ein europäisches Heer, dem u. a. Franzosen, Burgunder, Deutsche, Engländer, Ungarn, Polen, Italiener und Spanier angehörten, im Frühjahr 1396 gegen die Türken unternahm, vermochte daran nichts zu ändern. Schlecht geführt, ging er in der Schlacht von Nikopolis (Bulgarien) unter. Bis 1521 nahmen die Türken Serbien vollständig in Besitz. Dabei vollzogen sich bedeutende Verschiebungen der Bevölkerung: Viele Serben wanderten nach Ungarn aus, in die freigewordenen Gebiete Zentralserbiens rückten Albaner nach. Ein selbständiger serbischer Staat erstand erst wieder nach dem Berliner Kongress 1878.

„Rettung des Königs Sigismund von Ungarn", Holzstich nach einem Gemälde von Hermann Knackfuss (1848–1915). Das europäische Heer, angeführt von dem ungarischen König unterlag den Türken in der Schlacht von Nikopolis (1396) und konnte das Vordringen der Osmanen auf dem Balkan nicht verhindern.

Mythos Amselfeld

Im großserbischen Nationalismus, der sich Ende des 19. Jahrhunderts bildete und während des Zerfalls des jugoslawischen Staates in den 1980er und 1990er Jahren wieder zu erheblichem Einfluss gelangte, spielt der Mythos vom Amselfeld eine bedeutende Rolle. Serbien feiert sich darin als aufopfernder Verteidiger des Abendlandes gegen den Islam. 1989, im Jahr der 600. Wiederkehr des Tages der Schlacht, pilgerte eine halbe Million Menschen zum orthodoxen Kloster Gracanica, der letzten Ruhestätte des von der serbischen Kirche heilig gesprochenen Fürsten Lazar. Seine Gebeine wurden anschließend auf einer Rundreise in verschiedenen Klöstern ausgestellt, die in Gebieten lagen, die Serbien für sich beanspruchte.
Bei der Feier am historischen Ort sprach der serbische Präsident Slobodan Milošević am 28. Juni 1989 vor einer Million Zuhörern und schloss sein Gedenken an die altserbischen Helden mit den Worten: „Nach sechs Jahrhunderten stehen wir wieder im Kampf. Es ist kein bewaffneter, aber ausgeschlossen ist nicht, dass es einer wird." Zwei Jahre später begann mit dem Einmarsch der serbisch dominierten Bundesarmee in Slowenien der Krieg auf dem Balkan.

Städteaufstände

Die europäischen Städte hatten zumeist schon im Hochmittelalter das Regiment ihrer Stadtherren abgeschüttelt und die Verwaltung in die eigene Hand genommen. Der Ablösungsprozess war allerdings nicht immer friedlich verlaufen; da und dort waren die alten Herren regelrecht hinausgeworfen worden.

Im Spätmittelalter kam es erneut zu Kämpfen in den Städten. Diesmal stand eine Schicht der Bevölkerung gegen die andere. Von Revolutionen kann man nicht sprechen, grundlegende Umwälzungen fanden nicht statt. Auch um einen Kampf von Arm gegen Reich handelte es sich nicht. Die Armen waren zwar sehr zahlreich, aber sie fanden zu keiner Organisation. Vielmehr verlief die Trennlinie zwischen den streitenden Parteien quer durch das Stadtbürgertum, durch den Teil der Bevölkerung also, der das Bürgerrecht besaß und Steuern zahlte.

Köln zählte im späten Mittelalter 30 000 Einwohner und übertraf damit jede andere deutsche Stadt. In seinem Hafen, hier eine Darstellung von 1531, wurden Waren aus England und Flandern genauso umgeschlagen wie Lieferungen aus Süddeutschland und vom Oberrhein.

Bürgeropposition gegen Patriziat

Die eine Partei bezeichnet man heute meist als Patrizier. Es waren die Familien, die einst als wagemutige Pioniere die Städte gegründet hatten. Der Fernhandel war ihre Domäne, aber es gab inzwischen auch viele unter ihnen, die den im Handel erworbenen Reichtum in Geldgeschäften anlegen, mit Immobilien handelten, Gewinn aus Vermietung und Verpachtung zogen. Sie dominierten den Stadtrat, der nur ein Ausschuss der jeweils führenden Familien war, und ließen nur ausnahmsweise einzelne aufstrebende Personen als Neumitglieder zu.

Ihre Gegner nennt die Forschung Bürgeropposition. Darin versammelten sich Handwerker und kleine Kaufleute, alle wohlorganisiert in berufsständischen Verbänden, dazu noch einzelne Patrizier, die ihrer Klasse den Rücken gekehrt hatten. Der Streit entzündete sich zumeist an Geldfragen. Die Stadtgemeinde empörte sich über Steuererhöhungen, sie fing an nachzufragen, wozu die städtischen Einnahmen verwendet wurden, kritisierte kostspielige außenpolitische Unternehmungen und forderte die Einrichtung von Kontrollgremien, schließlich die Änderung der Verfassung, etwa um die Zünfte am Rat zu beteiligen.

Der Streit konnte bis zu Gewalttätigkeiten eskalieren. Rathäuser wurden gestürmt, es kam zu Lynchjustiz. Vielfach emigrierten die angegriffenen Patrizier und nahmen von den Nachbarstädten aus den Kampf gegen ihre Heimatgemeinde auf. Im Falle der Hansestädte wurde das Mittel der „Verhansung“ benutzt: Man verhängte eine Handelssperre gegen die Stadt, in der der Aufruhr tobte. Nicht immer gelang es dem Patriziat, sich durchzusetzen. In vielen europäischen Städten wurden Verfassungen eingeführt, die mehr Raum für bürgerliche Mitsprache boten.

Die Miniatur aus dem 16. Jahrhundert illustriert die Übergabe der Stadtregierung Augsburg an die Zünfte, nach dem Aufstand der Handwerker im Jahre 1368. Wie hier in Augsburg, sorgte das Bürgertum auch in anderen Städten für mehr Mitsprache und Mitbestimmung.

Aufstand in Köln

In Köln endete die Macht der alteingesessenen Fernhändlerfamilien, „Geschlechter“ genannt, abrupt. Am 18. Juni 1396 übernahmen zunftmäßig organisierte Handwerker und Kaufleute in einem unblutigen Putsch das Stadtregiment. Ihre Gegner lösten die Aktion unfreiwillig aus, indem einer von ihnen, der Bürgermeister, abends durchs Handwerkerviertel ritt und von seinem Pferd herunter die Leute fragte, ob sie nicht bald zu Bett gehen wollten. Sie erwiderten, das solle er ihre Sache sein lassen, warfen ihn vom Pferd, sammelten sich und zogen vor die Versammlungshäuser der Geschlechter, um diese zu entwaffnen. Im sogenannten Verbundbrief vom September 1396 schufen sie sich eine Verfassung, die bis zum Anfang des 19. Jahrhunderts in Kraft blieb. Ihr Herzstück war die Ratswahlordnung: Sie legte fest, dass die städtische Selbstverwaltung in den Händen von Zunftmitgliedern liegen sollte, die von den verschiedenen Handwerker- und Kaufleuteverbänden nominiert wurden.

Die Hanse gegen Dänemark (1361–1370)

Lasst uns verhandeln, denn leicht ist die Kriegsflagge gehisst, aber nur schwer wieder eingeholt, so lautete ein Spruch, den ein Lübecker Ratsherr einmal formulierte und der als außenpolitische Grundüberzeugung der Hanse gelten kann. Aber es gab Anlässe, bei denen nichts mehr zu verhandeln war.

Das war der Fall, als der dänische König Waldemar IV. Atterdag (1340–1375), mit dem die Hanse ohnehin Probleme wegen der Fischfangrechte in der Ostsee hatte, 1361 ein Mitglied der Hanse, die Stadt Visby auf Gotland, angriff und nieder brannte.

Kölner Konföderation

Die Hanse machte mobil. Ein erstes Unternehmen gegen Kopenhagen schlug noch fehl. Doch die Hanse dachte nicht ans Aufgeben. 1367 trafen sich Gesandte

Friedensschluss zwischen der Hanse und Dänemark in Stralsund am 24. Mai 1370. Holzstich nach einer Zeichnung von Adolf Ehrhardt, um 1860. Der Tag von Stralsund sah den Kaufmannsverband auf der Höhe seiner Macht.

aus 57 Städten von Dorpat im Osten bis Utrecht im Westen in Köln zu einer der bedeutendsten Versammlungen der Hansegeschichte. Sie schlossen ein Bündnis, die Kölner Konföderation, um den Krieg gegen Waldemar IV. Atterdag aufs neue zu beginnen. Schweden, Mecklenburg und Holstein sowie oppositionelle dänische Adlige wurden in das Bündnis mit einbezogen.

Der Krieg begann im Frühjahr 1368, und diesmal lief alles nach Plan. Die Hanseflotte traf sich im Sund vor Kopenhagen, die dänische Hauptstadt fiel nach kurzer Belagerung, ebenso kapitulierten Trelleborg, Malmö, Falsterbo und andere Küstenstädte. Die Holsteiner rückten in Jütland vor. Dänemark blieb nichts übrig, als um Waffenstillstand zu bitten. In Stralsund schloss König Waldemar am 24. Mai 1370 Frieden mit der Hanse.

Dominanz nicht zu halten

Dass es dem Kaufmannsverband gelungen war, ein Königreich in die Knie zu zwingen, war eine Sensation. Die Dominanz, die die Hanse im Ostseeraum errungen hatte, ließ sich auf Dauer aber doch nicht halten. Zwar konnten sich die Kaufleute mit Waldemars Tochter Margarete noch verständigen. Diese, verheiratet mit König Hakon VI. von Norwegen, regierte nach dessen Tod (1380) über ihren Sohn Olaf auch in Norwegen und nach dem Sieg über den schwedischen König Albert auch in Schweden. 1397 fügte sie die drei nordischen Staaten zur Kalmarer Union zusammen. Ihre Nachfolger indes sorgten in der ersten Hälfte des 15. Jahrhunderts dafür, dass die holländische Konkurrenz verstärkt ins Spiel kam. Das Monopol der Hanse auf den Ostseehandel ging damit zuende.

Die Vitalienbrüder

Am Krieg der Schweden gegen Königin Margarete waren auch Seeräuber beteiligt. Sie hatten Kaperbriefe, ausgestellt von den Mecklenburger Fürsten, deren einer König von Schweden war. Weil sie unter anderem Lebensmittel („Viktualien“) ins belagerte Stockholm brachten, wurden sie Vitalienbrüder genannt. Als der

Klaus Störtebeker, einer der Anführer der Vitalienbrüder, am Richtplatz in Hamburg, Historienbild von 1951. Während des Krieges brachten die Piraten Lebensmittel („Viktualien“) ins belagerte Stockholm. 1401 wurde Störtebeker zusammen mit seinen Gefährten hingerichtet.

Krieg 1395 endete, wurden sie arbeitslos, aber einmal an die Seeräuberei gewöhnt, setzten sie ihre Kaperfahrten fort. 1398 wurde ihr Stützpunkt Visby auf Gotland gestürmt, daraufhin verlegten sie ihr Tätigkeitsfeld in die Nordsee. Eine von Hamburg ausgesandte Flotte machte ihrem Treiben 1401 in einem Seegefecht bei Helgoland ein Ende. Überlebende wurden nach Hamburg gebracht, wo man sie hinrichtete. Um einen von ihnen, Klaus Störtebeker, ranken sich wilde Geschichten, am wildesten diejenige, er habe sich bei der Hinrichtung ausbedungen, dass man ihn als ersten köpfe und diejenigen seiner Gefährten das Leben behalten sollten, an denen es ihm ohne Kopf vorbeizugehen gelänge, was ihm dann auch bei zwölfen geglückt sei, und erst beim dreizehnten hätte ihm der Henker einen Knüppel zwischen die Beine geworfen und ihn zu Fall gebracht.

Aufstieg des Großfürstentums Moskau (13.–16. Jh.)

1263 vererbte der später als Nationalheld gefeierte Fürst von Nowgorod, Alexander Newski, Sieger über die Schweden (1240) und den Deutschen Orden (1242) die Herrschaft über das Teilfürstentum Moskau an seinen jüngsten Sohn Daniel. Die Stadt Moskau bestand zu dieser Zeit schon etwa 100 Jahre, sie lag verkehrsgünstig, am Schnittpunkt wichtiger Handelsstraßen in einem relativ dicht besiedelten Gebiet. Ansonsten deutete wenig darauf hin, dass sich Moskau zu einem Machtzentrum entwickeln würde.

▲ Statue von Alexander Newski, Fürst von Nowgorod und Nationalheld Russlands.

◀ „Demetrius Donskoi auf dem Kulikower Feld". Gemälde (1805) von Orest Adamowitsch Kiprenski (1782–1836). Am 8. September 1380 besiegen die Russen unter der Führung des Fürsten Donkoi die Tataren.

Bündnis mit der Kirche

Geschickt zwischen den Mächten der Zeit taktierend, dem Reich der Goldenen Horde im Süden und Osten und dem Großfürstentum Litauen im Westen, bauten Daniel und seine Nachfahren, die sich bald Großfürsten nannten, ihre Herrschaft in Zentralrussland aus. Einer von ihnen, Iwan I. (1328–1341), hatte den Beinamen Kalita, d.h. Geldsack, was darauf hindeutet, dass sie nicht nur List und Gewalt, sondern auch Geld einsetzten. Tatsächlich kam manche Gebietserweiterung durch Kauf zustande. „Sammlung der russischen Erde" hieß das Programm. Es bekam Format durch das Bündnis mit der russischen Kirche. 1327 zog deren Oberhaupt, der Metropolit, nach Moskau um. Die Großfürsten konnten nun mit geistlichem Beistand ihren Führungsanspruch leichter durchsetzen.

1380 wagte Fürst Dimitri Donskoi zum ersten Mal den Waffengang mit den Tatarenherrschern der Goldenen Horde, denen er bisher noch tributpflichtig gewesen war. Er siegte, aber zwei Jahre später rächten sich die Tataren, indem sie Moskau zerstörten und wieder unter ihre Oberhoheit brachten. Doch Fürst Dimitri Donskoi und sein Geschlecht genossen seitdem den Nimbus von Vorkämpfern gegen die verhassten heidnischen Unterdrücker.

Das Dritte Rom

Mit dem Fall von Konstantinopel an die Türken im Jahr 1453 verlor die orthodoxe Kirche ihre Führung. Hier schlug die Stunde für die Moskauer Kirche. Sie hatte schon 1439 die von Rom und Byzanz angestrebte Einigung verurteilt. Nun beanspruchte sie als größte der verbliebenen orthodoxen Kirchen die Führung innerhalb der Glaubensgemeinschaft. Der große Einiger Russlands, Iwan III., verheiratet mit einer griechischen Prinzessin, übernahm die byzantinische Weltreichs- und Kaiseridee, die von der Moskauer Kirche vehement propagiert wurde. In seiner Regierungszeit erschienen zum ersten Mal die Aufrufe, die Moskau zum „Dritten Rom", zum Erben des Byzantinischen Reiches und Schutzherrn der Rechtgläubigen erklärten – eine religiös-politische Idee, die in Russland jahrhundertelang wirksam bleiben sollte.

Heimtücke und Gewalttätigkeit

Mit Iwan III. (1462–1505) kam die Einigung Nordost-Russlands weiter voran. Der Großfürst hatte es dabei umso leichter, als sich das Reich der Goldenen Horde zur selben Zeit auflöste und ihm von dort keine Gefahr mehr drohte. Die wichtigste Eroberung gelang ihm mit der Unterwerfung von Nowgorod. 1494 ließ Iwan die dortige Hanseniederlassung schließen, was bedeutete, dass Russland den Handel mit dem Westen in die eigene Hand nehmen wollte. Im Verkehr mit auswärtigen Mächten trat Iwan III. bereits als Herrscher von ganz Russland auf, in Anlehnung an byzantinische Gepflogenheiten führte er den Titel „Autokrator", Selbstherrscher. War Heimtücke und Gewalttätigkeit schon bei seinen Vorgängern keine unbekannte Erscheinung, so prägte sich bei Iwan III. das Bild des grausamen Monarchen weiter aus. Die Zeitgenossen verliehen ihm den Beinamen „der Schreckliche", der dann allerdings – und mit noch größerer Berechtigung – auf seinen Enkel Iwan IV. (1533–1584) überging.

▲ „Die Mönchsweihe Iwans des Schrecklichen". Gemälde (1887) von Moissei Lwowitsch Maimon (1860-nach 1919). 1584 erhob der Metropolit den toten Zar Iwan IV. in den Mönchsstand.

◀ Auif dem Kathedralenplatz im Moskauer Kreml stehen mehrere Kirchen, die unter Iwan III. errichtet wurden, u. a. links die Mariä Verkündigungskathedrale von 1489.

Geldverkehr

Die Kreuzzüge brachten es an den Tag: Wer nach den heiligen Stätten wallfahrte, musste Geld dabei haben, um seinen Lebensunterhalt während eines langen Zeitraums zu bestreiten. Erst recht galt das für den Ritter, der nicht nur für sich selbst, sondern für Ernährung und Ausrüstung seines Gefolges sorgen musste. Mit der Kreuzfahrt, ob zu Fuß oder über See, wanderte also eine Menge Geld in den Osten. Die baren Mittel aber reichten zumeist nicht, oder man scheute sich, größere Summen mit auf die lange und gefahrvolle Reise zu nehmen. Das war besonders dann der Fall, wenn die Fahrt von einem Fürsten, sozusagen von Staats wegen, organisiert wurde – dann war das Unternehmen von großen finanziellen Operationen, ausgedehnten Kredit- und Wechselgeschäften begleitet.

Florentiner Bankhaus um 1490, kolorierter Holzschnitt. Die italienischen Städte gehörten mit ihrem Netz aus Niederlassungen zu den Pionieren des Bankwesens.

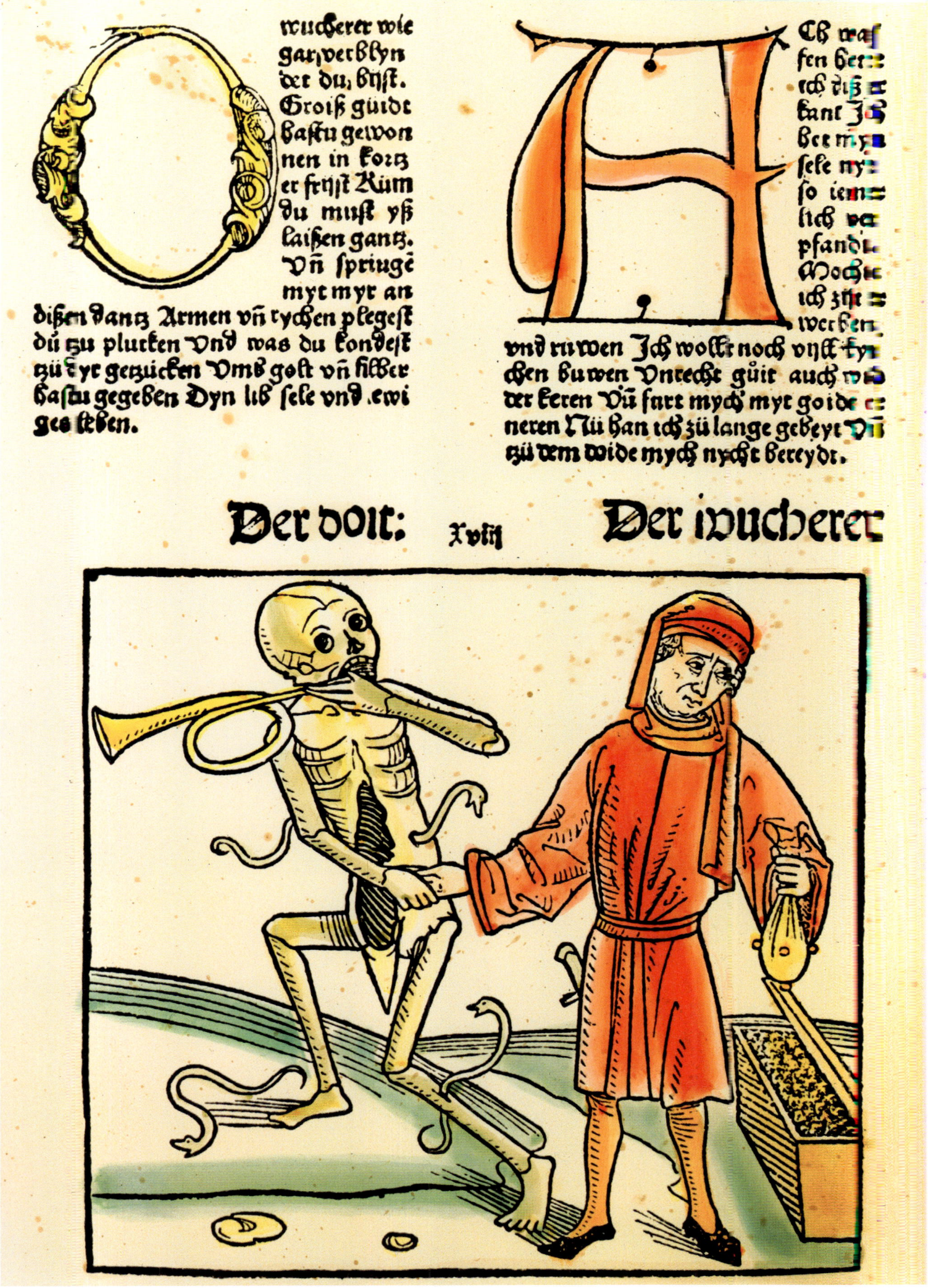

O wucherer wie gar verblyndet du bist. Groiß güidt hastu gewonnen in kortzer frist Rüm du must yß laißen gantz. Vñ sprigẽ myt myr an dißen dantz Armen vñ rychen plegest dü zu plucken Vnd was du kondest zü dyr getzücken Vmb golt vñ silber hastu gegeben Dyn lib sele vnd ewiges leben.

Ach was sen her ich diß zu hant Ich hee myn sele nym so iemerlich verpfandet Mocht ich zit erwerben vnd ruwen Ich wollt noch vnser rychen buwen Vnrecht güit auch wider keren Vñ fart mych myt goide neren Nü han ich zü lange gebeyt Vñ zü dem wide mych nycht bereydt.

Der doit: xviij Der wucherer

Der Wucherer, kolorierter Holzschnitt aus dem 15. Jahrhundert. Mit dem kanonischen Zinsverbot sollte dem Wucher bei der Kreditvergabe Einhalt geboten werden.

Szene in einem mittelalterlichen Bankhaus: Männer zählen Geld und stellen Quittungen aus. Die Malerei stammt aus einem italienischen Traktat über die Sieben Todsünden vom letzten Viertel des 14. Jahrhunderts.

Aufschwung des Bankwesens

Die Kreuzzüge beschleunigten den Geldverkehr, sie setzten große Kapitalien in Bewegung und trugen dazu bei, dass neue Verfahren zur Erleichterung des internationalen Geschäftsverkehrs entwickelt wurden. Vornehmlich die großen italienischen Städte betrieben den Geldverleih, sie verfügten über ein Netz von Niederlassungen, zwischen denen ein bargeldloser Zahlungsverkehr möglich war. Noch heute künden zahlreiche im Geldwesen gebrauchte Begriffe, wie Saldo, Konto, Giro, Storno usw., davon, dass Italiener die Erfinder neuer Verfahren des Geldverkehrs waren.

Kanonisches Zinsverbot

In die Kreditgeschäfte wurden vielfältige Sicherungen eingebaut. Die Geldgeber verlangten Bürgen, sie ließen sich Lehenseinkünfte übertragen, sie schlossen ihre Verträge mit Gruppen von Kreuzfahrern ab (damit bei Ausfällen immer noch jemand übrig blieb, an den sie sich halten konnten), und sie nahmen vermutlich hohe Zinsen (die Prozentsätze sind nicht bekannt, da das kanonische Zinsverbot galt, hütete man sich, eine Zinsforderung schriftlich zu fixieren, die Zinsen gingen in die Kreditsumme ein). Zur Finanzierung ihrer Kreuzzüge hatten zum Beispiel die Könige Richard I.

Löwenherz, Philipp II. August und Ludwig IX. Konten bei verschiedenen italienischen Bankhäusern, an diese verwiesen sie regelmäßig Vasallen und Lieferanten mit ihren Forderungen. Zu den Kunden der Italiener gehörten auch die Ritterorden, mit der Zeit allerdings nahmen diese, vor allem die Templer, ihre Geldgeschäfte in die eigene Hand.

Münzwirrwar zur Hansezeit

Man rechnete im Hanseraum in Mark. Das war ursprünglich nur eine Gewichtsbezeichnung, die lübische Mark hatte allerdings ein anderes Gewicht als die Mark in Pommern, und die in Preußen ein anderes als die in Riga. In Westeuropa zirkulierten darüber hinaus das flämische Pfund Groschen und das englische Pfund Sterling. Die lübische Mark stellte so etwas wie eine Leitwährung dar. Anfang des 15. Jahrhunderts galt beim Silbergeld folgende Relation: 100 Mark lübisch = 53 Mark preußisch = 64 Mark rigisch = 15 Pfund flämische Groschen = 13 Pfund Sterling. Zur Silberwährung kamen dann noch Goldmünzen wie die brandenburgischen Taler, die rheinischen Gulden, des weiteren Nobeln, Kronen, Dukaten mit jeweils eigenen Umrechnungskursen. Auf einem ganz anderen Blatt standen die Verhältnisse an den Rändern des Hansegebietes, vor allem in Skandinavien und Russland. Dort herrschte zum Teil auch im 15. Jahrhundert noch altertümlicher Tauschhandel: Man gab eine Ware hin und erhielt eine andere dafür. Oder es wurden normierte Sachgegenstände als Zahlungsmittel eingesetzt. Das konnten Kühe sein, Marderfelle, Heringe oder vergleichbare Güter.

Der Kampf der Sparbüchsen gegen die Geldschränke, Einblattdruck nach einem Stich von Pieter Brueghel aus dem 16. Jahrhundert

Konzil von Konstanz (1414–1418)

Schon während des Avignonesischen Exils (1309–1376) wurde erste grundsätzliche Kritik am Papsttum laut. Marsilius von Padua, Wilhelm von Ockham und andere forderten die Reformation an Haupt und Gliedern, verbunden mit einer politisch-sozialen Neuordnung des Abendlandes überhaupt. Statt zur Selbstreinigung zu schreiten, verstrickte sich die Kirche jedoch immer weiter in innere Kämpfe. Das Große Abendländische Schisma brach an, das von 1378 bis 1418 dauern sollte.

Kein Papst will weichen

Schisma kommt aus dem Griechischen und bedeutet Trennung, Spaltung. Die Christenheit zerfiel in zwei Lager, nachdem 1378 der stadtrömische Adel die Wahl eines Italieners, Urban VI., zum Papst erzwungen hatte, während eine Gegenpartei in Avignon den Franzosen Klemens VII. zum Gegenpapst erhob. Auch der Tod der beiden Kontrahenten im Jahr 1394 änderte daran nichts, das Schisma wurde mit neuen Päpsten und

Krönung Klemens' VII. (Roberts von Genf) zum Gegenpapst durch die Kardinäle. Französische Buchmalerei, aus den „Chroniques de France", 14. Jahrhundert.

Die Illustration zur Konzilchronik des Ulrich von Riechental zeigt symbolisch die Absetzung des in Konstanz nicht anwesenden Papstes Benedikt (XIII.) am 26.7.1417. (Buchmalerei, 2. Hälfte 15. Jh.) ▶

1417.

Bannfluch über Papst Benedikt XIII, vormals Kardinal Peter de Luna.

An dem dritten tag im mertzen ward ain session und lütman ainest mit der grossen gloggen. In der session ward hertzog Fridrich verbannot von des bischofs von Trient wegen und verpracht sich ouch niemant von sinen wegen und ward über in angerüft das weltlich schwert. Und ward also in der selben session empfolhen unserm herren dem römischen küng und den sachsen und vil andern sachen über in ze richten mit dem weltlichen gericht als über ain ungehorsamen man.

An dem achtenden tag im mertzen do ward ain session über bapst Benedicti, wann er vormals verbannot was und was im zil uff, da er sich solt verantwurt haben. Und also giengen usser der session der cardinal Florentinus, der cardinal de Comitibus und der ertzbischof von Mayland, der bischoff Merspurgensis und giengen noch zwen bischoff und giengen usser dem münster vornan in das helgengrab gen dem undern hoff und rüften im zü dry malen, ob er sich verantwurten wölt oder yeman anders von sinen wegen. Und do nieman kam, do hiessen sy über in lüten, judas fluch singen und wurffen über in stain und brennend kertzen. Und do sy das getätten, do giengen sy wider in das münster in die session und darum ward er gantz ze nüte gemacht und ouch verflucht.

Hus auf dem Scheiterhaufen. Holzschnitt aus dem 16. Jahrhundert. Die Hinrichtung des böhmischen Kirchenreformers auf dem Konzil von Konstanz 1415 rief in seiner Heimat ungeheure Empörung hervor.

Gegenpäpsten fortgesetzt. Schließlich erschien mit Alexander V., den das Konzil von Pisa 1409 wählte, noch ein dritter Papst. Er starb zwar ein Jahr später, aber auch er bekam einen Nachfolger, Johannes (XXIII.), der ebenso wenig wie seine Rivalen in Avignon und Rom bereit war, den Papststuhl zu räumen.

Sieg des Konziliarismus

In dieser Situation griff der deutsche König Sigismund (1410–1437) ein. Er berief ein Konzil nach Konstanz am Bodensee ein. Die Kirchenversammlung tagte von 1414 bis 1418. Mit geschickter Regie konnte Sigismund durchsetzen, dass nicht nach Köpfen, sondern nach Nationen abgestimmt wurde. So konnte das Übergewicht der italienischen Prälaten, das auf einer Menge kleiner Bistümer beruhte, nicht zum Zuge kommen. Das Konzil setzte die drei streitenden Päpste ab und wählte mit Martin V. (1417–1431) einen neuen, der sich, zuletzt mit militärischen Mitteln, auch in Italien durchzusetzen wusste. Die Zeitgenossen sahen in dieser Lösung einen deutlichen Sieg des Konziliarismus, der von verschiedenen Theologen vertretenen These, dass Kirchenversammlungen über dem Papst stehen.

Die erhoffte innere Reform vermochte das Konzil jedoch nicht zu bewerkstelligen. Auch ein Nachfolgekonzil in Basel 1431 bis 1449 blieb dahingehend erfolglos. Die Konzilsbewegung verflachte zusehends, 1459 konnte das wieder zu Kräften gekommenen Papsttum in der Person Pius' II. die Lehre von der Unterordnung des Papstes unter ein einberufenes Konzil für ketzerisch erklären.

Hus auf dem Scheiterhaufen

In der Frage der Ketzerei, deren Bekämpfung ein weiteres Ziel des Konstanzer Konzils war, belud sich die Versammlung mit der Schuld an einem Verbrechen: Johannes Hus, ein tschechischer Priester, war unter Zusage, dass ihm nichts geschehen werde, vorgeladen worden, um sich für die von ihm vertretene Lehre zu verantworten. Hus hatte eine Rückkehr zur apostolischen Armut der Urkirche gefordert und sich mit der deutschen Geistlichkeit und der deutschen Oberschicht in seinem Land angelegt. Dass an der Prager Universität nur noch Tschechen lehrten und studierten, war auf seine Agitation zurückzuführen. Man erwartete in Konstanz von ihm, dass er abschwöre. Aber das tat er nicht. Daraufhin wurde er zum Tod auf dem Scheiterhaufen verurteilt und am 6. Juli 1415 verbrannt. In seiner böhmischen Heimat löste die Hinrichtung des Kirchenreformers eine ungeheure religiöse und nationale Erregung aus, die nicht ohne Folgen blieb. Die Anhänger von Hus bewaffneten sich, die Heere der „Hussiten" wurden zum Schrecken des Reiches. Erst 1436 hörten die Hussitenkriege auf.

Die Hinrichtung des Reformers Hus blieb nicht ohne Folgen. Seine Anhänger griffen zu den Waffen und kämpften gegen die böhmischen Könige und die römisch-katholische Kirche. Die zeitgenössische Buchmalerei aus dem sogenannten Jenaer Codex zeigt eine Schlacht zwischen Hussiten und Kreuzrittern. Prag, Nationalmuseum.

Jeanne d'Arc (um 1412–1431)

Mit der Fahne in der Hand führt Jeanne d'Arc die französischen Soldaten beim Kampf gegen das englische Belagerungsheer in Orleans (Lithografie aus dem 19. Jahrhundert). Mit ihrem unermüdlichen Einsatz rettet Jeanne d'Arc Orleans und somit Frankreich. ▼

▲ Ein Mädchen, zu allem entschlossen. Das Reiterstandbild der Jeanne d'Arc auf der Place des Pyramides in Paris, 1899 geschaffen von Emmanuel Frémiet, präsentiert Frankreichs Nationalheldin in heroischer Pose.

Die Dinge standen lange schlecht für Frankreich im Krieg, dem Hundertjährigen Krieg, den es mit England seit 1339 wegen der Ansprüche der englischen Könige auf den französischen Thron führte. Im Jahr 1429 standen sie sogar besonders schlecht. Große Teile des Landes waren von den Engländern bzw. deren Verbündeten, den Burgundern, besetzt. Frankreich besaß kein anerkanntes Staatsoberhaupt, es hatte nur den Dauphin (Kronprinzen) Karl VII., einen mittellosen Schwächling, den keiner ernst nahm und der im Provinznest Chinon residierte. Nur die Festung Orléans hielt noch; fiel auch sie, war Frankreich verloren. Da trat ein Bauernmädchen aus Lothringen namens Jeanne d'Arc auf (in Deutschland kennt man sie als Johanna von Orléans). Sie behauptete, die Stimmen von Heiligen und Erzengeln zu hören, die ihr aufgegeben hatten, Frankreich von den Eindringlingen zu befreien und den Dauphin in Reims zu krönen.

Kardinal Heinrich Beaufort, Bischof von Winchester, verhört Jeanne d'Arc im Gefängnis. Gemälde (1824) von Paul Delaroche (1797–1836).

„Habt keine Angst!"

Man steckte sie in eine Rüstung und schickte sie ohne viel Vertrauen in den Erfolg ihrer Mission nach Orléans. Doch dort bewirkte ihr Auftreten Wunder. „Habt keine Angst!", sagte sie zu den Soldaten. Sie wiederholte das Wort, wo sie ging und stand, und tatsächlich, es half. Wenn das Mädchen mit der Fahne unter ihnen erschien, hatten die Männer keine Angst mehr und stürmten gegen den Feind, bis er besiegt war. Das englische Belagerungsheer wurde verjagt. Nach weiteren Siegen zogen die Franzosen tatsächlich in Reims ein, und Jeanne konnte ihren Traum wahr machen: dem Thronfolger die Krone aufsetzen.

Dann aber hatten wieder die Politiker das Sagen. Die Draufgängerin Jeanne wollte weitermachen, bis der letzte Engländer hinausgeworfen sei. Aber der König und seine Ratgeber zogen Verhandlungen vor. Sie ließen Jeanne allein und unternahmen auch nichts zu ihrer Rettung, als sie in burgundische Gefangenschaft geriet und auf Veranlassung der Engländer in einem Hexenprozess zum Tod verurteilt wurde. Sie starb auf dem Scheiterhaufen in Rouen am 30. Mai 1431. Erst nach dem Ende des Krieges im Jahr 1453 trat ein Gerichtshof zusammen, der das tapfere Mädchen von dem Vorwurf freisprach, eine Hexe gewesen zu sein.

Späte Heiligsprechung

Zur französischen Nationalheldin stieg Jeanne d'Arc allerdings erst im 19. Jahrhundert auf. Besonders nach der Niederlage Frankreichs im Krieg gegen Deutschland 1870/71 erinnerte man sich ihrer. Noch im kleinsten Dorf stand bald ein Denkmal der Jungfrau. Die Kirche zog nach: 1920 wurde Jeanne heilig gesprochen.

Burgund

Für die besonderen Lebens- und Geistesformen in Nordfrankreich und den Niederlanden im 14. und 15. Jahrhundert hat der Historiker Johan Huizinga den Begriff „Herbst des Mittelalters" geprägt. Im Zentrum seiner Darstellung steht das Herzogtum Burgund, das sich damals über einen großen Raum zwischen der Zuidersee und dem französischen Zentralmassiv erstreckte. Im letzten Viertel des 14. Jahrhunderts in den Kreis der europäischen Mächte getreten, war Burgund mehr als ein Jahrhundert lang, bis zum Tod des Herzogs Karls des Kühnen in der Schlacht von Nancy 1477, ein Faktor im wirtschaftlichen und politischen Geschehen der Zeit – erkennbar durch seine Teilnahme am Hundertjährigen Krieg als Bündnispartner des englischen Königs in den Jahren 1420–1435. Freigebiges Mäzenatentum des Adels und der reichen Bürger wie der Landesherren selbst, vor allem Philipps des Guten (1419–1467), ließen Kunst und Kultur des Mittelalters in Burgund noch einmal zu höchster Blüte gelangen.

Jeanne d'Arc, verurteilt wegen Ketzerei, wird am 30. Mai 1431 auf dem Marktplatz von Rouen auf dem Scheiterhaufen verbrannt. Chromolithografie aus dem 19. Jahrhundert.

Der Fall von Konstantinopel (29.5.1453)

Gegen Ende des 14. Jahrhunderts war das Byzantinische Reich fast ganz an die Türken gefallen, die unter Führung der Osmanen sogar schon auf dem europäischen Festland vorrückten und Teile des Balkans besetzt hielten. Das einstmals so mächtige Reich von Byzanz bestand eigentlich nur noch aus der Hauptstadt Konstantinopel, über die in besseren Zeiten der Verkehr zwischen Europa und Asien abgewickelt worden war und die nun die Übergangsstelle zwischen den Kontinenten blockierte. Der Untergang der Stadt schien ausgemachte Sache, doch ließ er erstaunlich lang auf sich warten.

Verständigung zwischen den Kirchen

Sultan Bajasid I. genannt der „Blitz" (1389–1403), machte um die Wende vom 14. zum 15. Jahrhundert den ersten Versuch, die Stadt am Bosporus einzunehmen. Er musste jedoch die Belagerung abbrechen, weil sich von Zentralasien eine neue mongolische Invasion unter Timur (Tamerlan) näherte. Bei Ankara wurde Bajasid 1402 besiegt. Sein Enkel Murad II. probierte es 1422 – ohne Erfolg. Danach hatte Konstantinopel einige Jahrzehnte Ruhe. Es fand sogar auf dem Konzil von Florenz 1439 eine erste Verständigung zwischen der orthodoxen und der römischen Kirche statt, die hoffen ließ, dass sich das Abendland stärker für Konstantinopel engagieren würde.

Reich verzierte türkische Bronzekanone aus dem Jahr 1464. Mit vergleichbar schwerem Geschütz dürften die Osmanen nur zehn Jahre zuvor die mächtigen Mauern Konstantinopels zu Fall gebracht haben.

Die Hilfe blieb aber dann doch aus, als Sultan Muhammad II. (1451–1481) im Frühjahr 1453 eine ungeheure Armee vor den Mauern von Konstantinopel versammelte. Riesenkanonen, wie sie die Welt noch nicht gesehen hatte, kamen zum Einsatz, methodisch schlugen sie die noch aus Römerzeiten stammenden und jahrhundertelang für unbezwingbar gehaltenen Befestigungsanlagen in Stücke. Im Landtransport, auf Rollen, wurde eine Kriegsflotte über die Halbinsel von Pera in den zum Marmarameer hin mit einer Kette abgesperrten Sund, das Goldene Horn, geschafft.

Hagia Sophia wird Moschee

In der Nacht zum 29. Mai 1453 begann der Sturm, der die Stadt endgültig in den Besitz Sultan Muhammads brachte. Der letzte byzantinische Kaiser Konstantin XI. Palaiologos fiel im Kampf. Während seine Soldaten Massaker und Plünderungen veranstalteten, zog der Sultan in die Stadt ein. Als Zeichen, dass es mit dem Byzantinischen Reich ein Ende habe, ließ er in der Hagia Sophia das Kreuz entfernen und die Wandmalereien übertünchen. Die von Kaiser Justinian erbaute Kirche, das Wahrzeichen Konstantinopels, wurde Moschee.

Die Janitscharen

Die Osmanen schufen sich im 14. Jahrhundert eine Elitetruppe ganz eigener Art, die Janitscharen („neue Truppen") Waren die Heere des Mittelalters sonst nur auf Zeit zusammen, blieben die Janitscharen ihr Leben lang im Dienst des Sultans. Ihre Reihen füllten sie mit Kriegsgefangenen aus den unterworfenen Gebieten, auch und gerade mit Kindern aus christlichen Familien, die den Eltern weggenommen und zu fanatischen Muslimen umerzogen wurden. Das Aushebungsverfahren – auf je 40 Haushalte ein Rekrut – nannte man „Knabenlese"; es machte die acht- bis 18jährigen Rekruten zum Eigentum des Sultans. Nach einer längeren Dienstzeit bei Bauern möglichst weit weg von ihrem Heimatort wurden die Knaben ins Janitscharenkorps aufgenommen, wo die Militärausbildung begann. Janitscharen heirateten nicht und hatten keine Familie außerhalb ihrer Kriegergemeinschaft. In den Janitscharenverbänden herrschte strengste Zucht, die Krieger führten ein Leben wie Mönche. Wenn auch wie Sklaven gehalten, genossen Janitscharen doch das höchste Ansehen und bedeutende staatliche Privilegien. Bis ins 19. Jahrhundert bildeten sie das Rückgrat der türkischen Armee.

◀ Das türkische Heerlager vor Konstantinopel 1453. Zeitgenössische Buchmalerei aus der Werkstatt des Jean Mielot. Mit der Eroberung der Stadt durch die Truppen des Sultans Muhammad II. ging das Byzantinische Reich endgültig unter.

Christusfigur an einer Wand der Südempore der Hagia Sophia. Nach dem Fall von Konstantinopel ließ Sultan Muhammad II. in der Hagia Sophia das Kreuz entfernen, die Wandmalereien übertünchen und wandelte die Kirche in eine Moschee um. Das wenige, das nicht durch die Zerstörungen vernichtet wurde, ist heute wieder freigelegt ▶

Prostitution

Das christliche Mittelalter sah die Prostitution als notwendiges Übel an. Nach dem Urteil des Kirchenvaters Augustinus waren die Dirnen und deren Zuhälter Bollwerke gegen die verwirrende Kraft der Libido. Als wandelnder Verstoß gegen alle religiösen und sittlichen Normen mussten die Prostituierten jedoch stets damit rechnen, zu Sündenböcken für gesellschaftliches Unglück gemacht zu werden.

Sittenloses Treiben

Kurioserweise blühte die Prostitution gerade im Umkreis von Wallfahrten. Denn hier zogen nicht nur besonders Gottesfürchtige los, sondern auch und gerade die, die einiges auf dem Kerbholz hatten. Solche Leute blieben nach oberflächlich geleisteter Buße zumeist dieselben Schwerenöter, die sie vorher auch

Im Frauenhaus. Der Holzschnitt des 15. Jahrhunderts zeigt eine Dirne und ihren Freier; vor der Tür wartet bereits der nächste Kunde. Prostitution galt als notwendiges Übel; unverheirateten Männern war der Bordellbesuch erlaubt.

schon gewesen waren. Auf dem Pilgerzug galten die sozialen Kontrollmechanismen der Heimat nicht mehr. Wer sich das Kreuz hatte anheften lassen, konnte sich in dem Glauben wiegen, dass er einer privilegierten Klasse angehöre. Durch die Geschichte der Wallfahrten zieht sich denn auch wie ein roter Faden die Klage über das sittenlose Treiben in den Pilgerherbergen und an den Wallfahrtsorten.

Auf den Kreuzzügen war das nicht anders. Den Kriegerkolonnen schlossen sich immer Gruppen von Prostituierten an. Für den arabischen Chronisten Imad ed-Din war es eine klare Tatsache, dass die Kreuzfahrer nicht fechten mochten, „wenn sie Mangel an Weibern litten“. Und es erregte Aufsehen, wenn die Liebesdienerinnen einmal aus dem Heeresverband verwiesen wurden, wie es etwa Richard I. Löwenherz 1191 vor der Schlacht von Arsuf anordnete.

Die Gäste dieser spätmittelalterlichen Badestube ließen es sich sichtlich gut gehen. Holzstich nach einer Miniatur aus einer Handschrift, geschrieben für Antoine von Burgund, um 1470, spätere Kolorierung.

Badewesen

Wenngleich Ärzte das Baden empfahlen, gab es keine private Badekultur, der mittelalterliche Haushalt kannte kaum Einrichtungen für Hygiene. Wer baden wollte, musste sich an die öffentlichen Badehäuser halten. Man kannte neben den Wasserbädern feuchte Dampfbäder und trockene Heißluftbäder. Die Betreiber der Badestuben verstanden sich auch auf medizinische Dienstleistungen wie Schröpfen und Aderlassen. Im späten Mittelalter wurden Badestuben mehr und mehr Orte der Geselligkeit, man traf sich zu Glücksspiel und Zechgelagen, und mancher feierte dort sogar Hochzeit. Der Betrieb in einer Badestube mit der notwendigen Nacktheit der Gäste, der keineswegs eingehaltenen Geschlechtertrennung, der Anwesenheit von Bademägden usw. rief häufig die Moralwächter auf den Plan. Doch liegen Nachrichten darüber, dass Badestuben tatsächlich in Bordelle verwandelt wurden, nur aus Italien und Frankreich vor.

Feste Regeln

Zumeist wurde die Prostitution von „fahrenden Frauen“ geübt. In den Städten gab es seit dem 13. Jahrhundert auch Bordelle, deren Besuch unverheirateten Männern gestattet war. Ehemänner, Kleriker und Juden hatten jedoch draußen zu bleiben. Im 14. und 15. Jahrhundert wurden feste Regeln geschaffen, sozusagen Gewerbeordnungen, nach denen die Prostituierten bestimmte Rechte genossen und teilweise in das soziale Leben integriert waren. Daneben aber gab es Diskriminierungen in großer Zahl. Prostituierte konnten kein Bürgerrecht erwerben. Sie mussten Abzeichen an der Kleidung tragen, die sie von den ehrbaren Frauen unterschieden. Ebenso hatten sie sich beim Kirchgang an bestimmten Plätzen im Gotteshaus aufzuhalten. Auf den Straßen, in Gasthäusern oder im Privatbereich wurde die Prostitution nicht geduldet. Als sich Ende des 15. Jahrhunderts die Syphilis ausbreitete, verschärfte sich die soziale Ausgrenzung, Bordelle wurden an den Stadtrand verdrängt.

Universitäten (seit Anfang 13. Jh.)

Aus städtischen Schulen bildeten sich um 1200 die ersten Universitäten, an denen dank der Wiederentdeckung der Aristotelischen Logik, des römischen Rechts und der griechisch-arabischen Medizin auch neue Lehrinhalte vermittelt wurden. Paris und Bologna machten die Vorreiter. Ihnen folgten bis 1220 Oxford, Cambridge und Montpellier sowie im Verlauf des 13. Jahrhunderts noch zehn weitere, sämtlich in Südeuropa gelegen.

Die Initiative kam von den Beteiligten selbst, also Magistern und Scholaren. Sie begründeten die „universitas magistrorum et scholarium", die Gemeinschaft der Lehrenden und Lernenden. Die Universität war eine moralische und juristische Person, sie besaß Freiheiten und Privilegien und verwaltete sich weitgehend selbst, was ihr erlaubte, das Lehrpersonal wie die Studenten selbst auszusuchen. Dennoch war eine Universität nicht gänzlich autonom. Die Autoritäten, die

die Privilegien verliehen hatten, wachten über ihren Vollzug und schritten bei Missbrauch ein.

Studentenfreiheiten

An Universitäten mit weitem Einzugsbereich bildeten die Studenten Landsmannschaften („Nationes"). Das wirkte der Entwurzelung und Isolation entgegen und ermöglichte eine gemeinsame Interessenvertretung gegenüber den Studenten aus anderen Ländern und der Bevölkerung an den Universitätsorten, die von den lockeren Sitten der Studenten nicht immer begeistert war. Dem Zugriff der Behörden am Studienort waren die Studenten weitgehend entzogen, sie mussten sich nur vor den inneruniversitären Amtsträgern oder ihrem heimischen Landesherrn verantworten.

Das Universitätswesen nahm im 14. und 15. Jahrhundert bedeutenden Aufschwung. In Prag wurde 1347 die erste Hochschule Mitteleuropas errichtet. Es folgten bis 1500 noch zahlreiche weitere Gründungen.

Einseitiger Wissenschaftsbetrieb

Sozial und politisch waren die Universitäten durchaus erfolgreich. Sie erhöhten das Bildungsniveau der Führungsschichten, sorgten für sozialen Aufstieg und setzten in der Gesellschaft des Mittelalters die Anerkennung intellektueller Kompetenz durch. Allerdings wies ihr Wissenschaftsbetrieb auch gewisse Einseitigkeit auf. Die Autorität des Lehrers galt mehr als die Elemente der Beobachtung, Erfahrung und Quantifizierung. Wissensgebiete wie die Schöne Literatur, die Dichtung in der Volkssprache, die Wirtschaft und die Technik wurden vernachlässigt. So kam es denn auch, dass die große geistige Bewegung des 14. und 15. Jahrhunderts, der Humanismus, außerhalb der Universitäten entstand.

Astronomische Uhr am Altstädter Rathaus in Prag, 1409 mechanische Uhr und Zifferblatt, 1490 Kalendarium und bewegte Figuren. Die Technik profitierte vom Fortschritt der Wissenschaft.

Deutsche Studenten verlassen Prag

Die Aufteilung der Studenten in Landsmannschaften war nicht bloß Folklore, sie konnte auch nationalen Zündstoff erzeugen. In Prag kam es 1409 zum Eklat. Es gab hier vier „Nationes", die böhmische, sächsische, bayerische und polnische, die jede eine Stimme in der Selbstverwaltung hatten. Da im polnischen Kontingent sich auch viele Deutsche befanden, überwog das deutsche Element gegenüber dem böhmischen deutlich, was z.B. bei Berufungen von Professoren eine Rolle spielte: Die Böhmen bekamen ihre Kandidaten selten durch. Der Führer ihrer Partei, der Theologe Johannes Hus (1415 beim Konzil von Konstanz hingerichtet), erwirkte von König Wenzel das sogenannte Kuttenberger Dekret, mit dem die Verhältnisse auf den Kopf gestellt wurden. Die böhmische Nation sollte drei Stimmen haben, die übrigen Nationen zusammen nur eine. Daraufhin kam es zum massenhaften Auszug der deutschen Studenten und Professoren. In Leipzig gründeten sie eine neue Universität.

◀ Eine zahlreiche Hörerschaft folgt der Vorlesung des Henricus de Allemania über Ethik. Holzschnitt nach einem Gemälde von Laurentius de Voltalina, Anfang des 15. Jahrhunderts.

Innenhof des Palazzo dell'Archiginnasio in Bologna – das Gebäude war von 1564 bis 1803 der erste ständige Sitz der Universität Bolognas, eine der ältesten Universitäten Europas. ▶

Buchdruck (15. Jh.)

Jahrhunderte lang waren Bücher abgeschrieben worden, von Mönchen, die in den Schreibstuben der Klöster arbeiteten. Das Wissen der Welt konnte so immer nur einem kleinen Kreis von Menschen zugänglich sein, denn Bücher waren teuer und selten. Im 15. Jahrhundert aber machte Johannes Gutenberg (um 1397–1468), ein gelernter Goldschmied aus Mainz, eine revolutionäre Erfindung: den Buchdruck mit beweglichen Lettern, der die Herstellung von Büchern in großer Auflage ermöglichte. Welche Wirkung davon auf die Volksbildung ausging, machen die Verse klar, die der Dichter Sebastian Brant 1498 schrieb: „Was nur der Reiche von einst und der König zu eigen besessen, / Selbst im bescheidensten Haus trifft man es jetzt: ein Buch."

Prologus

Incipit epistola sancti iheronimi ad paulinum presbiterum de omnibus divine historie libris-capitulu[m] primu[m].

◀ Eine Seite aus der Gutenbergbibel. 1455 druckte Gutenberg 185 Exemplare des 1282 Seiten starken Werks.

▲ Der Mainzer Goldschmied Johannes Gutenberg in seiner Druckerei, Illustration von J. L. Beuzon. Die Erfindung des Buchdrucks ermöglichte die Herstellung von Büchern in großen Auflagen. 1997 wurde sie vom amerikanischen Time-Life-Magazin zur bedeutendsten Erfindung des zweiten Jahrtausends gewählt.

Johannes Gutenberg, Erfinder des Buchdrucks mit beweglichen Lettern, um 1397. Kupferstich (1584) von Andre Thevet (1504–1592), spätere Kolorierung.

Schriftzeichen aus Metall

Es gab bereits die sogenannten Blockbücher. Da wurden aus der Oberfläche eines Holzklotzes eine Abbildung oder einige Textzeilen herausgeschnitten, dann eingefärbt und wie ein Stempel aufs Papier oder Pergament gedrückt, wobei eine Schraubenpresse den nötigen Druck erzeugte. Gutenberg ging weiter: Er goss Schriftzeichen aus Metall, große und kleine Buchstaben, Punkte, Striche usw., in so großer Anzahl, dass sie für große Mengen Text ausreichten. Sie hatten alle gleiche Höhe und konnten zu Wörtern zusammengestellt werden, diese wiederum zu Zeilen und ganzen Absätzen. Nach dem Druck einer Seite ließen sich die Lettern auseinandernehmen und für die nächste Seite verwenden.

Die Druckerpresse, die Gutenberg benutzte, war den Pressen nachgebildet, die in der Weinherstellung verwendet wurden. Die Tinte zum Einfärben stammte von den frühen flämischen Malern. Das Papier wurde auf die eingefärbte Druckform mit den erhabenen, spiegelbildlich angeordneten Buchstaben gepresst. Mit immer neu unterlegten Papierbögen ließen sich Tausende von Abzügen herstellen. Da die Lettern aus Metall bestanden, nutzten sie sich dabei kaum ab. Die im Mainzer Gutenberg-Museum originalgetreu nachgebaute Werkstatt vermittelt heute einen Einblick in die Arbeitsmittel des Druckers im 15. Jahrhundert.

Die Bibel

1455 lagen von Gutenbergs erstem Buch, einer 1282 Seiten starken lateinischen Bibel, die ersten 185 Exemplare vor. Der Buchdruck trat seinen Siegeszug durch die Welt an. Die großen geistigen Bewegungen der folgenden Jahrhunderte sind ohne die Erfindung Gutenbergs nicht denkbar. Gutenberg hatte allerdings am wenigsten davon. Das Geschäft machten andere.

Erfinderschicksal

Der Mainzer Geschäftsmann Johann Fust hatte 1450 Gutenberg das Geld für die Einrichtung der Werkstatt und den Druck der Bibel vorgestreckt. Das Verhältnis der beiden verschlechterte sich allerdings zusehends, als Gutenberg, Tüftler und Perfektionist der er war, allzu lang herumexperimentierte und brauchbare Ergebnisse auf sich warten ließen. Schließlich verlor Fust die Geduld und verklagte 1455 Gutenberg auf Rückzahlung der Kredite nebst den seit fünf Jahren aufgelaufenen Zinsen. Gutenberg konnte nicht zahlen, außerdem bestritt er, dass es eine Vereinbarung über Zinszahlung gäbe. Fust aber konnte einen schriftlichen

Im Mainzer Gutenberg-Museum kann man in einer nachgebauten Werkstatt die Drucktechnik des 15. Jahrhunderts studieren. Hier die Presse, die ähnlich auch bei der Weinherstellung benutzt wurde. Mit ihr war es erstmals möglich Bücher in maschineller Massenproduktion herzustellen. Das Buch war auf einmal für eine breite Masse der Bevölkerung zugänglich, wovon vor allem die allgemeine Volksbildung profitierte.

Vertrag darüber vorweisen. Er bekam ein Urteil, das ihm die Druckerwerkstatt samt fertiger Bibel als Pfand zusprach. Mit Hilfe von Gutenbergs ehemaligem Gehilfen Peter Schöffer baute er die Druckerei zu einem leistungsfähigen Unternehmen aus. Die Firma Fust und Schöffer wurde zum Begründer des Druckwesens in Deutschland.

Volksfrömmigkeit

Erscheinungen wie die Kreuzzüge lehren, was im Abendland an Massenbegeisterung, wenn nicht gar Massenhysterie möglich war. Aufgewühlt von den Predigten begnadeter Propagandisten machten sich damals Tausende und Abertausende auf den Weg.

Flagellanten

Ähnliches wiederholte sich in den späteren Jahrhunderten. Naturkatastrophen, Hungersnöte, Wunderheilungen, die Auffindung bedeutender Reliquien oder

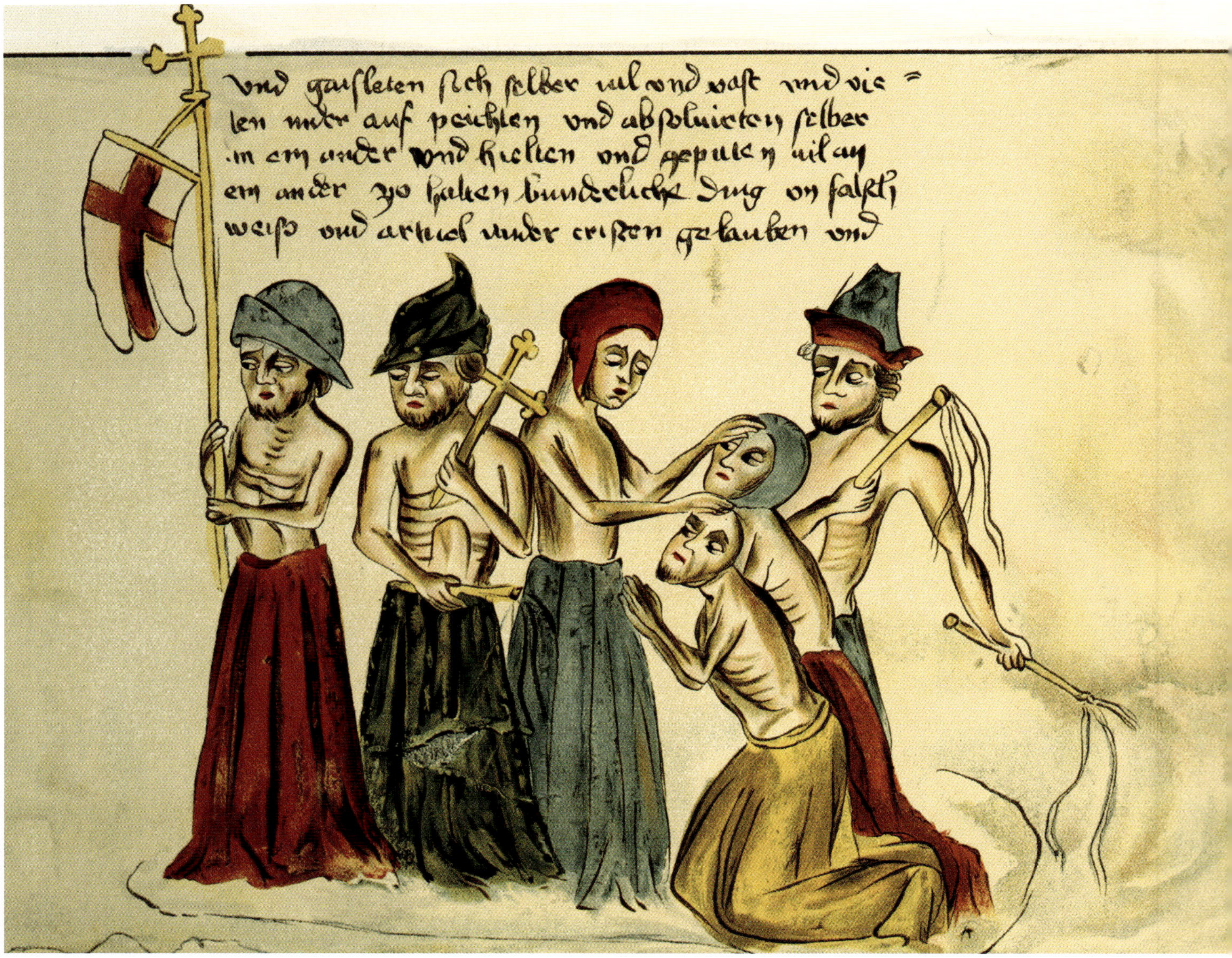

Flagellanten oder Geißelbrüder auf einer Miniatur der Konstanzer Chronik, 15. Jahrhundert. Singend und sich selbst kasteiend zogen die Menschen umher – als Büßer für die Sünden der Welt.

Weissagungen über ein bevorstehendes Ende der Welt brachten die Leute auf die Beine. Im 13. und 14. Jahrhundert waren es die Flagellanten, die in aufsehenerregenden Massenumzügen unterwegs waren. Flagellanten oder Geißler nannte man sie, weil sie sich mit einer Riemen- oder Strickpeitsche (flagellum) selbst schlugen – als Buße für die Sünden der Welt. Halbnackt oder mit geöffneten Kleidern, so dass man die Wunden sah, die Strafinstrumente in den Händen, zogen die Flagellanten in die Kirchen, wo sie sangen und beteten und um Gottes Erbarmen flehten. Während in Italien meist Kleriker mit Kreuzen und Fahnen die Prozessionen begleiteten, bildeten sich in West- und Mitteleuropa auch Flagellantenumzüge ganz und gar aus der Initiative von Laien. Das setzte sie dem Verdacht der Ketzerei aus.

In den Zeiten der großen Pest von 1348 bis 1350 erfuhr die Geißlerbewegung kräftigen Zulauf. Mit der Selbstkasteiung versuchten die Menschen dem „Schwarzen Tod" Einhalt zu tun, bevor er sie erreichte. „Daz got daz grozze sterben wend", lautete ein Lied, das die Geißler sangen. Das Abflauen der Pest ließ auch die Flagellantenbewegung erlahmen. Doch gab es vereinzelt Wiederbelebungen, etwa durch den Bußprediger Vincent Ferrer um 1400. Wo er hinkam, hatte der für einen Heiligen gehaltene Mann sofort Scharen von Menschen um sich, die unter Geißeln und Singen über die Straßen zogen. Zimmerleute mussten Absperrungen errichten, um ihn und seinen Anhang vor dem Zudrang der Menge zu schützen. Wenn er predigte, ruhte das Gewerbe, und unter der Gewalt seiner Worte fing alles zu weinen an.

Ähnliches wird von vielen anderen Wanderpredigern berichtet, wie man sich heute die Wirkung des gesprochenen Wortes auch überhaupt nicht groß genug vorstellen kann. In einer immer noch weitgehend schriftlosen Gesellschaft, woran auch die Erfindung des Buchdrucks um 1450 erst einmal wenig änderte, war die Rede noch immer das Mittel, um die Herzen zu gewinnen, Meinungen zu erzeugen und Ideen zu verbreiten.

„Der Heilige Vincent Ferrer predigt der Menge",
Gemälde von Giovanni Domenico Tiepolo (1727–1804).

Der Pfeifer von Niklashausen

Den religiösen Massenbewegungen konnten sich auch Elemente beimischen, die auf soziale und politische Veränderungen zielten. Eine solche war die des Hans Böhm, genannt der Pfeifer von Niklashausen. Der Hirte und Spielmann predigte seit März 1476 im Wallfahrtsort Niklashausen an der Tauber vor einer ständig wachsenden Zahl von Zuhörern. Dabei entwarf er Visionen von einer Welt, in der es keine Ausbeutung und Unterdrückung gäbe, und erhob Forderungen, wie sie später von der Bauernbewegung vertreten werden sollten, etwa nach Abschaffung aller Abgaben und Dienste und nach freier Nutzung der Wälder, Weiden und Gewässer. Im Juli schickte der Bischof von Würzburg als Landesherr einen Trupp Berittener, die den Pfeiferhans als Gefangenen nach Würzburg brachten. Daraufhin strömten in Niklashausen Tausende zusammen, die beschlossen, nach Würzburg zu ziehen und den Prediger zu befreien. Vor der Residenz kam es zu Verhandlungen, die Menge wurde erst hingehalten, dann von Soldaten überfallen und zerstreut. Hans Böhm starb am 19. Juli 1476 auf dem Scheiterhaufen.

Richard III. von England (1452–1485)

Mit ihm endeten drei Jahrzehnte blutiger Adelskämpfe, die als Rosenkriege in die englische Geschichte eingingen: Richard III., hier auf einem Gemälde italienischer Herkunft des 16. Jahrhunderts, gelangte 1483 auf den englischen Thron, fiel aber bereits zwei Jahre später im Kampf gegen seinen Rivalen Heinrich Tudor.

Shakespeare zeigt, wie weit man es als absoluter Bösewicht bringen kann: bis zum König von England. Sein Richard III. ist schlecht mit Absicht und vollem Bewusstsein. Hässlich, bucklig, hinkend, schon von Geburt an verkrüppelt, liebt ihn nämlich keiner, und so sucht er sich Ersatz in der Macht, die bei einem wie ihm nur in der Gestalt von Terror vorkommt. Er spinnt Intrigen, hetzt seine Verwandten aufeinander, mordet und lässt morden und hält niemand die Treue, schon gar nicht denen, die ihm beim Aufstieg geholfen haben. Generationen von Darstellern haben sich als Richard III. auf der Bühne und im Film versucht und schöne Studien von Bosheit und Heimtücke geliefert.

Die Frage, ob der historische Richard so war, wie ihn Shakespeare in seinem Drama porträtiert, hat die Forschung lange beschäftigt. Die Quellen, die seine Schandtaten überliefern, sind nicht unbedingt zuverlässig. Nicht alle Verbrechen, die ihm zugeschrieben werden, hat er auch begangen, Täter und Auftraggeber waren andere. Vollständig reinwaschen kann man ihn aber auch nicht. Hauptsächlich ist sein Handeln aus den politischen Bedingungen zu erklären, die er vorfand, und die waren blutig. In England tobten wilde Parteikämpfe.

Mitglied des Hauses York, das mit seinem Bruder Eduard IV. seit 1461 den König stellte, fand sich Richard als Herzog von Gloucester in steten Auseinandersetzungen mit der angeheirateten Familie seines Bruders, den Wydevilles. Als Eduard IV. 1483 starb, übernahm Richard als Lord Protektor die Regentschaft für dessen Sohn, den zwölfjährigen Eduard V. Doch nicht nur ging der Machtkampf mit den Wydevilles weiter, es tauchte auch der Rivale Heinrich Tudor als Parteigänger der Lancaster-Familie auf, der alten Feinde der Yorks.

Richard III. wird bei der Schlacht von Bosworth getötet, woraufhin die Krone an seinen Rivalen Heinrich Tudor weitergegeben wird. Historienbild aus dem 19. Jahrhundert.

Griff nach der Krone

Richard konnte nicht sicher sein, ob seine Regentschaft unangefochten bleiben würde. Deswegen ließ er den Thronfolger und dessen Bruder Richard von York im Tower von London einkerkern. Er erklärte die Jungen für Bastarde, die nicht berechtigt seien, auf dem englischen Thron zu sitzen, und bemächtigte sich im Juni 1483 als nächster Verwandter des verstorbenen Königs der Krone. Zwar ging Richard durchaus tatkräftig an die Regierungsarbeit, dennoch stand sein Königtum auf wackligen Füßen. Es dauerte dann auch nur zwei Jahre und Heinrich Tudor landete mit einem Heer, das er in Frankreich gesammelt hatte, und besiegte Richard in der Schlacht von Bosworth (1485). Richard, tapfer kämpfend, verlor dabei sein Leben. Noch auf dem Schlachtfeld wurde Heinrich die Krone Englands aufgesetzt.

Die Rosenkriege

Das Ende Richards III. in der Schlacht von Bosworth gilt zugleich als Ende der sogenannten Rosenkriege, in denen sich der englische Adel zwischen 1455 und 1485 gegenseitig ausrottete. Die Voraussetzung dafür hatte der englische König Eduard III. (1327–1377) geschaffen, indem er für seine Söhne die Herzogtümer Lancaster, York, Gloucester und Clarence schuf, die eigentlich nur der königlichen Familie zugedacht waren, sich aber durch Heirat und Erbgang mit anderen Adelsfamilien vereinigten und der Krone Konkurrenz machten. Schließlich sammelten sich die Parteien unter dem Banner der York (weiße Rose) und der Lancaster (rote Rose) und stellten Privatarmeen auf, die einander unaufhörlich bekämpften, während das Königtum sich aus den blutigen Verstrickungen nicht zu lösen vermochte. Nach dem Tod Richards III. kam mit Heinrich VII. das Haus Tudor an die Macht, das mit Herrschern wie Heinrich VIII. (1509–1547) und Elisabeth I. (1558–1603) England auf den Weg zur Weltmacht führte.

Hexenverfolgungen (seit Mitte 14. Jh.)

Das Christentum hatte zwar über das Heidentum gesiegt, doch ganz vollständig war der Sieg nicht. Dass die Natur von Elfen, Nixen und Kobolden bevölkert sei, dass Tote umgingen, dass es Menschen gäbe, die in die Zukunft blicken, Liebestränke herstellen, das Wetter beeinflussen oder andere Menschen willenlos machen könnten, solche Überzeugungen führten ein zähes Leben. Vornehmlich Frauen wurde unterstellt, dass sie Verkehr mit den Mächten der Finsternis hätten. Das entsprang nun wieder christlichen Auffassungen; in der religiösen Welt der Germanen hatten die Frauen gerade umgekehrt als Lieblinge der Götter gegolten, Heiligtümer verwaltet und höchstes Ansehen genossen. Das Christentum jedoch entwickelte eine Dämonologie, in der die Frauen als besonders anfällig für Aberglauben aller Art hingestellt wurden: Sie und ihre Sexualität seien die Instrumente, deren sich der Satan bediene, um die Menschen zum Abfall vom Christenglauben zu bringen. Woher die Bezeichnung „Hexen" für diese Frauen stammt, ist nicht klar; möglicherweise geht sie auf das althochdeutsche „hagazussa" = Zaunweib zurück.

Zwei Wetterhexen brauen Wind und Regen zusammen. Aus einem Kölner Traktat über Hexen von 1489. Bei Naturkatastrophen oder Missernten wurde gern nach menschlichen Verursachern gesucht. Man fand sie vornehmlich unter Frauen, denen unterstellt wurde, Schadenzauber zu stiften.

◀ Drei Frauen werden auf dem Scheiterhaufen verbrannt, kolorierter Holzschnitt. Das Verbrechen der Hexerei wurde mit Verbrennung bei lebendigen Leib bestraft.

Im Zentrum: der Teufelspakt

Aber erst mit dem Auftreten dissidenter christlicher Bewegungen, etwa der Katharer in der Kreuzzugepoche, wurde der Kampf gegen den Aberglauben zum festen Bestandteil kirchlicher Politik. Die im 13. Jahrhundert eingeführte Inquisition entwickelte Methoden zur Früherkennung von Abweichlertum und wendete sie dann auch auf Menschen an, die gar keiner der verfolgten Sekten angehörten. Aus der Ketzerinquisition wurde die Hexeninquisition. Der große Kirchenlehrer Thomas von Aquin lieferte die Systematik der „Superstition", des Aberglaubens. Im Zentrum stand der Teufelspakt. Der Hexe wurde unterstellt, dass sie ihre zauberischen Fähigkeiten einem Bündnis mit dem Teufel verdanke. Weitere wichtige Bestandteile des Hexenwahns waren die Vorstellungen, dass der Teufelspakt durch Beischlaf mit einem Incubus oder Succubus vollzogen werde, dass sich Hexen nächtlich zum Sabbat träfen und dass sie mittels bestimmter Salben aus Strohbesen Fluggeräte machen könnten.

Die ersten größeren Verfolgungen ereigneten sich seit etwa 1350 in Toulouse und Carcasonne. Nach 1400 kam es in Schweizer Städten, aber auch in Italien und Frankreich zu Hexenprozessen. In den Jahren 1455 bis 1460 und 1480 bis 1485 häuften sich die Verfahren. Die große Zeit der Hexenjäger mit den nach Zehntausenden zählenden Opfern brach aber erst im 16. und 17. Jahrhundert an. Die letzte Hexe Europas wurde 1782 im Kanton Glarus hingerichtet.

Eine Kröte in der Brust einer toten Hexe, Illustration aus „Der Ritter vom Turm" (um 1500) von Michael Furtner.

Der Hexenhammer

Das „Handbuch" des Hexenwahns, der Hexenhammer (sein eigentlicher Titel lautet „Malleus maleficarum", Hammer der Übeltäter oder der Unholden, wie man vielfach sagte), stammt von 1487. Sein Verfasser ist der Dominikaner Heinrich Krämer, genannt Institoris. Der als Ko-Autor genannte Jakob Sprenger gab wohl wenig mehr als seinen Namen her. Das Werk entstand aus einem Misserfolgserlebnis. Institoris hatte als Inquisitor Anfang der 1480er Jahre in dem von Missernten geplagten Oberschwaben versucht, eine erste größere Hexenverfolgung durchzuführen und war damit bei den örtlichen Behörden auf Widerstand gestoßen. Er reiste 1484 nach Rom und ließ sich von Papst Innozenz VIII. ein Dekret ausstellen, das seine Autorität stärken sollte. Die Bulle mit dem Titel „Summis desiderantes" legte er seinem Buch zugrunde. Es bringt die Hexenlehre zum Abschluss, fordert die weltlichen Gerichte zu Hexenprozessen auf und gibt praktische Anweisungen zu ihrer Durchführung.

Hexendarstellung von Manuel Deutsch, farbiger Holzschnitt aus dem 16. Jahrhundert. In der Dämonologie des Christentums bedient sich der Satan der Frau und ihrer Sexualität, um die Menschen vom rechten Glauben abzubringen. ▶

Humanismus und Renaissance (14.–16. Jh.)

Der Mensch des Mittelalters lebte in festen, vom christlichen Glauben bestimmten und vorgezeichneten Ordnungen. Aber mit der technischen und wirtschaftlichen Entwicklung wurden diese zunehmend brüchig. Am deutlichsten war das der Fall in Italien, wo die deutschen Kaiser lange versucht hatten ihre Oberherrschaft durchzusetzen, um schließlich doch den Dingen ihren Lauf lassen zu müssen. Die Städte machten sich selbständig, sie wurden zu kleinen Republiken, die sich selbst regierten. Die volkssprachliche Literatur blühte auf, davon zeugen unvergängliche Werke wie die „Göttliche Komödie“ des Dante Alighieri (1265–1321), die Gedichte des Francesco Petrarca (1304–1374) und die Novellensammlung „Decamerone“ von Giovanni Boccaccio (1313–1375).

Die Kunst war bisher religiös gebunden, sie hatte das Typische dargestellt, der Künstler selbst war hinter seinem Werk zurückgetreten. Nun verherrlichte sie die körperliche Schönheit, schuf wirklichkeitsgetreue Porträts und Naturdarstellungen, und der Künstler gab sich selbstbewusst als Schöpfer zu erkennen.

Die Bewegung, die im 14. Jahrhundert einsetzte und später auf ganz Europa ausstrahlte, nannte sich „rinascita“, das ist Wiedergeburt. Wir benutzen heute den Begriff in der französischen Fassung: Renaissance. Wiedergeboren war die Welt der Antike, der Griechen und Römer. In der Stadtrepublik sah man eine Erneuerung der griechischen Polis. Die Baukunst der Renaissance orientierte sich an den Lehren, die der römische Baumeister Vitruv im 1. Jahrhundert n. Chr. entworfen hatte. Und die Bildhauerei lernte an den antiken Marmorfiguren, die aus dem Schutt der Städte gezogen wurden. Apoll- und Venusstatuen bekamen größten Wert, nachdem sie früheren Jahrhunderten als „heidnische Götzenbilder“ gegolten hatten.

„Venus“ (1486), Gemälde von Sandro Botticelli (1445–1510). Der italienische Maler ist einer der bedeutendsten Vertreter der Frührenaissance und des Humanismus.

◀ Der Dichter Dante Alighieri erleuchtet mit seinem Buch „Die Göttliche Komödie“ die Stadt Florenz. Ausschnitt aus einem Gemälde von Domenico di Michelino, 1496. Florenz ging mit seinem größten Sohn allerdings nicht eben freundlich um. Aus politischen Gründen wurde Dante 1302 verbannt und kehrte bis zu seinem Tod 1321 nicht zurück.

Der David von Michelangelo (1475–1564), zwischen 1501 und 1504 in Florenz entstanden, ist die berühmteste Statue der Renaissance, in der man sich wieder an der Tradition und den Beispielen der Antike und deren Ideale von Schönheit und Harmonie orientierte.

Regeln für untergegangene Sprachen

Wiederentdeckt wurden auch die schriftlichen Zeugnisse der Antike. Das war das Werk der Humanisten (von „humanus“ = menschlich), wie man die Literaten nannte, die sich dem Studium griechischer und römischer Autoren widmeten und deren Auffassungen vom freien Menschen wiederzubeleben suchten. Sie stellten, um Übersetzungen für ihre Schüler möglich zu machen, für die untergegangenen Sprachen nachträglich Regeln auf. Die Grammatik, die uns heute hilft, den Bau lebender Sprachen zu ergründen, ist eine Leistung der Humanisten, gewonnen hauptsächlich aus dem klassischen Latein des Redners Cicero.

Dem neuen Menschenbild entsprach ein neues Weltbild. Nikolaus Kopernikus (1473–1543) lehrte, dass die Erde sich um die Sonne drehte. Die Erde war nicht länger Mittelpunkt des Universums, wie man es stets angenommen hatte, sondern nur einer unter vielen Sternen im Sonnensystem. Die Kirche allerdings verschloss sich dieser Lehre. Das Buch, in dem Kopernikus seine Untersuchungen dargelegt hatte, kam auf den Index.

Die Würde des Menschen

Der Mensch wurde entdeckt, und zwar der einzelne Mensch, das Individuum. Es war frei, es konnte über sich selbst bestimmen. Am klarsten spricht dies Giovanni Pico della Mirandola in seiner Schrift von 1493 „Von der Würde des Menschen“ aus. Der Humanist beschreibt, wie Gott den Menschen schafft und darauf verzichtet, ihm einen bestimmten Platz im Weltgefüge zu geben und ihm Verhaltensmuster vorzuschreiben. Adam darf alles sein, und Gott spricht zu ihm: „Alle anderen Geschöpfe habe ich mit einer bestimmten Natur begabt und sie damit in feste Grenzen eingeschlossen. Dich engen keine Schranken ein, nach deinem Willen, in dessen Hand ich dich gegeben habe, schaffst du sie dir selbst.“

▲ Santa Maria del Fiore, Florenz. Die berühmte Kuppel des Florentinischen Domes von Filippo Brunelleschi (1377–1446) gilt bis heute als Höhepunkt der Renaissance-Architektur.

Nikolaus Kopernikus mit einem Triquetrum, Gemälde (1873) von Jan Matejk (1838–1893). Das parallaktische Lineal diente der Höhenbestimmung der Gestirne. Kopernikus Theorie über die Sonne im Zentrum des Universums gilt als Ausgangspunkt der modernen Astronomie. ▶

Die Borgia

1455 bestieg ein Spanier den Stuhl Petri in Rom, Alonso de Borja, der sich als Kirchenoberhaupt Papst Kalixt III. nannte. Er war alt und gebrechlich, sein Pontifikat dauerte dann auch nur drei Jahre, aber sie genügten, um zahlreichen Mitgliedern der Borja oder Borgia, wie sie sich in Italien nannten, einträgliche Posten zu verschaffen. Einer von ihnen, Rodrigo, wurde sogar Vizekanzler der Kurie. 37 Jahre wartete er geduldig und bereitete klug den Boden vor, dann war es soweit: Nach dem Tod Sixtus' IV. 1492 wurde Rodrigo zum Papst gewählt und nahm den Namen Alexander VI. an. Beim Konklave hatte massive Bestechung für die nötigen Stimmen gesorgt. Und Geld war auch weiter Schmiermittel päpstlicher Politik. Mit dem Verkauf von Ämtern und Pfründen und der Beseitigung reicher Fürsten und Einzug ihrer Vermögen wusste Alexander die päpstliche Kasse stets gefüllt zu halten. Immerhin, in einer Sache gelang ihm ein großer Erfolg: Er vermittelte 1494 den Vertrag von Tordesillas, der die spanischen und portugiesischen Interessensphären in Übersee abgrenzte.

Lucrezia Borgia. Gemälde von Bartolomeo Veneto, zweite Hälfte des 16. Jahrhunderts. Sie wurde von ihrem Vater Papst Alexander VI. aus politischen Gründen vier Mal verheiratet, zuletzt mit Alfonso I. d'Este, dem Herzog von Ferrara, dessen Residenz sie zu einem kulturellen Zentrum machte.

◀ Kardinal Borgia zusammen mit Cesare Borgia und Niccolo Machiavelli dargestellt in einem Historiengemälde aus dem 16. Jahrhundert. Mit Bestechung und anderen kriminellen Machenschaften verschafften sich die Borgia untereinander einträgliche Posten.

Porträtgemälde von Niccolo Machiavelli (Mitte 16. Jahrhundert) von Santi di Tito (um 1536–1603), Öl auf Leinwand, Palazzo Vecchio, Florenz. Machiavelli lieferte die passende Theorie zur skrupellosen Herrschaft des Cesare Borgia. Mit „Machiavellismus" wird seitdem eine schrankenlose Macht- und Interessenspolitik bezeichnet.

Lucrezia und Cesare

Ungeniert setzte er seine vier Kinder aus der Beziehung mit der römischen Adligen Vannozza Cattanei für seine politischen Zwecke ein, verschaffte ihnen Kardinalspurpur oder Herzogstitel. Seine Tochter Lucrezia musste mehrmals heiraten; sie endete als Herzogin von Ferrara. Die Zentralfigur im Borgia-Imperium aber war der Sohn Cesare. Er betätigte sich als Condottiere, hatte dabei aber die Schaffung eines mittelitalienischen Einheitsstaates im Sinn. Dazu führte er unablässig Krieg. Die großen Pläne zerrannen, als im Sommer 1503 bei einem Gastmahl der Papst und sein Sohn zusammenbrachen – möglicherweise als Folge einer Vergiftung, die sie anderen Teilnehmern des Gelages zugedacht hatten. Alexander starb, Cesare überlebte, wurde aber im darauffolgenden Jahr verbannt. In spanischen Diensten fiel er 1507 bei einem Feldzug.

Machiavellismus

Cesare Borgia war so etwas wie die dunkle Variante des Bildes vom freien und schönen Menschen, das die Humanisten entworfen hatten. Allseitig gebildet, glänzender Gesellschafter, war er auch gleichzeitig frei von jeder Moral, ein Verbrecher, der für seine Ziele auch Verrat und Mord einsetzte. Niccolo Machiavelli (1469–1529) entwarf die passende Theorie dazu. „Machiavellismus“ ist seitdem die Bezeichnung für schrankenlose Macht- und Interessenpolitik.

Porträt des Giralomo Savonarola, Gemälde von Baccio della Porta (Fra Bartolommeo). Der Prediger versuchte in Florenz ein Gegenreich zu dem römischen Sündenbabel der Borgia zu errichten. 1497 wurde er vom Papst Alexander VI. (Rodrigo Borgia) exkommuniziert, 1498 vor Gericht gestellt und zum Tode verurteilt.

Savonarola

Das schamlose Treiben am Hof Alexanders VI. kritisierte niemand grimmiger als der Prediger an San Marco in Florenz, Fra Girolamo Savonarola. Und er unternahm es, ein Gegenreich zum römischen Sündenbabel aufzurichten. Sein mutiges Auftreten gegen Karl VIII. von Frankreich, den er bewog, auf die Besetzung von Florenz während eines Feldzugs in Italien (1494/95) zu verzichten, verschaffte ihm großes Ansehen bei den Bürgern. Das nutzte er zu einer Umwälzung des öffentlichen und privaten Lebens der Stadt, einer Kulturrevolution, die schon manche Ähnlichkeiten mit dem hatte, was Mao Zedongs Rote Garden in den 1960er Jahren in China veranstalteten. In Savonarolas „Neuem Jerusalem“ sollte es keinen Luxus geben, Jugendbanden zogen umher, sammelten „weltlichen Tand“ ein, um ihn zu verbrennen, überwachten den Kirchgang und hielten jedermann zu einem gottgefälligen Leben an. Savonarolas Herrschaft über Florenz endete, als der angegriffene Papst ihn im Juli 1497 exkommunizierte. Im Mai 1498 wurde der Prediger vor Gericht gestellt, zum Tod verurteilt und hingerichtet.

Vereinigung von Kastilien und Aragón (15. Jh.)

Das moderne Spanien entstand im letzten Drittel des 15. Jahrhunderts in einer Weise, wie sie damals gang und gäbe war: durch Heirat. Die Partner hießen in diesem Fall Isabella I. von Kastilien und Ferdinand II. von Aragón.

Nach Meinung ihres Halbbruders Heinrich IV., des in Kastilien regierenden Königs, hätte Isabella jemand anders heiraten sollen, vielleicht den König von Portugal oder den Herzog von Aquitanien. Doch die junge Frau hatte ihren eigenen Kopf und setzte ihn durch. Außerdem stand hinter ihr die kastilische Adelsopposition, die mit König Heinrichs Erbfolgeplänen nicht zufrieden war. Isabellas Auserwählter, der Kronprinz des benachbarten Königreichs Aragón, wurde, obwohl Heinrich die Grenzen hatte sperren lassen, im abgerissenen Kostüm eines Maultiertreibers ins Land geschleust. 1469 heiraten Isabella und Ferdinand heimlich in Valladolid.

Ferdinand II. von Aragón mit seiner Ehefrau Isabella von Kastilien, kniend vor der Madonna. Gemälde von ca. 1490. Mit ihrer Hochzeit im Jahre 1469 schufen Ferdinand und Isabella die Voraussetzung für eine Vereinigung der beiden Reiche Aragón und Kastilien, woraus wiederum das moderne Spanien entstehen konnte.

◀ Nach dem Tod ihres Halbbruders Heinrich IV. 1474, wird Isabella I. zur Königin von Kastilien gekrönt. Gemälde von Munoz de Pablos.

Relief der „Katholischen Könige". Zur Verwirklichung der religiös-kulturellen Homogenität des Reiches ließen König Ferdinand und Königin Isabella ab 1494 Juden und Muslime zum Christenglauben zwangsbekehren.

Matrimonialunion

1474 starb Heinrich IV., Isabella wurde zur Königin von Kastilien ausgerufen. Mit Ferdinand, dem nach damals geltendem Recht eigentlich der Titel gebührt hätte, einigte sie sich dahingehend, dass zu Lebzeiten Isabellas beide Ehepartner gemeinsam regieren und alle Dokumente gemeinsam unterzeichnen sollten. Eine ungewöhnliche Form der Herrschaft, aber sie funktionierte. Nach dem Tod seines Vaters Johann II. 1479 trat Ferdinand dessen Nachfolge als König von Aragón an. Das Paar vereinigte nunmehr seine Länder in einer sogenannten Matrimonialunion. Man vermied noch, vom „Königreich Spanien" zu sprechen, hielt auch die Verwaltungen beider Länder noch getrennt, aber es lief doch auf einen Gesamtstaat hinaus.
Noch aber befand sich ein Teil der Iberischen Halbinsel, das Königreich Granada unter muslimischer Herrschaft. Ein Überfall im Jahr 1481 gab die erwünschte Gelegenheit, den Krieg gegen die Muslime zu eröffnen. Er endete 1492 mit dem Fall von Granada. Damit war die Reconquista, die Wiedereroberung der Halbinsel, beendet.

„Katholische Könige"

Im gleichen Jahr 1492 bewilligten Isabella und Ferdinand dem Genueser Christoph Kolumbus die Mittel, um drei Schiffe für eine Erkundung des Seeweges nach Indien auszurüsten. Er fand ihn nicht, dafür einen neuen Kontinent, Amerika, und legte damit den Grund für die Entstehung des kolonialen Weltreiches der spanischen Krone. Seit 1494 führten Isabella und Ferdinand den von Papst Alexander VI. verliehenen Titel „Katholische Könige". Dahinter stand ein Programm: die Verwirklichung der religiös-kulturellen Homogenität des Reiches. Es wurde durchgesetzt mit Zwangsbekehrungen von Juden und Muslimen bzw. Vertreibung derer, die den Übertritt zum Christenglauben verweigerten. Isabella starb 1504, ihr Gatte 1516.

Granada

Die Wiedereroberung der Iberischen Halbinsel („Reconquista") war ein Jahrhunderte dauernder Prozess, in dem es auch Jahrhunderte dauernde Pausen gab. So nach der Einnahme Sevillas im Jahr 1268.

Christoph Kolumbus vor König Ferdinand und Königin Isabella. Skulptur im Park des Königspalastes in Córdoba. Der italienische Seefahrer erhielt vom spanischen Königspaar die Mittel zur Erkundung des Seeweges nach Indien. Mit der Entdeckung Amerikas begann die Entstehung des kolonialen Weltreiches der spanischen Krone.

Kämpfe zwischen Königtum und Adel in den christlichen spanischen Staaten verhinderten, dass die Vertreibung der Muslime weiterging. Zu dieser Zeit war noch ein muslimisches Reich übrig, das Königreich Granada an der Mittelmeerküste zwischen Almeria und Gibraltar. Es konnte sich bis 1492 halten. Noch heute zeugen Bauten in der früheren Hauptstadt Granada, vor allem der Alhambra-Palast mit dem berühmten Löwenhof oder die Gärten des Lustschlosses Generalife, von der Kunstgesinnung und den verfeinerten Lebensformen der spanischen Muslime oder Mauren, wie man sie nannte.

Der Löwenhof des Alhambra-Palastes in Granada, erbaut von 1362–1391, zeugt von der Kunstgesinnung der spanischen Mauren. Mit dem Fall von Granada endete 1492 die muslimische Herrschaft in Spanien. ▶

Entdeckungen (15. Jh.)

Mit Afrika hatten die europäischen Länder des Mittelmeerraumes lange schon Handel getrieben. Doch die Transporte auf dem Landweg waren mühselig und gefahrvoll. Im 15. Jahrhundert begannen Portugiesen, den Seeweg entlang der afrikanischen Küste zu erkunden. Ihnen half, dass die schiffbautechnische Entwicklung inzwischen weit gediehen war. Hochseetüchtige Segelschifftypen wie die Karavelle standen zur Verfügung, astronomische Geräte ermöglichten genaue Ortsbestimmungen und die Anfertigung von Seekarten.

Heinrich der Seefahrer

Treibende Kraft war in Portugal ein Mitglied des königlichen Hauses, Prinz Heinrich genannt der Seefahrer (1394–1460). Als Administrator des begüterten Christusordens standen ihm Mittel zur Verfügung, Expeditionen auszurüsten. Über die bereits im ersten Viertel des 14. Jahrhunderts entdeckten Kanarischen Inseln hinaus gingen die Fahrten bis zu den Madeira-Inseln (1418–25) und den Azoren (1427–31). 1434 umrundete Gil Eanes das Kap Bojador, 1441 gelangte Nuno Tristão nach Kap Blanco im heutigen Mauretanien. Handelsinteressen dominierten bei diesen Fahrten.

1453 fiel Konstantinopel, der letzte Anknüpfungspunkt für den Handel mit Asien. Europa sah sich abgeschnitten von den Reichtümern des Ostens. Fortan ging es darum, einen anderen Weg dorthin zu suchen, über See, um Afrika herum. Die Portugiesen nahmen ihre Fahrten entlang der afrikanischen Küste wieder auf und kamen dabei immer weiter: 1482/83 unter Diego

Vasco da Gama (1469–1524) erreichte als erster Seefahrer Indien über die Rund-um-Afrika-Route. Statue des großen Entdeckers vor dem ehemaligen Gouverneurspalast in Ilha de Mocambique, Mosambik.

Portugiesische Gedenkmünze aus Bronze von 1960 mit einer Abbildung Heinrich des Seefahrers, angefertigt zum 500. Todestage des großen Förderers der Seefahrt.

Cão bis zur Kongomündung, 1487/88 unter Bartolomeu Dias um das Kap der Guten Hoffnung. 1497 umrundete Vasco da Gama Afrika, durchquerte von Mosambik aus den Indischen Ozean und erreichte Kalikut in Indien.

Seeweg nach Indien

Bei der portugiesischen Krone hatte sich ein anderer Seefahrer, der Genuese Christoph Kolumbus, gleichfalls erboten, den Seeweg nach Indien zu öffnen. Die Portugiesen hatten ihn abgewiesen, weil sie die Rund-um-Afrika-Route verfolgten, Kolumbus dagegen wollte sein Ziel mit einer Umrundung des Erdballs in entgegengesetzter Richtung erreichen. Bei den spanischen

Heinrich der Seefahrer, das Modell einer Karavelle in der Hand, führt Soldaten, Seeleute, Wissenschaftler und Missionare an. Das 1960 errichtete Denkmal zu Ehren des portugiesischen Kolonialpioniers steht im Lissaboner Stadtteil Belém ▶

Christoph Kolumbus (1451–1506) landet am 2.10.1492 in Amerika, Historiengemälde von John Vanderlyn (1775–1852). Der italienische Seefahrer wähnte sich auf den Weg nach Indien, als er einen neuen Kontinent entdeckte.

Die Brüder Vivaldi

Anderthalb Jahrhunderte vor den Flotten Heinrichs des Seefahrers war bereits eine Expedition aus Genua an der westafrikanischen Küste unterwegs. Im Jahr 1291, dem Jahr da die christliche Herrschaft in Palästina zusammenbrach und ernste Beschränkungen im Handel mit dem Orient auftraten, fuhren im Auftrag genuesischer Handelshäuser zwei Galeeren unter dem Kommando der Brüder Ugolino und Vadino Vivaldi durch die Straße von Gibraltar. Sie sollten durch Umschiffung Afrikas einen Seeweg nach Indien finden. Das Unternehmen ist in einer kurzen Notiz in den Annalen der Stadt Genua verzeichnet als „eine Fahrt, wie sie bis dahin noch keiner gewagt hatte". Wie weit sie kam, ist nicht bekannt. Sie erreichte wohl noch Kap Juby an der marokkanischen Küste; danach ist sie verschollen.

Mit der „Victoria" umrundet Fernao de Magalhaes (1480–1521) die Erde, kolorierter Kupferstich aus dem 16. Jahrhundert.

Königen fand er Gehör. Sie stellten ihm Schiffe zur Verfügung, mit denen er 1492 über den Atlantik nach Westen segelnd einen Kontinent fand und für die Krone in Besitz nahm. Nicht Indien, aber immerhin Amerika.

Es folgten weitere Entdeckungsfahrten, von Spaniern, Portugiesen und bald auch Engländern. Mit der Erdumseglung durch Fernão de Magalhães 1519–1522 (nach dem Tod des Führers 1521 durch Sebastián Elcano vollendet) wurde der volle Umfang unseres Planeten offensichtlich. Das Tor zur Welt aber hatten bereits die Reisen Vasco da Gamas und Christoph Kolumbus‘ aufgestoßen. Das Mittelalter war zu Ende.

Bild nächste Doppelseite:
Überreste der Mellifont Abbey im County Louth, der ältesten Zisterzienser-Abtei Irlands, gegründet 1142

Anhang

Teilung des römischen Reichs in ein Ost- und ein Weströmisches Reich. Der Kaiser im Osten residiert in Konstantinopel, der Kaiser im Westen in Rom und ab 402 in Ravenna.

396

Justinian wird Kaiser des Oströmischen Reiches. Auf Betreiben Justinians entsteht das später so genannte „Corpus iuris" eine Sammlung sämtlicher kaiserlichen Erlasse seit Hadrian.

527

Geburt Mohammeds; bis zur Mitte seiner Mannesjahre wirkt und lebt er als Mitglied einer Kaufmannsgilde, bis ein visionäres Erlebnis Mohammed zum Propheten macht.

570

482–511

Das Frankenreich unter Chlodwig I.:
Unter seiner Führung stoßen die Franken 486 aus den südlichen Niederlanden tief nach Gallien vor und überrennen das römische Restreich des Syagrius. Chlodwig heiratet die katholische Burgunder-Prinzessin Chrodechilde, was entscheidend dazu beiträgt, dass die Franken ihren alten Götterglauben aufgeben und Christen werden. Chlodwig I. lässt sich 486 in Reims taufen.

529

Gründung des Kloster Montecassino durch Benedikt von Nursia; mit der Übergabe der Ordensregeln an seine Brüder wird er zum Gründer des ersten bedeutenden europäischen Klosters.

6./7. Jh.

Iro-schottische Mission; das Kloster Canterbury, 597 gegründet, steigt unter Erzbischof Augustin zum kirchlichen Zentrum Englands auf. Von hier und vom irischen Mönchszentrum Iona setzt eine Missionswelle ein, die schon nach kurzer Zeit den Norden Englands bekehrt.

Entstehung des Islam; die Lehre Mohammeds, festgelegt im Koran, verkündet die Weltschöpfung durch Allah und fordert den Eintritt in den Stand der Gottergebenheit. Die Kaaba im arabischen Mekka wird zum Mittelpunkt des Islam.

6./7. Jh.

Bonifatius, der Apostel der Deutschen, fällt die Donareiche bei Geismar, ein heidnisches Heiligtum. Der aus England stammende Benediktiner missioniert im Namen des Papstes und gründet mehrere Klöster.

723

Der Hausmeier Pippin III. setzt den letzten Merowingerkönig Childerich III. ab und lässt sich zum König wählen.

751

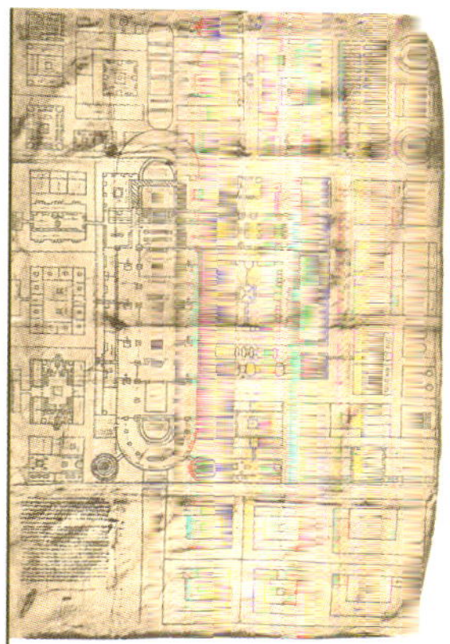

Der Klosterplan von St. Gallen wird erstellt. Die schematische Darstellung wird zum Modell für zahlreiche Klosteranlagen.

820

800

711

Beginn der arabischen Herrschaft über Spanien; sie wird bis Ende des 15. Jahrhunderts andauern.

732

Sieg des fränkischen Hausmeiers Karl Martell über Abd ar-Rachman, den Statthalter der Kalifen in Spanien, bei Tours und Poitiers; er verhindert das weitere Ausgreifen der Muslime nach Europa.

Kaiserkrönung Karls des Großen durch Papst Leo III. in Rom; unter seiner Herrschaft wächst das Frankenreich und reicht schließlich vom Ebro bis zur Elbe, von der Bretagne bis nach Ungarn und von Holstein bis nach Mittelitalien.

8./9. Jh.

Bilderstreit in Byzanz: Unter dem byzantinischen Kaiser Konstantin V. wird die Anfertigung, der Besitz und die Verehrung frommer Bildwerke verfolgt und es kommt zur Zerstörung zahlreicher Mosaiken, Fresken und Tafelbilder.

Karolingische Renaissance: Erneuerung der Bildung unter Karl dem Großen.

8./9. Jh.

Sachsenherzog Heinrich I. wird König des Ostfränkischen Reiches. Unter seiner Herrschaft wird aus dem Ostfrankenreich das Reich der Deutschen („Regnum Teutonicorum").

919

Krönung Ottos I. des Großen, Herrschaft der Ottonen (936-1002); Magdeburg wird zum Regierungssitz und 986 zum Erzbistum erhoben. Begründung des geistlichen Reichsbeamtentums: Otto I. verleiht den Kirchenfürsten Grundbesitz und Hoheitsrechte.

936

Wikinger entdecken Amerika. Seit dem frühen 9. Jahrhundert besiedeln Wikinger nordatlantische Inseln bis nach Grönland. Auf der Suche nach einem milden Winterquartier landet Leif Eriksson schließlich an der nordamerikanischen Küste.

um 1000

8.-11. Jh.

843

Der Vertrag von Verdun besiegelt die Reichsteilung. Die Brüder Lothar I., Karl der Kahle und Ludwig der Deutsche teilen das fränkische Reich unter sich auf.

Raubzüge der Wikinger; die Nordmänner, ausgestattet mit seetüchtigen Segelfahrzeugen, sorgen mit überfallartigen Plünderungen für Schrecken und schaffen sich erste längerfristige Stützpunkte auf Inseln und im Binnenland.

955

Otto I. besiegt die Ungarn in der Schlacht auf dem Lechfeld. Das Reitervolk der Ungarn wird in der Folge sesshaft, nimmt den christlichen Glauben an und schließt sich der abendländischen Völkergemeinschaft an.

Morgenländisches Schisma, Trennung von Ost- und Westkirche

1054

Kluniazensische Reform: Wiederherstellung kirchlicher Zucht und Frömmigkeit sowie Verbot der Laieninvestitur.

11./12. Jh.

Reconquista, Rückeroberung Spaniens nach Jahrhunderten der islamischen Herrschaft

seit Anfang 11. Jh.

1024

Krönung Konrads II., Herrschaft der Salier (1024–1125)

1066

Schlacht von Hastings: Die Normannen unter Herzog Wilhelm besiegen König Harald und seine Truppen. In der Folge lässt sich Wilhelm, genannt der Eroberer, zum König von England krönen.

1076/77

Gang König Heinrichs IV. nach Canossa, Höhepunkt des Investiturstreits (1076–1122)

um 1088

Gründung der Universität von Bologna, ebenso wird die Universität von Paris gegründet und bis 1220 weitere Hochschulen in Oxford, Cambridge und Montpellier. Die Aristotelische Logik, das römische Recht sowie das griechisch-arabische Recht werden wiederentdeckt und neue Lehrinhalte vermittelt.

1095

Aufruf zum Ersten Kreuzzug (1096-1099); Auf der Synode von Clermont ruft Papst Urban II. zum Kreuzzug auf und findet Wiederhall in allen Schichten der Bevölkerung.

1098–1179

Hildegard von Bingen; die Gründerin und Äbtissin des Benediktinerinnenklosters in Bingen wird zur größten Heilkundlerin des Mittelalters.

um 1120

Gründung des Templerordens: In einem Flügel des Königspalastes in Jerusalem gründet die Rittergemeinschaft um Hugo von Payens den Orden der Templer. In West- und Mitteleuropa entsteht ein dichtes Netz von Ordenshäusern.

1147-1149

Zweiter Kreuzzug

11./12. Jh.

Kampf der Städte um Selbstständigkeit; Landbewohner, nicht mehr gewillt für ihre Grundherren zu arbeiten, ziehen vermehrt in die Städte. Mit der Entwicklung des Handwerks und des Handels werden die Stadtmenschen selbstständiger und befreien sich von den Stadtherrn.

1099

Eroberung Jerusalems, Gründung des Königreichs Jerusalem: 1099 erobern die Kreuzfahrer Jerusalem. Erster Herrscher des neugegründeten Königreiches wird Gottfried von Bouillon, aber erst sein Nachfolger Balduin I. nimmt den Königstitel an.

1122

Wormser Konkordat; Ende des Investiturstreits

1122–1204

Eleonore von Aquitanien, Königin von Frankreich und England, Mutter von König Richard Löwenherz

Kaiserkrönung Friedrich I. Barbarossas, Herrschaft der Staufer (1137 bis um 1250)

1155

1187

Einnahme Jerusalems durch die Muslime unter Sultan Saladin

1189–1192

Dritter Kreuzzug

1198

Die Statuten des Deutschen Ordens werden von Papst Innozenz III. bestätigt.

1204

Die Eroberung von Konstantinopel durch die Kreuzfahrer: Der Vierte Kreuzzug (1202-1204) nimmt Kurs auf Konstantinopel. Nach der Eroberung werden zahlreiche Kulturgüter und Meisterwerke des Altertums geschändet oder verschleppt.

1206

Dschingis-Khan wird Alleinherrscher der Mongolen; die Mongolen bedrohen Europa.

12./13. Jh.

Die Anfänge der Hanse: Aus einem Zusammenschluss von Kaufleuten erwächst eine Genossenschaft mit festen Regeln und schließlich einen Bund von Handelsstädten.

1209–1229

Albigenserkreuzzug, der erste Kreuzzug von Christen gegen Christen

1215

Geburt des modernen Verfassungsstaates: König Johann von England unterzeichnet die Magna Charta.

12./13. Jh.

Die Ostsiedlung: Mecklenburg wird unter Heinrich dem Löwen überwiegend deutsch und in Pommern, Schlesien und Ungarn entstehen deutsche Städte und Siedlungen.

1268

Konradin von Schwaben wird in Neapel hingerichtet. Mit dem Tod des Enkels von Kaiser Friedrich II. endet die Zeit der Staufer.

1220

Kaiserkrönung Friedrich II.; der Stauferkaiser macht sich als Förderer von Kunst und Wissenschaft einen Namen und schreibt sich mit dem Bau des Jagdschlosses Castel del Monte in die Kunstgeschichte ein.

1225–1274

In Thomas von Aquin findet die Scholastik (11.- Anfang 14. Jh.) ihren klassischen Vertreter.

um 1230

Der Sachsenspiegel wird von Eike von Repgow verfasst und dient als Vorlage für zahlreiche andere Rechtsbücher.

1271

Marco Polo bricht nach China auf. Die Aufzeichnung seiner Reiseberichte wird zu einem der meistgelesenen Bücher des Mittelalters.

Rudolf von Habsburg wird zum König gewählt und beendet das Interregnum.

Einführung des Verlagssystems

Am 1. August schließen sich die Schweizer Urkantone Schwyz, Uri und Unterwalden zu einem „Ewigen Bund" zusammen.

Das Papsttum im Avignonesischen Exil: In Abhängigkeit der französischen Krone, residieren die Päpste fast 70 Jahre lang in Avignon, in der sogenannten „babylonischen Gefangenschaft".

13./14. Jh.

1291

1309–1376

1273

1282

1283

1291

1312

Am 30. März kommt es zur Sizilianischen Vesper, einem Volksaufstand gegen die Herrschaft der Franzosen.

Ebstorfer Weltkarte: Die größte und bedeutendste Karte des Mittelalters zeigt die bekannte Welt ohne Rücksicht auf tatsächliche Entfernungen, gruppiert um den Mittelpunkt Jerusalem.

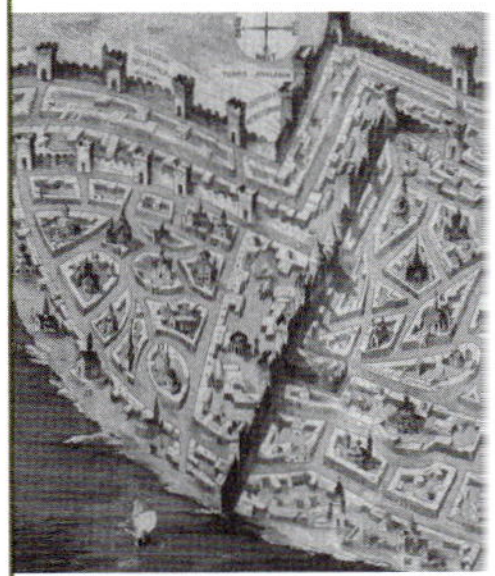

Der Fall von Akkon; Ende der christlichen Herrschaft in Palästina

Verfolgung der Templer und Aufhebung des Ordens durch Papst Klemens V.

1345–1350

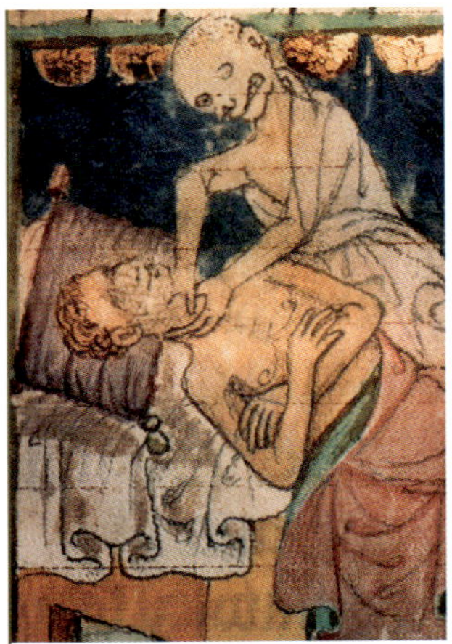

Der Pestepidemie fallen in Europa schätzungsweise 25 Millionen Menschen zum Opfer.

1346

Schlacht von Crécy, während des Hundertjährigen Krieges zwischen England und Frankreich (1339–1453)

1348

Gründung der ersten deutschen Universität durch Karl IV. in Prag.

1356

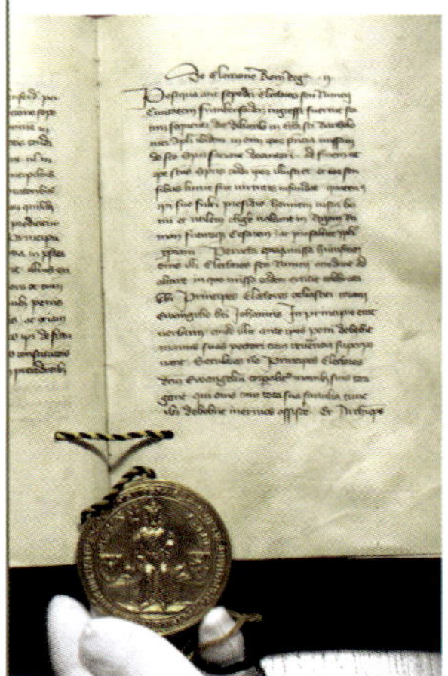

Die Goldene Bulle (Reichsgrundgesetz) regelt die Wahl der deutschen Könige.

1370

Friede von Stralsund: König Waldemar von Dänemark schließt Frieden mit der Hanse.

1386

In der Schlacht von Sempach besiegen die Schweizer das Heer der Österreicher unter Herzog Leopold.

1389

28. Juni: Schlacht auf dem Amselfeld; Vordringen der Osmanen auf dem Balkan

1414–1418

Konzil von Konstanz: Unter der Regie des deutschen Königs Sigismund wird das Abendländische Schisma beendet.

1431

30. Mai: Jeanne d'Arc stirbt auf dem Scheiterhaufen.

1440

Erfindung des Buchdrucks mit beweglichen Lettern durch Johannes Gutenberg

1453

Am 29. Mai fällt Konstantinopel an die Türken. Sultan Muhammad besiegelt das Ende des byzantinischen Reiches und wandelt die Hagia Sophia zur Moschee um.

1469

Durch die Hochzeit von Ferdinand II. von Aragón und Isabelle von Kastilien vereinigen sich die beiden Reiche und das moderne Spanien entsteht.

1483

Richard III. besteigt den englischen Thron. Mit seinem Tod zwei Jahre später im Kampf gegen seinen Rivalen Heinrich Tudor in der Schlacht vom Bosworth enden die Rosenkriege des englischen Adels.

1492

Kolumbus entdeckt Amerika. Auf der Suche nach einem neuen Seeweg nach Indien, findet der Seefahrer aus Genau einen neuen Kontinent.

Namenregister

Die *kursiven Seitenzahlen* verweisen auf die Abbildungen